Rita Mayers

Auswandern nach Spanien
Band 1

GD

Deutsche Bibliothek – CIP-Einheitsaufnahme

Rita Mayers
Auswandern nach Spanien - Band 1
Berlin: Gentlemen's Digest Ltd. & Co. KG, 2005

ISBN 3-9810477-6-1

Herausgeber und Verlag: Gentlemen's Digest Ltd. & Co. KG
Oranienburger Str. 90 | D – 10178 Berlin
Satz und Layout: Gentlemen's Digest

2. Auflage 2005

Gentlemen's Digest Ltd. & Co. KG, Berlin
info@gdigest.com.

Inhalt

Vorwort

Auswandern – rund eine Million Menschen in Deutschland tragen diesen Traum von einem Leben in einem anderen Land mit sich. Die Beweggründe für diese Überlegungen dafür sind genau so unterschiedlich und interessant wie die Menschen dahinter.

Nach Spanien zieht es viele vor allem wegen des mediterranen Klimas, der Mentalität der spanischen Bevölkerung und der billigeren Lebenshaltungskosten.

Damit der Schritt des Auswanderns einschätzbar bleibt und man vor Überraschungen gefeit ist, versucht dieses Buch alle wichtigen Informationen und Angaben in einer kompakten und überschaubaren Form zusammenzufassen. Von Tipps und Informationen über das Leben in Spanien, die Ausbildung oder die Behörden bis hin zu wirtschaftlichen Gesichtspunkten, bietet das Buch einen breiten, aber dennoch soliden Überblick über alle Aspekte, die beim Auswandern nach Spanien bedacht werden wollen – damit der Traum von einem Leben unter südlicher Sonne nicht zum Albtraum wird!

Basierend auf der Internetdomain http://www.auswandern.com der IMP-Agentur Rita Mayers S.L. in Dénia, Alicante stellt das Buch ein Angebot an alle Auswanderungswilligen sowie an alle Interessenten und Nutzer dieser Homepage dar, die sich nach einer anderen Form der Information erkundigt haben.

Ich wünsche Ihnen viel Glück und viel Erfolg bei allem, was Sie sich vorgenommen haben!

Ihre Rita Mayers

IMP-Agentur Rita Mayers S.L.
www.imp-agentur.com

1.
Arbeit und Bildung

1.1. Private und berufliche Niederlassung

1.1.1. Residencia

Das Königliche Dekret 178/2003 ist am 14. Februar in Kraft getreten und die gesamte in Spanien lebende, arbeitende, europäische Bevölkerung braucht weder Arbeits- noch Aufenthaltsgenehmigungen mehr. Auch Angestellte, Selbstständige und Studenten aus Schweiz, Liechtenstein, Norwegen und Island brauchen jetzt keine Residencia mehr. Weder sie, noch ihre Familienangehörigen.

Seitdem die Innenminister von Spanien, Frankreich, Italien und Deutschland am 28. Juli 2000 in Marseille zu einem Einverständnis der die freie Wahl des Aufenthaltsortes aller europäischen Bürger gekommen waren, ist auf den Moment gewartet worden, wo die Neuregelung definitiv unterzeichnet und in Kraft treten würde. Jetzt ist es soweit. Es gibt keine bürokratischen Prozeduren mehr für Einreise, Aufenthalt oder Arbeitsaufnahme. Ein gültiger Personalausweis oder Reisepass sind genug.

Senioren, die im europäischen Ausland und den genannten Mitgliedsstaaten ihre Rente beantragt haben, brauchen allerdings weiterhin eine Residencia. Diejenigen, die bis zum Zeitpunkt der Rentenbeantragung mindestens zwölf Monate lang in Spanien gearbeitet und mindestens drei Jahre lang in Spanien gelebt haben, brauchen keine Residencia. Auch wer ununterbrochen zwei

Jahre lang in Spanien gelebt hat und aufgrund eines Arbeitsunfalls oder eine, durch die Arbeitsstelle verursachte Krankheit, Invalide wird und dadurch Anrecht auf eine Rente einer spanischen Einrichtung bezieht, braucht keine Residencia.

NIE - Nummer muss sein

Die CBZ sprach mit Enrique Correas Garrido, Chef vom Ausländerbüro der Subdelegation in Alicante. Correas versicherte, die arbeitende europäische Bevölkerung der oben angeführten Länder eingeschlossen, hätten nun die gleichen Rechte und Pflichten wie die Einheimischen.

Das Ausländerbüro verschicke gerade an sämtliche Einrichtungen diese Informationen, damit es nicht zu Verwirrungen käme. Unter anderen an das Generalverkehrsamt, bei dem es vorher für verschiedene Zwecke notwendig gewesen war, eine Residencia vorzulegen.

Als Beispiel gab Correas an, europäische Bürger konnten sich vor in Kraft treten des Dekrets nur mit Residencia zur Führerscheinprüfung anmelden. Pflicht sei jedoch nach wie vor, die NIE-Nummer einzuholen. Die sei aus verwaltungstechnischen Gründen weiterhin notwendig.

Residencia ist dennoch empfehlenswert

Obwohl die Tarjeta de Residencia, die Aufenthaltsgenehmigung für Spanien, nicht für EU-Bürger verpflichtend ist, empfiehlt die Deutsche Botschaft in Madrid EU-ausländischen Spanien-Residenten die Aufenthaltskarte zu beantragen bzw. zu verlängern.

Vorteilhaft hat sich der Besitz der Tarjeta de Residencia vor allem im Umgang mit Banken und Notaren gezeigt, die oftmals nach wie vor aus Unwissenheit über die neue Gesetzeslage auf den Nachweis der Residenz durch die Aufenthaltskarte bestehen.

Residencia-Pflicht unterliegen Rentner und Pensionäre. Leider kommt es immer wieder vor, dass die Ausländerbehörde die Ausstellung der Tarjeta de Residencia in den Fällen verweigert, wo sie nicht mehr Pflicht ist. Der Gesetzeswortlaut gibt den Beamten Recht: Sie können bei einer freiwilligen Beantragung wählen, ob sie die Aufenthaltskarte ausstellen oder lediglich ein Dokument, das die Residenz bestätigt. Dieses Dokument ist meist nur eine DIN-A4-Kopie, das mit der richtigen Aufenthaltskarte nicht vergleichbar ist.

Beantragt wird die Tarjeta de Residencia sowie ihre Verlängerung bei der für Ihren Wohnort zuständigen Wache der Policía Nacional.

Mitbringen müssen Sie...

- zwei Passbilder
- Personalausweis mit einer Fotokopie
- die bisherige Aufenthaltskarte, ebenfalls mit Fotokopie.

Später müssen Sie auf dem Ausländeramt Ihren Fingerabdruck auf die neue Aufenthaltskarte stempeln.

1.1.2. Doppelte Staatsbürgerschaft im deutsch-spanischen Verhältnis

Rechtliche Auswirkungen

Fälle doppelter Staatsangehörigkeit im deutsch-spanischen Verhältnis werden häufiger, weil die Beziehungen zwischen Spaniern und Deutschen immer enger werden. Kinder aus einer deutsch-spanischen Ehe erwerben mit der Geburt beide Staatsangehörigkeiten. Diese Regelung gilt seit dem Jahre 1975. Hierbei ist es gleichgültig, ob der Ehemann Spanier oder Deutscher ist. In beiden Fällen erwerben die Kinder beide Staatsangehörigkeiten. Mit Eintritt der Volljährigkeit muss man sich nicht für eine der beiden Staatsangehörigkeiten entscheiden. Allerdings sieht Artikel 24 des spanischen Codigo Civil den Verlust der spanischen Staatsangehörigkeit dann vor, wenn ein Spanier, der eine zweite Staatsangehörigkeit besitzt, seit Eintritt der Volljährigkeit drei Jahre verstreichen lässt, ohne dass er eine bestätigende Rechtshandlung vornimmt, etwa die Verlängerung des Reisepasses oder die Beantragung seiner spanischen Urkunde.

Deutschland und Spanien sind Mitglieder des Abkommens über die Verringerung der Mehrstaatigkeit und über die Wehrpflicht von Mehrstaatlern vom 6. Mai 1963. Spanien hat jedoch von der Möglichkeit in Artikel 7 des Abkommens Gebrauch gemacht, bei der Hinterlegung der Ratifikationsurkunde zu erklären, dass es nur die Bestimmungen über die Wehrpflicht (Kapitel II) anwenden wird.

Spanien hat immer schon doppelte Staatsangehörigkeit zugelassen, traditionell besonders mit den lateinamerikanischen Staaten. Wer als Spanier im Rahmen eines Antrages auf Erteilung der deutschen Staatsangehörigkeit die spanische Staatsangehörigkeit verloren hat, kann nunmehr aufgrund des spanischen Gesetzes Nr. 29/1995 vom 2. November 1995 einen Antrag auf Erteilung der spanischen Staatsangehörigkeit stellen. Insoweit ist Artikel 26 des Codigo Civil neu gefasst worden.

1.1.3. Spanische Staatsbürgerschaft

Erst nach zehn Jahren Spanienwohnsitz

Dieser Zeitraum könnte sich in Zukunft im Hinblick auf eine zu erwartende EG-weite Rechtsangleichung auf mindestens 5 Jahre reduzieren, konkret ist dies aber noch nicht absehbar.

Weitere Einzelheiten

Der Erwerb der spanischen Staatsangehörigkeit hat 10 Jahre Gebietsansässigkeit in Spanien als Voraussetzung. Zudem muss mit dem Erwerb der spanischen Staatsangehörigkeit der Pass des vorherigen Heimatlandes abgegeben werden.

Erleichtert ist die Möglichkeit des Erwerbes der spanischen Staatsangehörigkeit für diejenigen Kinder, deren Vater oder Mutter bereits in Spanien geboren ist.

Generell machen es die spanischen Vorschriften einem Ausländer relativ schwierig, die spanische Staatsangehörigkeit zu erhalten, während andererseits kürzlich der Artikel 26 des spanischen Zivilgesetzbuches »Código Civil« dahingehend abgeändert worden ist, dass Spanier, die ihre Staatsangehörigkeit durch die Annahme einer anderen Staatsangehörigkeit verloren haben, ihre eigene spanische Staatsangehörigkeit leichter wiedergewinnen können.

Auch im deutschen Staatsangehörigkeitsgesetz in der aktuellen Fassung vom 15.07.1999 ist noch ausdrücklich vorgesehen, dass ein Deutscher durch die Einbürgerung in einem anderen Staat seine deutsche Staatsangehörigkeit verliert. In Deutschland ist allerdings eine nachhaltige Diskussion mit vielen Gesetzesvorschlägen im Gange, welche eine künftige Doppelstaatsbürgerschaft wieder erleichtern sollen.

In jedem Fall bedarf es aber einer 10-jährigen Wartezeit mit Wohnsitz in Spanien, um die spanische Staatsangehörigkeit zu erhalten.

Welche Konsequenzen hat die Wahl der spanischen Staatsangehörigkeit?

Vorab sei festgestellt, dass die steuerliche Situation hiervon weitgehend unbeeinflusst bleibt.

Maßgebend ist hier nämlich die tatsächliche Wohnsitzname nach dem, "vereinfachten" Grundsatz: Wer sich mehr als die Hälfte des Jahres oder 183 Tage in Spanien aufhält, wird "spanischer Steuerbürger", ganz unabhängig also von der jeweiligen Nationalität.

Die Veränderungen der eigenen Rechtsposition durch den Erwerb der spanischen Nationalität lassen sich durch einen Blick auf das sogenannte internationale spanische Privatrecht, vorwiegend in den Artikeln 9 und 10 des Codigo civil geregelt, erschließen.

Dieses spanische internationale Privatrecht ist gleichsam der Wegweiser der besagt: Wenn jemand spanischer Staatsbürger wird, gelten für ihn die spanischen Rechtsregeln zwingend in folgenden Gebieten.

Die Frage nach der praktischen Bedeutung

Die Konsequenzen des Staatsangehörigkeitswechsels sind naturgemäß vielfältig, inwieweit sie aber konkret das Leben – abgesehen von dem Lebensgefühl "Ich bin jetzt Spanier" – tatsächlich beeinflussen, ist je nach der individuellen Situationen sehr unterschiedlich. Im Hinblick auf die EG-weite Tendenz zur Rechtsangleichung reduzieren sich schrittweise die Differenzen.

Gleichwohl verbleiben aktuell ganz wesentliche Unterschiede. Die Nationalität bei der Eheschließung bestimmt das anzuwendende Eherecht oder bei Scheidung das anzuwendende Scheidungsrecht.

Wer Spanier geworden ist, wird nach spanischem Erbrecht beerbt. Dies führt beispielsweise zu einer Besserstellung der Kinder zu Lasten des Ehegatten.

Die Nationalität des Kindes, auch eines adoptierten, bestimmt das anzuwendende Kindschaftsrecht.

Auch das national anzuwendende Vormundschafts- und Betreuungsrecht ist von der nationalen Zugehörigkeit des Betroffenen abhängig.

Das Beibehalten der deutschen Nationalität kann für einen Unterhaltsberechtigten im einzelnen vorteilhaft sein.

Fehlt bei Verträgen eine Klausel zur Bestimmung des anzuwendende nationalen Rechtes, so kann die neu erworbene spanische Nationalität einer Vertragspartei zur Anwendung des spanischen

Rechtes führen. Bei Verträgen der Verfügung über Immobilieneigentum bleibt allerdings der Lageort der Immobilie maßgebend.

Wenn Sie für Spaniengeschäfte die spanischen Konsulate in Deutschland in Anspruch nehmen möchten, bieten diese Ihnen als Spanier natürlich einen erweiterten Service.

Schließlich kommen für Sie als Spanier die deutschen Strafgesetze nicht mehr zur Anwendung, zumindest wenn die Straftat nicht in Deutschland begangen wurde.

Individuelle Beratung je nach Lebenssituation

"Ist es vorteilhaft, die spanische Staatsbürgerschaft anzunehmen?"

Dies ist also eine Frage, die sich aktuell jeder Deutsche stellen kann, der bereits länger als zehn Jahre in Spanien resident ist, praktisch vor mehr als zehn Jahren die spanische Tarjeta de Residencia erhalten hat.

Eine passende Antwort wird man hier nur nach Kenntnis der spezifischen Lebenssituation geben können, wobei die konkrete Familien-, Berufs- und Vermögenssituation ebenso von Bedeutung ist, wie die eigene Planung zur künftigen Lebensgestaltung, die Gesundheitssituation oder spezifische zu berücksichtigende Gefährdungspotentiale zivilrechtlicher oder auch strafrechtlicher Art.

Mit freundlicher Genehmigung des Autors:

Günter Menth, Rechtsanwalt

Kanzlei Copp und Menth

1.1.4. Regeln der Staatsbürgerschaft für ausländische Kinder

Nach einer Studie der staatlichen Schiedsstelle »Defensor del Pueblo« besuchen rund 60.000 ausländische Kinder spanische Schulen. In diesem Zusammenhang ist die Frage interessant, wie es in Spanien mit der Staatsangehörigkeit von Kindern aus binationalen Familien oder hier geborenen Ausländern aussieht.

Im Gegensatz zu Deutschland, wo es die doppelte Staatsbürgerschaft gibt, gilt in Spanien kein (eingeschränktes) Territorialprinzip. Hier zählt nur die Abstammung. So ist jeder automatisch Spanier, der mindestens einen spanischen Elternteil hat, egal in welchem Land er zur Welt kommt.

Die in Spanien geborenen Ausländerkinder können aber nur durch Einbürgerung die spanische Staatsangehörigkeit erlangen. Es gelten vereinfachte Voraussetzungen, allerdings muss dazu die deutsche Staatsangehörigkeit aufgegeben werden.

Dagegen haben Kinder aus deutsch-spanischen Ehen oder Partnerschaften sowohl die deutsche als auch die spanische Staatsangehörigkeit. Diese Mehrstaatlichkeit wird von beiden Ländern anerkannt, erst nach dem 18. Lebensjahr muss sich das Kind für eine der beiden entscheiden.

Die Zugehörigkeit zum deutschen Staat erwirbt man automatisch mit der Geburt. Die Deutsche Botschaft in Madrid weist jedoch darauf hin, dass bei der spanischen Staatsbürgerschaft andere Regeln gelten: Unter Umständen wird sie erst bei ordnungsgemäßer Anmeldung vergeben, also sollte man ein Kind innerhalb von drei Tagen nach der Geburt beim Einwohnermeldeamt (»Registro Civil«) anmelden. Das Register stellt dem Kind ein Familienbuch (»Libro de Familia«) aus, mit dem man bei der Nationalpolizei einen spanischen Kinderausweis beantragen kann.

Ein Kind mit deutsch-spanischer Staatsangehörigkeit kann zudem einen deutschen Kinderausweis erhalten und zwar auch dann, wenn die Eltern keinen ersten Wohnsitz mehr in Deutschland haben. Dazu muss man sich an das Honorarkonsulat in Alicante wenden.

Die deutsche Botschaft rät zudem bei einem in Spanien zur Welt gekommenen deutschen oder deutsch-spanischen Kind auch ausdrücklich zu einer Geburtanzeige in Deutschland. Dadurch kommt es zur Nachbeurkundung der Geburt beim Standesamt I in Berlin. Vorteil: automatisch werden alle wichtigen Urkunden vom deutschen Staat ausgestellt. Diese Nachbeurkundung kann jederzeit erfolgen, egal wie alt das Kind ist. Innerhalb der ersten sechs Monate nach der Geburt geht es allerdings schneller.

Interessant ist zudem, wie das Kind zu einem Nachnamen kommt. Sofern die Eltern keinen gemeinsamen Familiennamen führen, muss außerdem noch eine Erklärung zur Namensführung des Kindes abgegeben werden. Hierzu müssen die Eltern gemeinsam zur deutschen Vertretung kommen und bestimmen, ob das Kind den Namen des Vaters oder der Mutter als Familienname führen soll.

Sofern ein Elternteil ausländischer Staatsangehörigkeit ist, kann auch die Anwendung des jeweiligen staatlichen Namensrechts folgen. Das Kind kann also nach spanischem Recht den Nachnamen des Vaters sowie den Familiennamen der Mutter erhalten.

Haben die Eltern für das erstgeborene Kind einen Geburtsnamen nach deutschem Recht bestimmt, so erstreckt sich diese Namensführung grundsätzlich auch auf die später geborenen Geschwister. Wird dagegen ausländisches Recht zur Namensführung des ersten Kindes gewählt, so muss auch bei den folgenden Kindern jeweils eine gesonderte Namenserklärung erfolgen.

Erwerb der spanischen Staatsbürgerschaft

- 10 Jahre Resident in Spanien oder bei Ehe mit einem spanischen Staatsangehörigen ein Jahr Resident nach Eheschließung
- Grundkenntnisse der spanischen Sprache
- Treueschwur gegenüber dem spanischen König
- Eid auf die spanische Verfassung und Gesetzestreue
- Verzicht auf die bisherige Staatsbürgerschaft

Notwendige Dokumente

- Reisepass oder Personalausweis
- Tarjeta de Residencia
- Familienbuch
- Geburts-, Heirats-, Scheidungsurkunde
- Polizeiliches Führungszeugnis
- Zwei Zeugen, die bestätigen, dass der Antragsteller in Spanien lebt und gesellschaftlich integriert ist

Wichtige Adressen

- Verband binationaler Familien und Partnerschaften e.V.
  Ludolfusstr. 2-4
  D - 60487 Frankfurt a.M.
  Telefon: +49 (0)69 – 713 756 0
  http://www.verband-binationaler.de

- Die Beauftragte der Bundesregierung für Ausländerfragen
  Postfach 140240
  D - 53107 Bonn
  Telefon: +49 (0)1805 – 002 476
  http://www.einbuergerung.de

1.1.5. Die Aufenthaltsgenehmigung in Spanien

Die Deutsche Botschaft in Madrid hat ein Merkblatt zur Tarjeta de Residencia, der Aufenthaltsgenehmigung, herausgegeben. Hierbei handelt es sich um Informationen über die rechtlichen Rahmenbedingungen für die Aufnahme einer beruflichen Tätigkeit und die Regelungen der Residencia.

Sind Sie Angehöriger eines EU- Staates, so können Sie jederzeit eine berufliche Tätigkeit nach den geltenden Rechts- und Verwaltungsvorschriften in Spanien ausüben. Die Einholung eines Visums für Ihren Aufenthalt entfällt, ebenso benötigen Sie keine Aufenthaltsgenehmigung. Sollten Sie jedoch einmal Rechtsgeschäfte in irgendeiner Form erledigen müssen, hat die Erfahrung gezeigt, dass eine Aufenthaltsgenehmigung, die »Permiso de residencia«, die Vorgänge sehr erleichtert. Die Permiso de residencia kann bei der Ausländerbehörde beantragt werden.

Bei einem Aufenthalt unter drei Monaten muss nur ein gültiger Pass oder der Personalausweis für die Aufnahme einer selbstständigen oder unselbstständigen Arbeit vorgelegt werden. Die Meldepflicht entfällt ebenso wie die Aufenthaltsgenehmigung oder Arbeitsgenehmigung.

Möchten Sie sich länger als drei Monate in Spanien aufhalten, besteht die Verpflichtung, sich beim Einwohnermeldeamt Ihres Wohnsitzes, dem Ayuntamiento, zu melden. An Unterlagen müssen Sie nur Ihren deutschen Reisepass und einen Nachweis Ihres Wohnsitzes (Mietvertrag, Nachweis von Grundeigentum etc.) erbringen. Da Sie in diesem Fall auch einwohnermelderechtlich erfasst sind, genießen Sie das kommunale Wahlrecht.

Waren Sie als Rentner oder Pensionär vor ihrem Eintritt in den Ruhestand in Spanien nicht berufstätig, benötigen Sie auch weiterhin eine gültige Aufenthaltsgenehmigung. Diese muss innerhalb eines Monats nach Ihrer Einreise in Spanien beantragt werden. Folgende Unterlagen werden dafür benötigt: Antragsformular, deutscher Reisepass, drei Passfotos, Fotokopien der Dokumente und eventuell ein polizeiliches Führungszeugnis oder Gesundheitszeugnis.

Familienangehörige, die zum Beispiel aus der Schweiz einreisen, also aus einem Nicht- EU- Land, benötigen ein Visum in ihrem Reisepass. Dieses kann und sollte vor der Einreise bei der zuständigen spanischen Ausländervertretung eingeholt werden.

Haben Sie ihren Wohnsitz oder gewöhnlichen Aufenthalt in Spanien, ist die jeweilige deutsche Ausländerbehörde Ihr Ansprechpartner und die zuständige Passbehörde. Sie sollten bei der Passbehörde dann auch den Wohnort in Ihrem Reisepass ändern zu lassen. Sie können sich bei der Passbehörde erkundigen, welche Unterlagen Sie in Ihrem Fall mitzubringen haben. Die Telefonnummer lautet: 915 579 015.

Zusätzlich sollten Sie darauf achten, dass Sie bei einem Umzug nach Spanien auch Ihren Pkw auf ein spanisches Kennzeichen ummelden und Ihren Führerschein beim spanischen Straßenverkehrsamt registrieren müssen. Damit kann dann ein erfolgreiches Leben in Spanien starten!

1.1.6. Wählen in Spanien

Als EU-Bürger haben Sie Wahlrecht in Spanien und können das politische Lokalgeschehen mitbestimmen

Dank des vereinten Europas hat Spanien eine Verfassungsänderung vorgenommen. Seit 1999 dürfen EU-Bürger in Spanien bei den Kommunalwahlen ihre Stimme abgeben. Ob Deutsche, Engländer oder Italiener. Überall in der Union haben EU-Bürger, gleich welchem Mitgliederstaat sie angehören, die Möglichkeit, das lokale politische Geschehen mitzubestimmen.

Sie müssen nicht Resident sein. Es genügt, wenn Sie im Einwohnermelderegister der jeweiligen Gemeinde registriert sind, um wahlberechtigt zu sein.

Allerdings: Wer bisher im »Padron« (Einwohnermelderegister) eingetragen war, und bei der letzten Volkszählung 2001 nicht erfasst wurde, wird sich im Register nicht wieder finden.

Also sollten Sie bei der Volkszählung nicht berücksichtigt worden sein, sei es, dass sie in dieser Zeit gerade in ihrem Heimatland weilten oder sei es, dass man Ihr Haus einfach "übersehen" hat, so sollten Sie sich sicherheitshalber neu eintragen lassen, sonst werden Sie auch aus der Wählerliste gestrichen.

Einige Stadtverwaltungen haben selbst die Initiative ergriffen und haben die nicht registrierten Personen aufgefordert, eine Erklärung zu unterschreiben, dass sie nach wie vor Bürger der Stadt sind.

Wer sich zum ersten Mal im Padron eintragen lässt, muss seinen Personalausweis vorzeigen und eine Bescheinigung vorlegen (Miet- oder Kaufvertrag), dass er einen Wohnsitz in der Gemeinde hat. Stehen Wahlen bevor, können EU-Bürger, die sich im Padron eintragen, auf einem Formular angeben, ob sie wählen möchten oder nicht.

Wenn Sie im Padron eingetragen sind, erhalten Sie vom Statistischen Amt in Madrid die Wahlbenachrichtigung zugesandt.

1.1.7. Firmengründung in Spanien

Es gibt viele Aussteiger aus Deutschland, die noch so viel Schwung zum Schaffen und so wenig Lust zum Rosten haben, dass sie in Spanien ihre neue Firma eröffnen wollen. Hobby und Lust am Neuen bestimmen in der Regel die Branche, in der man tätig werden will. Die Niederlassungsfreiheit in der EU macht es möglich. Ob nun Tauchschule, Küchenstudio oder Antiquitätenladen, Installationsfirma, Sprachschule oder Kindergarten, Werbeagentur, Pension oder Importfirma, stets muss die Idee in die richtige Form umgesetzt werden. Seit 1992 sind ausländische Investitionen in Spanien völlig liberalisiert, auch gibt es für EU-Angehörige keine Probleme mit der Aufenthalts- oder Arbeitserlaubnis in Spanien.

Neben der Einzelfirma, die aus haftungsrechtlichen Gründen in vielen Fällen bedenklich ist, empfehlen sich die Rechtsformen

- GmbH (»Sociedad Limitada«, S.L.) oder
- Aktiengesellschaft (»Sociedad Anonima«, S.A.).

GmbH

Die GmbH ist die historisch jüngste Gesellschaftsform, die aber auch individuell so gestaltbar ist, dass sie auf die spezifischen Bedürfnisse des oder der Gesellschafter hervorragend zugeschnitten werden kann. Mit 3.000 Euro Mindestkapital bietet die spanische GmbH eine für wohl jedermann erreichbare Gesellschaftsform. Das neue spanische GmbH-Gesetz des Jahres 1995 gestattet auch die Einmanngesellschaft, also die Gesellschaft mit lediglich einem einzigen Gesellschafter. Weil jedoch bei der Einmann- bzw. Einfrau GmbH zahlreiche Besonderheiten bestehen, empfiehlt es sich in der Regel, eine GmbH mit mindestens zwei Gesellschaftern zu gründen, wobei ein Gesellschafter lediglich eine symbolische Beteiligung zu halten braucht. Die Gesellschaft wird durch den oder die Verwalter (Administrator) vertreten; auch ist es zulässig, einen Verwaltungsrat zu installieren. Grundsätzlich hat jedoch eine kleinere Gesellschaft lediglich einen oder zwei Verwalter, wobei je nach dem Willen der Gesellschafter diese einzeln oder gemeinschaftlich vertretungsberechtigt sind. Die Gründung erfolgt durch notariellen Vertrag (»Escritura Publica de Constitución de Sociedad«). Hierin wird die Satzung der Gesellschaft festgelegt. Vor der notariellen Beurkundung muss die Bestätigung des Zentralen Spanischen Handelsregisters in Madrid vorliegen, dass gegen die vorgesehene Firmenbezeichnung keine Bedenken bestehen. Die Satzung (»estatutos«) regelt alle wesentlichen Einzelheiten der Gesellschaft, wobei naturgemäß auf das spanische GmbH-Gesetz mit seinen 129 Artikeln zurückgegriffen werden muss. Anders als bei der SA muss das gesamte Gesellschaftskapital bereits bei der Gründung der SL voll aufgebracht sein. Dies ist durch Bankbescheinigung nachzuweisen.

Die anwaltlichen Beratungskosten für eine entsprechende Gesellschaftsgründung belaufen sich auf ca. 2400 Euro. Hinzu kommen die Notar- und Eintragungskosten im Handelsregister. Die Steuer beträgt ein Prozent des Gesellschaftskapitals.

Die eigentliche Geburtsstunde der Gesellschaft ist die Eintragung der Gesellschaft im Handelsregister, dann erst wird sie rechtsfähig. Gleichwohl darf die Gesellschaft bei entsprechender Beschlussfassung bereits vor der Eintragung handeln, obwohl die beschränkte Haftung der neuen Rechtspersönlichkeit der spanischen GmbH erst mit der Eintragung ins »Registro Mercantil« beginnt.

Aktiengesellschaft

Wer firmenmäßig „größer“ einsteigen will, für den erscheint die Rechtsform der AG (S.A.) adäquater. Hier ist allerdings ein Mindestkapital von sechs Millionen Euro erforderlich, wobei bei der Gründung lediglich 150.000 Euro zu zahlen sind. Sacheinlagen sind sowohl bei der spanischen GmbH als auch bei der S.A. zulässig, wobei für die S.A. die Expertise eines Sachverständigen erforderlich ist. Auch die Aktiengesellschaft kann als Einmann-gesellschaft gegründet werden und ebenfalls nur einen Verwalter haben, so wie es bei der GmbH der Fall ist. Dieser kann gleichzeitig natürlich auch Gesellschafter sein.

Zulässig ist es auch, zunächst eine GmbH zu gründen und diese später in eine S.A. umzugründen. Hat die Firma erst einmal eine gewisse Größe und Bedeutung erreicht, wird, auch aus Gründen des höheren Prestiges, häufig eine Umgründung in eine SA vorgenommen.

Steuerlich gesehen empfiehlt sich häufig die Gründung einer Gesellschaft, weil auf diese Weise beispielsweise der Verwalter, der Mitgesellschafter sein sollte, solche Kosten eher als Betriebskosten geltend machen kann, die bei einer Einzelfirma häufig dem privaten Bereich zugerechnet würden. Für eine Gesellschaft spricht auch die Möglichkeit, die Firma durch Abtretung ihrer Anteile zu einem späteren Zeitpunkt an interessierte Dritte zu übertragen.

Arbeitsrechtliche Aspekte

Die Gesellschaft muss mindestens eine Person unter Vertrag haben, die bei der Sozialversicherung in der Gruppe I (leitende Angestellte) anzumelden ist, selbst wenn diese nur teilzeitbeschäftigt ist. Ein Verwalter, ein Vorstandsmitglied, Gesellschafter oder Aktionär kann gleichzeitig auch Angestellter der Gesellschaft sein, wenn ein wirkliches Arbeitsverhältnis besteht.

Leitende Angestellte, die gleichzeitig Verwaltungsratsmitglied (Präsident, Sekretär, Besitzer) oder Alleinverwalter sind, haben keinen Anspruch auf Arbeitslosenunterstützung. Die Arbeitslosenunterstützung wird auch leitenden Angestellten verweigert, die gleichzeitig Mehrheitsgesellschafter sind, unabhängig davon, ob sie Verwalter sind oder nicht. Daher sind leitende Angestellte, die gleichzeitig Verwalter oder Mehrheitsgesellschafter sind, nicht richtig im allgemeinen Sozialversicherungssystem (»Regimen General de la Seguridad Social«) versichert und müssen sich als Selbstständige (»Autonomos«) versichern lassen. Der oder die Verwalter haften den Gesellschaftern und Dritten gegenüber für Schäden aus gesetzeswidrigen Handlungen.

Steuerliche Gesichtspunkte

Kapitalgesellschaften, also GmbHs und Aktiengesellschaften, werden aufgrund des spanischen Körperschaftssteuergesetzes mit 35% ihrer Gewinne besteuert. Hierbei können aufgrund des spanischen Körperschaftssteuergesetzes während eines Zeitraumes von sieben Jahren Gewinne mit Verlusten kompensiert werden. Gesellschaften unterliegen auch der spanischen Gewerbesteuer, der »Impuestos sobre actividades economicas« (IAE). Es handelt sich hierbei um einen festen jährlichen Steuerbetrag, der abhängig ist von der Gesellschaftstätigkeit und dem Ort der Gesellschaft. Die Steuernummer der Gesellschaft CIF sollte gleich nach der Gründung beantragt werden.

1.1.8. Firmengründung mit dem Internet

Das Verwaltungsministerium und die Handelskammern haben eine virtuelle Anlaufstelle eingerichtet, um Existenzgründungen zu erleichtern.

Unter den Internet-Adressen http://www.vue.es und http://www.camaras.org können potentielle Unternehmer jetzt gratis und mit Anleitung den gesamten Papierkrieg erledigen, sich über Hilfen und Subventionen informieren und sogar Tipps zur steuerlich günstigsten Gesellschaftsform für den angestrebten Betrieb einholen.

In Modellversuchen soll das Internet-Angebot bereits zu 9.800 neuen Unternehmen und zur Schaffung von 15.000 Arbeitsplätzen geführt haben.

1.1.9. Selbstständige Handelsvertreter

Bei Handelsvertretern muss zwischen selbstständigen Vertretern, die den Begriff des Handelsvertreters im deutschen Handelsrecht entsprechen, und unselbstständigen Handelsvertretern, die Arbeitnehmern gleichgestellt sind, unterschieden werden.

Selbstständige Handelsvertreter, die »agentes comerciales«, die ihre Vermittlungstätigkeit unabhängig und mit eigener Büroorganisation durchführen, sind im besonderen System der Selbstständigen bei der Sozialversicherung versichert. Es gibt keine Besonderheiten zu dem im vorhergehenden Abschnitt gesagten.

»Representantes de comercio« hingegen sind von den Weisungen des Unternehmens in Bezug auf die Organisation seiner Tätigkeit abhängig, also z.B. in Bezug auf Arbeitszeiten, durchzuführende Firmenbesuche etc. Diese Vertreter unterliegen nicht nur dem Arbeitsrecht, sondern auch dem allgemeinen System der Sozialversicherung, allerdings mit einigen Besonderheiten. Diese resultieren daraus, dass es sich eben nicht um typische Arbeitnehmer handelt. Diese Besonderheiten sind in einem Königlichen Dekret von 1986 festgehalten, mit dem sie von einem besonderen Sondersystem in das allgemeine System überführt wurden.

Die Besonderheiten bestehen darin, dass die Vertreter sich selbst bei der Sozialversicherung anmelden und selbst Beschäftigungsbeginn und -ende anzeigen müssen. Diese Verpflichtung besteht unabhängig von der Anzeigenpflicht des vertretenen Unternehmens, die abweichend von der Meldung des Beschäftigungsverhältnisses normaler Arbeitnehmer bei der für den Sitz des Unternehmens zuständigen Niederlassung der Sozialversicherung bei der Niederlassung zu erfolgen hat, die für den Wohnort des unselbstständigen Vertreters örtlich zuständig ist. Die unselbstständigen Vertreter sind für die Beitragsleistung verantwortlich und führen sowohl den Anteil des Unternehmers/der Unternehmer, für den/die sie tätig sind, und ihren eigenen Anteil an die Sozialversicherung ab. Die jeweiligen Unternehmer sind verpflichtet, ihren Anteil an den Vertreter zu zahlen.

Die aktuellen Beitragsbemessungsgrenzen erfahren Sie von Ihrem zuständigen Steuerberater. In Bezug auf die Arbeitsunfall- und Berufskrankheitsversicherung gilt der Satz, der im allgemeinen System für reisende Arbeitnehmer vorgesehen ist. Bei Leistungen, für die im allgemeinen System zunächst eine Zahlungspflicht für den Arbeitgeber in Vorleistung für die Sozialversicherung besteht, tritt bei unselbstständigen Handelsvertretern direkt die Sozialversicherung ein.

1.1.10. Deutsche Medizin- und Medizinalberufe in Spanien – Niederlassung nach EU-Normen

Angesichts schwieriger werdender Berufs- und Verdienstmöglichkeiten in Deutschland, zieht es immer mehr Mediziner ins Ausland. Der ärztlichen Überversorgung in Deutschland stehen in landschaftlich reizvollen Gegenden Europas teilweise ausgezeichnete Niederlassungsmöglichkeiten für Ärzte und Zahnärzte gegenüber. Das Haupttourismusland Spanien bietet an seinen Küsten und den Inselgruppen der Balearen und Kanaren immer mehr deutschen Staatsangehörigen eine dauerhafte Bleibe. Wenngleich die medizinische Versorgung auch in Spanien als gut zu bezeichnen ist, brauchen deutsprachige Ärzte und Zahnärzte die spanische Konkurrenz nicht zu fürchten; denn es ist die eigene Sprache, in der man wegen kleinerer Malaisen oder größerer Gesundheitsproblemen am besten kommunizieren kann. Auf eine deutsche Zahnärztin in Maspalomas, einen deutschen Orthopäden in Benidorm oder einen Frauenarzt auf Ibiza warten konsultierungsfreudige Patienten, die oft schon vor langen Jahren dem Sog der Zugvögel gefolgt, im Süden aber sesshaft geworden sind.

Die Anerkennung des EU-Ärztetitels in Spanien

Die konkreten Anerkennungsvoraussetzungen befinden sich im Königlichen Dekret 1691/1889. Dieses wiederum baut auf den Richtlinien der 75/362 EWG (jetzt RL 93/16 EWG) und 81/1057 auf. Danach kann nicht nur das "Zeugnis über die ärztliche Staatsprüfung" in Spanien anerkannt werden, sondern auch die von den Landesärztekammern erteilte fachärztliche Anerkennung. Das spätere Königliche Dekret 2072/95 befasst sich insbesondere mit

Arzt- und Fachärztetiteln aus der ehemaligen DDR wie auch aus dem Europäischen Wirtschaftsraum.

Titelanerkennung von EU-Zahnärzten in Spanien

Es gelten nahezu die gleichen Voraussetzungen für die Titelanerkennung von Zahnärzten, wie sie zuvor in Bezug auf EU-Ärzte beschrieben wurden.

Maßgebliche EU-Richtlinien sind diese 78/687/EWG und 78/686/EWG; die wichtigsten spanischen Anerkennungsbestimmungen: Königliche Dekrete 970/86, 160/87 und 675/92.

Titelanerkennung medizinischen Personals aus der EU in Spanien

Während die Berufe der Krankenschwester und des Krankenpflegers bereits in den Richtlinien des Rates der Gemeinschaft vom 14. Dezember 1981 als Anerkennungsberufe aufgenommen worden waren, finden sich Anerkennungsvoraussetzungen für folgende Berufe erst in dem jüngst erlassenen Königlichen Dekret Nr. 1396 vom 4. August 1995:

- Kinderkrankenschwester/-Pfleger
- Krankengymnast/in
- Physiotherapeut/in
- Logopäde/in
- Atem-, Sprech- und Stimmlehrer/in usw.

Voraussetzung für die Anerkennung vorstehender Titel in Spanien ist eine berufliche Ausbildung von mindestens drei Jahren.

Die weiteren Anerkennungsvoraussetzungen dieser Berufe im einzelnen zu beschreiben, würde den Rahmen dieses Beitrages sprengen, da sie jeweils in Details voneinander abweichen.

Wichtig ist nur zu wissen, dass nicht nur Ärzte- und Zahnärzte in Spanien Titelanerkennung finden können, sondern auch solche medizinischen Heil- und Hilfsberufe der vorgenannten Art.

Es darf in diesem Zusammenhang noch bemerkt werden, dass selbstverständlich auch der Titel des Tierarztes in Spanien anerkennungsfähig ist und dieser damit nach Anerkennung seines Titels durch das spanische Erziehungs- und Wissenschaftsministerium und die Aufnahme in die zuständige Kammer in Spanien praktizieren darf.

1.1.11. Die ZEC–Sonderabgabezone der Kanarischen Inseln

Ein Stadthotel in La Orotava, eine Surfschule in Playa del Inglés, eine Modeboutique in Las Palmas. Es gibt unterschiedliche Möglichkeiten, sich eine neue Existenz auf den Kanaren aufzubauen. Als Anreiz für Investoren hat die Inselregierung besondere Vergünstigungen geschaffen. Die ZEC (Zona Especial Canaria) regelt einige davon...

Was ist die ZEC?

Die ZEC ist eine Sonderabgabezone, die Spanien im Rahmen der Europäischen Union errichtet wurde. In dieser Zone werden attraktive steuerliche und wirtschaftliche Konditionen für Investitionen angeboten. Ziel ist es Firmengründer und Kapitalanleger auf die Insel zu holen.

Welche Tätigkeiten können innerhalb der ZEC stattfinden?

Innerhalb der ZEC können u.a. Industrie-, Geschäfts- und Dienstleistungstätigkeiten mit Ausnahme von Versicherungstätigkeiten stattfinden. Bei der Standortwahl wird jedoch zwischen Dienstleistungs- und Industrieunternehmen unterschieden. Wer Dienstleistungen anbietet, kann den Sitz auf den Kanarischen Inseln frei wählen. Firmen, deren Aufgabe die Herstellung, Bearbeitung, Behandlung und Vermarktung von Produkten ist, müssen in abgegrenzten Gebieten in der Nähe des Flughafen oder auf den gewerblichen Bauflächen der Insel errichtet werden.

Welche Vorteile hat man innerhalb der ZEC?

Die Firmen, die sich dazu entschließen, an der ZEC teilzunehmen, d.h. ZEC-Unternehmen zu werden, genießen eine Reihen von Vorteilen, die niedrigere Abgabe bei der Gesellschafts- und Einkommensteuer der Devisenausländer, und sie sind von indirekter Besteuerung befreit. Die ZEC-Unternehmen werden auch von einer niedrigeren Belastung bei der Kommunalsteuer profitieren. Diese wird zwischen den ZEC Konsortium und den örtlichen Behörden vereinbart. (Das ZEC-Konsortium vermittelt zwischen den Unternehmen und den Behörden. Es dient als Auskunfts- und Bearbeitungsstelle und soll den Unternehmen die Verwaltungsverfahren und andere Formalitäten erleichtern.) Außerdem können sich die Unternehmen auf das Doppelbesteuerungsabkommen, das Spanien mir Drittländern hat und auf die Direktive der EU berufen. Wenn man von den Vorteilen der ZEC profitieren möchte, muss man unbedingt im Register der ZEC-Unternehmen eingeschrieben sein. Dafür muss eine Genehmigung beim ZEC-Konsortium beantragt werden.

Kanarische Mehrwertsteuer (IGIC)

Die IGIC fällt gegenüber der Mehrwertsteuer der EU (IVA) geringer aus. Für bestimmte Produkte und Leistungen gibt es gar einen Mehrwertsteuernullsatz.

1.1.12. Niederlassungsfreiheit für Ausländer in Spanien

Europäische Kommission rügt Beschränkungen

Als Mitglied der Europäischen Union muss sich Spanien an die Niederlassungsfreiheit halten, die für die Staatsangehörige und Gesellschafter der Mitgliedsstaaten gilt. Kein Land darf danach interne Beschränkungen bestehen lassen oder sogar aufbauen, durch die aus Gründen der Staatsangehörigkeit die Niederlassungsfreiheit und die Arbeitnehmerfreizügigkeit behindert werden.

Die Niederlassungsfreiheit innerhalb der Europäischen Union ist in den Artikeln 52 bis 58 der Römischen Verträge geregelt. Das bedeutet, dass Staatsangehörige eines Mitgliedstaates - natürliche Personen oder Gesellschaften - sich auf dem Gebiete eines anderen Mitgliedsstaates niederlassen dürfen, um dort eine selbstständige Tätigkeit unter den gleichen Bedingungen wie die Staatsangehörigen der Mitgliedsstaaten auszuüben. Das Recht der freien Niederlassung stellt zusammen mit der Freiheit, Dienstleistungen zu erbringen, eine der vier Grundfreiheiten dar. Diese werden als Leitmotiv der Magna Charta der Wirtschaftsintegration bezeichnet. Die Freiheiten sind: der freie Kapitalverkehr, die Dienstleistungs- und Niederlassungsfreiheit sowie die Arbeitnehmerfreizügigkeit.

1.1.13. Änderungen im Einkommenssteuergesetz

Was Nichtresidenten beachten müssen: Ein Nichtresident laut spanisch-deutschem Doppelbesteuerungsabkommen (DBA) ist eine natürliche Person dann, wenn sie sich weniger als 183 Tage im Kalenderjahr in Spanien aufhält oder zu einem anderen Staat die engeren persönlichen und wirtschaftlichen Beziehungen (Mittelpunkt der Lebensinteressen) oder in einem anderen Staat ihren gewöhnlichen Aufenthalt hat.

Hat eine Person in beiden Staaten ihren gewöhnlichen Aufenthalt, so gilt sie in dem Vertragsstaat als ansässig, dessen Staatsangehörigkeit sie besitzt. Besitzt die Person die Staatsangehörigkeit beider Vertragsstaaten, so regeln die zuständigen Finanzbehörden die Frage in gegenseitigem Einvernehmen.

Die wichtigsten Beispiele von Einkünften, die ein Nichtresident in Spanien versteuern muss

- **Mietwert** der in Spanien selbstgenutzten Wohnung[1]
  Dieser beträgt 2% vom Katasterwert bzw. 1,1%, wenn nach 1994 eine Anpassung erfolgt ist. Eine Liste der Gemeinden, deren Katasterwert angepasst wurde, gibt die Finanzverwaltung jährlich heraus. Die Steuer beträgt 25% auf diesen Mietwert.

---

[1] Es genügt das Vorhandensein dieser Wohnung, auch wenn diese tatsächlich nicht genutzt wird.

- **Mieteinnahmen** bei vermieteten Objekten
  d.h. sowohl aus privater als auch gewerblicher Vermietung. Die Steuer beträgt 25% auf die Bruttoeinnahmen ohne Abzugsmöglichkeit von irgendwelchen Kosten wie Grundsteuer, Müllgebühren, Reparaturen, Abschreibungen etc.

- **Veräußerungsgewinne** aus in Spanien gelegenen Immobilien
  Diese Verkäufe sind steuerfrei, wenn die Immobilie am 31. Dezember 1996 mindestens zehn Jahre im Besitz des Veräußerers war. Ist dies nicht der Fall, werden pro Jahr des Besitzes bestimmte Prozentsätze vom Veräußerungsgewinn als Freibetrag abgezogen. Diese Sätze richten sich nach dem Jahr der Anschaffung und sind im Einzelfall zu ermitteln. Der verbleibende Veräußerungsgewinn ist mit 35% zu versteuern.

- **Einkünfte** von Nichtresidenten
  die in Spanien eine dauernde Niederlassung (Betriebsstätte) haben. Das heißt, diejenigen, die einer gewerblichen oder freiberuflichen Tätigkeit nachgehen und dadurch Geschäftsräume in Spanien unterhalten. Die Einkünfte werden noch den gesetzlichen Vorschriften für Gebietsansässige (Buchhaltung und Gewinnermittlung durch Bilanzierung) ermittelt. Der Steuersatz auf den Gewinn beträgt 35%.

- **Zinseinnahmen und Veräußerungsgewinne** durch Auflösung von Investmentfonds. Die Besteuerung dieser Art von Einkünften wurde erstmals in diesem Gesetz neu geregelt. Bei konkreten Fragen, wenden Sie sich an Ihren Steuerberater.

Was ist das Doppelbesteuerungsabkommen?

Unter DBA ist zu verstehen, dass die gleichen Einkünfte niemals in zwei verschiedenen Staaten einer Steuerbelastung unterworfen werden, d.h. dass die von einem in Spanien Nichtansässigen gezahlte Steuer in dessen Wohnsitzstaat auf seine dortige Steuerschuld angerechnet wird. Das setzt natürlich voraus, dass die ausländischen Einkünfte dort auch erklärt werden. DBA bedeutet nicht, dass jedes Land die gleichen Steuerfreibeträge oder Steuersätze einführt. Es bleibt demnach jedem Steuerpflichtigem selbst überlassen, sich für seine Geldanlagen das Land mit der für ihn günstigeren Besteuerung zu wählen.

1.1.14. Arbeitsämter an der Küste

Arbeitsämter an der Küste

Ort	Adresse	Telefon
Gandía	Plaza Alquería Nova, 30-33	962 861 195
Alicante	C/San Juan Bosco, 15	965 985 267
Benidorm	Com. Valenciana, 22 - Edificio Servihotel	965 850 188
Calpe	Calle Benissa	965 834 911
Dénia	Calle Ramón Ortega, 3	965 780 142
Elche	Calle Mariano Benlliure, 6	965 445 312
Oríhuela	Prolongación Ronda de S. Domingo	965 302 647
Torrevieja	Calle Larramendí, Ed. Iruna	966 701 377
Villajoyosa	Calle Pianista Gonzalo Soríano s/n	965 890 332
Aguílas	Calle Cassola	968 413 902
Alhama de Murcia	Avenida, Sierra Espuña, s/n	968 630 838
Cartagena	Plaza de España, s/n	968 501 194
Mazarrón	Calle Salvador Martinez Saura I	968 590 020
Murcia	Avda. Ronda Norte, 10	968 294 060
Torre Pacheco	Calle Victor Pérez, s/n	968 578 229
La Unión	Calle Páez Ríos, 8	968 560 515

1.1.15. Arbeitslosengeld und andere Bezüge des INEM

Arbeitslos - was nun?

Anspruch auf Arbeitslosenunterstützung haben in Spanien Ausländer mit Residencia, die den Arbeitsplatz unverschuldet verlieren oder kurzarbeiten, arbeitsfähig und arbeitswillig sind. Das Arbeitslosengeld kann auf beitragsgebundener Basis gezahlt werden oder - bei Personen, die keinen Anspruch mehr auf beitragsgebundene Leistungen haben - auf beitragsfreier Basis (Sozialhilfe). Es bestehen also zwei unterschiedliche Leistungsarten:

1. Leistungen aus dem Beitragssystem (»Prestaciones de Desempleo«) und

2. Arbeitslosenfürsorgeleistungen (»Subsidio por Desempleo«).

Arbeitslosengeld | Prestaciones por Desempleo

Um Leistungen der Arbeitslosenversicherung beziehen zu können, muss man·aus einem vom Gesetz vorgeschriebenen Grund arbeitslos geworden sein, wie:

- Den Arbeitsplatz unverschuldet verloren haben oder Arbeitszeit und Arbeitsentgelt mindestens um ein Drittel gemindert bekommen
- Arbeitswillig und arbeitsfähig sein
- Bei einem Arbeitsamt gemeldet sein und Leistungen bei Arbeitslosigkeit beantragt haben
- Mitglied der Sozialversicherung sein

- In den sechs Jahren vor Eintritt der Arbeitslosigkeit eine Arbeitslosenversicherungszeit von mindestens 12 Monaten nachweisen können

Aus einem vom Gesetz vorgeschriebenen rund arbeitslos geworden sein, wie:

- unverschuldete Kündigung
- beschäftigungsregulierende Maßnahmen
- das Ende der vereinbarten Arbeitsdauer oder Beendigung der Arbeit, für die der Vertrag geschossen wurde

Die Höhe der Leistungen bei Arbeitslosigkeit

Für die ersten 180 Tag: 70% der Berechnungsgrundlage; danach 60% der Berechnungsgrundlage. Als Berechnungsgrundlage dient das durchschnittliche beitragspflichtige Einkommen der letzten sechs Monate. Die Mindesthöhe ist der um ein Sechstel erhöhte gesetzliche Mindestlohn. Maximale Höhe: Versicherte ohne unterhaltsberechtigte Kinder: 170% des Mindestlohns plus ein Sechstel; mit einem Kind: 195 Prozent des Mindestlohns plus ein Sechstel; mit zwei oder mehr Kindern: 220 % des Mindestlohns plus ein Sechstel.

Arbeitslosenhilfe | Subsidio por Desempleo

Die Arbeitslosenhilfe wird gezahlt, wenn kein Anspruch mehr auf Arbeitslosengeld besteht. Sie beträgt im Prinzip 75% des Mindestlohnes. Gesetzlich garantierter Mindestlohn, zur Zeit monatlich 425 Euro. Die Gesamthöhe der Bezüge hängt allerdings von der Zahl der unterhaltsberechtigten Familienangehörigen des Leistungsempfängers ab. Keine oder nur eine zu versorgende Person: 75% des Mindestlohnes; zwei zu versorgende Personen: 100% des Mindestlohnes, drei oder vier zu versorgende Personen: 125% des Mindestlohnes. Die Zahlungsdauer der Arbeitslosenhilfe kann für einen Zeitraum von höchstens 18 Monaten um jeweils drei Monate verlängert werden.

Für den Anspruch auf Arbeitslosenhilfe

- muss man beim Arbeitsamt gemeldet sein
- muss der Anspruch auf beitragsgebundene Leistungen erloschen sein
- darf man in den 30 Tagen nach Erlöschen des Anspruchs auf beitragsgebundene Leistungen keine Beschäftigung angenommen haben
- dürfen die Einkünfte 75% des gesetzlichen Mindestlohnes nicht überschreiten

Ein Arbeitsloser, der sich zur Arbeitssuche in einem anderen EU Mitgliedstaat begibt, bekommt für die Dauer von höchstens drei Monaten Arbeitslosengeld. Dazu muss er der spanischen Landesarbeitsanstalt (INEM) für mindestens vier Wochen ab Eintritt der Arbeitslosigkeit zur Verfügung gestanden haben, von dieser Institution einen entsprechenden Vordruck erhalten, sich als Arbeitsuchender in dem Land eintragen lassen, in das er sich begibt. Das Arbeitslosengeld wird vom zuständigen Träger des betreffenden Landes zu Lasten des INEM ausgezahlt.

Die Zahlung der Arbeitslosenhilfe (»Subsidio por Desempleo«) kann für einen Zeitraum von höchstens 18 Monaten gezahlt und in Härtefällen um jeweils drei Monate verlängert werden.

1.1.16. Rentenzahlung endlich europaweit

Die EU-Finanzminister haben in Luxemburg eine Direktive verabschiedet, die Rentenkassen, Lebensversicherungen und Pensionsfonds ermöglichen wird, ihre Rentenpläne europaweit anzubieten. Demnach soll es keine Rolle mehr spielen, wo die Rentenempfänger wohnen, sondern nur noch, welche Auflagen bei ihrem jeweiligen Anbieter in der Heimat gelten.

Die Direktive lag über zehn Jahre lang auf Eis, bis unter spanischer EU-Präsidentschaft ein Kompromiss gelang, der die Finanzminister, aber auch die einzelnen Mitgliedstaaten zufrieden gestellt hat. Dieser Kompromiss erlaubt, dass die nationalen Normen im Zweifelsfall über den EU-Richtlinien stehen.

Das gilt vor allem für die Höhe der Zinsen und für Auflagen zum Schutz der Rentner, die über das EU-Niveau hinausgehen. Das EU-Niveau besteht darin, dass die Anbieter höchstens 30 % ihrer Aktiva in Risiko-Fonds investieren dürfen und nicht mehr als fünf Prozent in ihr eigenes Unternehmen.

Die Minister erhoffen sich von der Direktive, dass sie die Mobilität der Arbeitnehmer in der EU zu erhöhen hilft.

1.2.
Schule, Ausbildung, Sprachen

1.2.1. Schulen in Spanien

Wir versuchen Ihnen an dieser Stelle einen Überblick über das spanische Schulsystem zu vermitteln, da wir sicher sind, dass auch Sie, als Eltern schulpflichtiger Kinder, mit einer Vielzahl von Ausdrücken konfrontiert werden, die zum ersten schwer bis gar nicht übersetzbar sind und zum anderen nicht sehr aussagefähig erscheinen mögen.

Es ist hier durchaus üblich, die Kleinen in eine Vorschule zu schicken. Sie nimmt Kinder von drei bis sechs Jahren auf, ist aber freiwillig. Es handelt sich hierbei um die »Educación Infantil« oder Prescolar. Und ist hier in den Kindergärten namens »Centros Educación« integriert. Das schulpflichtige Alter beginnt auch hier mit sechs Jahren und dauert, nach der Reform des Schulsystems bis zum 16. Lebensjahr. Diese Zeit splittet sich auf wie folgt:

- 6 Jahre Unterricht in der »Educación Primaria« (Grundschule)
- 4 Jahre Unterricht in der »Educación Secundaria Obligatoria« (Mittelschule)

Damit ist die Pflichtschulzeit beendet. Wenn der Schüler einen Schulabschluss schafft, ist er berechtigt, eine weiterführende Schule zu besuchen. (Etwa vergleichbar mit der deutschen Sekundarstufe des Gymnasiums).

Hier stehen zwei Varianten zur Wahl:

1. der berufsbildende Zweig — der die Jugendlichen auf einen bestimmten Fachbereich zuführt. Diese Ausbildung dauert zwei Jahre und beinhaltet ein Jahr Theorie und ein Jahr praktische Tätigkeit in einer Firma oder öffentlichen Institution. Am Ende der zwei Jahre wird der Abschluss »Técnicos Superiores«.

2. der allgemeinbildende Zweig — der in etwa der deutschen Gymnasialausbildung entspricht. Auch diese Ausbildung dauert zwei Jahre, in denen die Schüler einen von vier Fachbereichen auswählen. Eine Abiturprüfung wie in Deutschland gibt es nicht. Das Zeugnis bescheinigt den Abschluss »Bachiller«.

Mit dem Abschlusszeugnis kann man sich dann bei einer Universität bewerben. Allerdings ist man damit nicht automatisch berechtigt eine Hochschule zu besuchen. Dazu ist noch eine Auswahlprüfung notwendig. Wenn der Schüler auch diese Prüfung erfolgreich besteht, kann er sich in einer Hochschule einschreiben lassen.

Deutsche Schulen

In Spanien gibt es eine Reihe von deutschen Schulen. Diese unterrichten in vielen Fällen in deutsch, aber auch spanisch steht auf dem Lehrplan. Häufig besuchen nicht nur deutsche Schüler diese Schulen, so dass ein sehr internationales Klima entsteht. Der Vorteil bei diesen Schulen ist häufig, dass sie ebenfalls von den Kultusministerien der Länder anerkannt sind und deshalb ein innerdeutscher Schulbesuch möglich bleibt, falls die Familie nach Deutschland zurückgeht.

Hier finden Sie Informationen zu den verschiedenen deutschen Schulen in Spanien: http://www.bundesverwaltungsamt.de unter dem Stichwort Auslandsschulwesen.

1.2.2. Schulen an der Costa Blanca

Das spanische Schulsystem ist stark am französischen Vorbild angelehnt und sieht eine generelle gymnasiale Ausbildung bis zum Abitur (»Bacillerato«) vor. Die zwölfjährige Schulausbildung gliedert sich in die drei Bereiche »Educación Primaria« (1. bis 6. Klasse), »Educación Secundaria« (7. bis 12. Klasse) einschließlich Bacillerato und »Educación Superior« (Universität und Hochschule). Hier gibt es dann zwei Varianten: den berufsbildenden und den allgemeinbildenden Zweig.

Auf http://www.schulespanien.de/ finden Sie das Angebot von Eltern an der Costa Blanca, die umfassende Hilfe leisten bei der Schulauswahl, den Anmeldeformalitäten usw. Allerdings kostet dieser Service ab 125 Euro. Interessant ist die Seite auf jeden Fall, da auch weitere Informationen zu den Problemen bei der Schulauswahl usw. gegeben werden.

Sie müssen sich bei der Auswahl der Schule die Frage stellen, was Sie für Ihre Kinder wollen. Sollen sie eine Ausbildung erhalten, die ihnen ermöglicht, eventuell auch zurück in Deutschland weiter zur Schule gehen zu können. Bei einem Besuch einer staatlichen Schule werden sie sicher innerhalb kurzer Zeit ebenfalls Spanisch gelernt haben, aber dennoch unter Umständen zu Beginn einige Probleme bewältigen müssen. Eine deutsche Privatschule kostet im Jahr einiges, aber hier haben Ihre Kinder den Vorteil, in einem internationalen Umfeld zu lernen und sie werden in den meisten Fällen eine Ausbildung erhalten, die ihnen eine weitere Schullaufbahn an einer Schule in Deutschland offen lässt.

Weitere Informationen zu Schulen in Dénia finden Sie unter http://bienvenido.to/denia/servicios/academias-de.htm

1.2.3. Deutsche Schulen in Spanien

Deutsche Schule Barcelona

Avda. Jacinto Esteva Fontanet 105

E - 08950 Esplugues de Llobregat/Barcelona

Telefon: 0034 93-371 8300

Telefax: 0034 93-473 3927

E-Mail-Schule: dsbarcelona@dsbarcelona.com

E-Mail VwLtr: Perea@dsbarcelona.com

Internet: http://www.dsbarcelona.com

Deutsche Schule Bilbao

Avda. Jesus Galindez, 3

E-48004 Bilbao

Telefon: 0034 94-459 8090

Telefax: 0034 94-473 1861

E-Mail-Schule: dsbilbao@dsbilbao.org

E-Mail VwLtr: s.beascoa@dsbilbao.org

Internet: http://www.dsbilbao.org

Deutsche Schule - Colegio Oficial Alemán (Las Palmas)

Apartado de Correos 688

E 35002 Las Palmas de Gran Canaria

Telefon: 0034-928- 670750

Telefax: 0034-928-675520

E-Mail-Schule: colegioaleman@verw.dslpa.org

E-Mail VwLtr: colegioaleman@verw.dslpa.org

Internet: http://www.dslpa.org

Deutsche Schule Madrid

Avenida Concha Espina, 32

E - 28016 Madrid

Telefon:	0034-91-782 3670
Telefax:	0034-91-782 3686
E-Mail-Schule:	dsmadrid@dsmadrid.com
E-Mail VwLtr:	herrmann@dsmadrid.com
Internet:	http://www.dsmadrid.com

Deutsche Schule in der Provinz Málaga Marbella

Apartado de Correos 318

29600 Marbella

Telefon:	0034 95-2831417
Telefax:	0034 95-2838575
E-Mail-Schule:	sekretariat@dsmalaga.com
E-Mail VwLtr:	fuchs@dsmalaga.com
Internet:	http://www.dsmalaga.com

Colegio Alemán 'San Alberto Magno' (San Sebastián)

Pº Oriamendi, 25 - Apdo. 350

E-20009 San Sebastián

Telefon:	0034-943-212244
Telefax:	0034-943-312121
E-Mail-Schule:	secretaria@ccaleman.infonegocio.com
E-Mail VwLtr:	administracion@ccaleman.infonegocio.com
Internet:	http://www.colegioaleman.net

Deutsche Schule - Colegio Alemán (Teneriffa)

Calle Drago , s/n

E-38190 Tabaiba Alta (El Rosario)

Telefon:	0034 922-68 20 10
Telefax:	0034 922-68 27 46
E-Mail-Schule:	caleman@wanadoo.es
E-Mail VwLtr:	caleman@wanadoo.es
Internet:	http://www.dstenerife.com

Deutsche Schule Albrecht Dürer (Sevilla)

C/Cueva Del Gato, s/nº ; Polígono Aeropuerto

41020 Sevilla

Telefon:	0034 95-4999509
Telefax:	0034 95 499 95 04
E-Mail-Schule:	dss-sec@teleline.es
E-Mail VwLtr:	dss-sec@teleline.es
Internet:	http://www.colegioalemansevilla.com
	http://www.terra.es/personal/dss-home

Deutsche Schule Valencia-Colegio Alemán de Valencia

c/ Jaime Roig, 14-16

E-46010 Valencia

Telefon:	0034 96-369 0100
Telefax:	0034 96-369 1043
E-Mail-Schule:	dsvalencia@dsvalencia.net
Internet:	http://www.telefonica.net/web/dsv

1.2.4. Kindergarten und Vorschule

Spielerisch die Welt entdecken

Folgende Situation hatten Sie bestimmt auch schon. Ein kleines Kind von etwa zwei Jahren erzählt etwas. Es spricht schon ihm bekannte Wörter aus und den Rest umschreibt es mit unverständlichem Gebrabbel. Erstaunlicherweise setzen die Kinder die Wörter im Satzgefüge exakt an die richtige Stelle, die gebrabbelten Abschnitte entsprechen in der Länge den fehlenden Abschnitten und die Sätze werden auch schon im typischen Singsang der Muttersprache hervorgebracht. Auch Babys lernen, lange bevor sie sprechen, schon die Strukturen und den Rhythmus der Muttersprache.

Neuesten Forschungsergebnissen zufolge können Säuglinge und Kleinkinder viel mehr, als die Erwachsenen denken. Sie vollbringen vom ersten Tag ihres Lebens an Abstraktionsleistungen, diese frühe Kategorienbildung hilft ihnen, ein bisschen Ordnung in das Chaos von Reizen zu bringen, dem sie von Beginn an ausgesetzt sind.

Kleine Kinder öffnen für sich fortwährend Entwicklungsfenster, passt dann eine bestimmte Situation dazu, lernt das Kind elementare Dinge. Passt keine Situation, schließt sich dieses Fenster für immer. Dadurch wird es mit den Jahren immer schwieriger, Sachen zu lernen. Schon 10-jährige Kinder lernen eine neue Sprache nur mühsam. Das spielend leichte Lernen aus der Entwicklungsphase ist dann schon längst vorbei. Was im frühen Stadium verpasst wurde, kann später nur durch harte Arbeit erlernt werden.

Deshalb sind der Kindergarten und die Vorschuljahre eine elementare Bildungszeit.

Das Wichtigste an einer Kindertagesstätte oder Vorschule ist eine möglichst individuelle Betreuung der Kinder. Für Eltern sollte bei der Auswahl ein erstes Kriterium das Verhältnis der Anzahl der Kinder und der Anzahl der Erwachsenen sein. Am geeignetesten sind Gruppen von neun Kindern und einem Erwachsenen.

Ein weiteres Kriterium sollte die Ausbildung der Erzieher sein. In Spanien ist in den Vorschulen die Ausbildung zum examinierten Lehrer Pflicht. Das heißt, der Lehrer muss in mindestens zwei Hauptfächern seinen "Maestro" gemacht haben. Bei Kindergärten, den »guarderías«, muss der Leiter des Zentrums einen Meister haben, ähnlich wie bei Handwerksbetrieben in Deutschland. Die Mitarbeiter brauchen jedoch keinerlei Ausbildung.

Ob eine Ausbildung bei Erziehern im Kindergarten überhaupt nötig ist, darüber herrscht noch Uneinigkeit. Ausgebildetes Personal stellt natürlich ein Qualitätsmerkmal dar, aber viele sind der Meinung, dass in erster Linie ein guter Draht zu den Kindern vorhanden sein sollte. Die Erzieher sollten fähig sein, auf die Kinder einzugehen und sie zu begeistern. Mit gesundem Menschenverstand kann man auch den Wissensdurst der Kleinen befriedigen und ihren Entwicklungsstand teilen sie durch einfaches Fragen mit.

Die staatlichen Kindergärten und Vorschulen sind per Gesetz kostenlos, doch in den privaten Einrichtungen, die zwar in der Regel teuer sind, sind die Lehrer oft motivierter, die Förderung der Kinder ist besser und die Zentren sind weniger stark reglementiert.

Zudem sind dies meist Ganztagesstätten, die staatlichen Schulen schließen um vier, was für viele arbeitende Eltern ein Problem darstellt.

Aber egal ob staatlich oder privat, ein gutes Bildungszentrum sollte sich durch eine Vielfalt der Angebote auszeichnen. Die Kinder sollten nicht nur spielerische Erfahrungen mit Sprachen, dem Lesen, Schreiben oder Rechnen machen, sondern auch mit dem Pinsel, Farben, Knetmasse und Kletterwänden.

1.2.5. Integration vieler Nationen

In den Grundschulen Spaniens zeigt sich inzwischen eine Internationalität der Kinder, was insbesondere für die Schulen ein hohes Maß an Flexibilität und Organisationsaufwand bedeutet, um die ausländischen Schüler möglichst reibungslos in den Schulalltag einzugliedern.

Einige verfügen über spezielle Integrationspläne, die zum Beispiel den Kindern Tutoren zur Seite stellen, die möglichst die gleiche Sprache sprechen. Andere Schulen wieder lehnen diese Sonderbehandlungen kategorisch ab und bevorzugen den Weg über die selbstständige Integration der Kinder.

Allerdings ist abzusehen, dass Integrationsprogramme mit der Zeit immer wichtiger werden. Kam bisher mit 42% der Großteil aller Immigrationsschüler im Land Valencia aus zentraleuropäischen Ländern, werden bald lateinamerikanische und nordafrikanische

Immigranten den Großteil ausmachen. Hinzu kommen bereits jetzt die zahlreichen Kinder aus Osteuropa.

Die CC.OO.-Erziehungsgewerkschaft warnt davor, dass sich hierin gewisse Gefahren verbergen, da die kulturellen Unterschiede immer mehr auseinander klaffen. Dringend fordert die Gewerkschaft mehr Tutoren und, noch viel wichtiger, einen generellen Integrationsplan auf Landesebene, der bis dato nicht vorliegt.

Förderunterricht, zusätzliche Sprachlehrer und Lernmaterial müssen bezahlt werden, genau so wie gemeinsame Aktivitäten, um das kennen lernen der Kinder untereinander zu vereinfachen.

Bereits seit den 70er Jahren lernen ausländische Kinder an spanischen Schulen. In den letzten paar Jahren ist der Zuwachs aber noch einmal gestiegen. So sind derzeit im Land Valencia 48.000, rund 7% der insgesamt 680.000 Schüler, Ausländer. Das Problem ist also nicht neu, trotzdem haben die Politiker bisher kaum Versuche unternommen, landesweit eine Änderung herbei zu führen.

Im Land Valencia gibt es seit dem vergangenen Jahr zumindest einen sogenannten »mediador cultural«, der in alle Richtungen, Schule, Lehrer, Eltern, informiert und so eine Art Mittler zwischen den Kulturen darstellt. Allerdings steht jeder Provinz gerade mal einer dieser Mittler zur Verfügung. Daneben finanziert das valencianische Erziehungsministerium Sprachförderklassen für rund eine Million Euro im Jahr. Dieses Geld kommt aber auch Kindern aus sozial schwächeren Familien, ob Ausländer oder Spanier, zu Gute. Damit bleibt für jede Schule nur wenig Geld übrig.

Fazit: Es muss sich noch einiges ändern, um angemessen auf die Multikulturalität an den Schulen zu reagieren du diese in die richtige Richtung zu fördern.

1.2.6. Spanisch ist Weltsprache

Planen Sie die nächste Weltreise? Wollen Sie auf Kuba Urlaub machen? Haben Sie eine reiche Tante in Argentinien? Oder wohnen Sie zufällig in Spanien?

In all diesen Fällen ist es ratsam, Spanisch zu sprechen. Und sei es auch nur rudimentäres Touristenspanisch. Falsch machen kann man dabei wenig. Denn Spanisch ist auf dem besten Weg, zu dritten Weltsprache zu werden.

Obwohl ein Viertel der Weltbevölkerung Chinesisch spricht, wird man doch damit als Verständigungsmittel nicht weit kommen. Die Weltsprache Englisch dominiert zwar überall, nur nicht dort, wo Spanisch gesprochen wird. Und das ist an vielen Orten: in Lateinamerika, in Texas, Florida, Kalifornien, auf Kuba, auf den Philippinen, und natürlich im Heimatland Spanien.

Dem Snobismus, mit dem bis vor kurzem noch das "continental engish" vom britischen Inselvolk behandelt wurde, begegnet man inzwischen nur noch bei Oberstudienräten und Internatsschülern.

In Bezug auf die spanische Sprache hat es Snobismus in dieser Form nicht gegeben, obwohl große Unterschiede zwischen dem

Spanisch Amerikas und Europas bestehen, sowohl in der Aussprache als auch im Wortschatz.

Doch das scheint keinen zu stören, sieht man einmal von dem kleinen Aufruhr ab, den der kolumbianische Nobelpreisträger Garcia Marquez 1997 verursachte, als er für eine als revolutionär bezeichnete Rechtschreibreform plädierte. Garcia Marquez behauptete damals, die Orthografieregeln seien ein Unterdrückungs- und Diskriminierungswerkzeug. Das erregte im Heimatland des Kastillischen nur bei den akademischen Gralshütern der spanischen Sprache die Gemüter. Die Mitglieder der Real Academia Española, dem höchsten Gremium, das den Sprachstandard bestimmt, zeigten sich empört. "Überflüssig" und "uninteressant" lauteten die Kommentare der würdigen Akademiker und auch führende Meinungsmacher unter den Schriftstellern stimmten zu.

Noch 1997 mahnte der ebenfalls Nobelpreisträger Camilo Jose Cela beim I. Internationalen Kongress der spanischen Sprache in Mexiko, das Spanische von dem Chaos unterschiedlicher orthographischer Regeln zu retten. Die Polemik blieb damals auf den Weltkongress und einige Zeitungsartikel beschränkt.

Das Ganze hat sich mit der Zeit in Luft aufgelöst. Es interessierte niemanden. Kein Wunder, denn anders als im eingegrenzten deutschsprachigen Raum, hat sich das castellano oder Spanisch im Laufe der Jahrhunderte doch sehr unterschiedlich in der Welt entwickelt.

Sprachgeschichtler untersuchten zum Beispiel anhand des Spanischen der sephardischen Juden die Sprache in der

Renaissancezeit. Damals hätten Deutsche weniger Aussprache-schwierigkeiten gehabt: das "c" wurde wie ein deutsches "z" ausgesprochen.

Dass das heute anders ist, liegt seltsamerweise nur am Zufall. Im 17. Jh. wurde es am königlichen Hofe in Sevilla Mode, diese Laute anders auszusprechen. Zeitgenossen schrieben irritiert über die Angewohnheiten feiner Damen, die neue gekünstelte Aussprache zu sprechen.

Noch heute wissen die Wissenschaftler nicht genau, wie sich diese Modeerscheinung derart verbreiten konnte, dass das heutige Hochspanisch keine Zischlaute mehr besitzt.

Anders ist das bei den unterschiedlichen Regionalsprachen in Spanien. Manch einer muss bei der Ankunft in Spanien feststellen, dass er nach mühevollem Besuch von Volkshochschulkursen oder neuen Superlearningmethoden kein Wort versteht. Bevor man dann die Sprachschule auf Schadenersatz verklagt, sollte man auf der Landkarte nachschauen, ob man sich nicht eventuell in einer der fünf Regionen befindet, in denen neben dem Castellano eine zweite Sprache gesprochen wird. Befindet man sich in Katalonien, Valencia oder den Balearen, im Baskenland oder Galizien, werden alle Verkehrsschilder zweisprachig sein. Ein sicheres Indiz dafür, dass hier nicht nur Spanisch gesprochen wird. Wer in diesen Regionen wohnt, kommt auf die Dauer nicht umhin die Zweitsprache zumindest zu verstehen, was nicht immer einfach ist.

Das Sprachproblem taucht in den zweisprachigen Regionen auch unter den Einheimischen auf. Denn Spanier, die als Muttersprache Castellano sprechen, haben auch manchmal Schwierigkeiten mit der Zweitsprache. Jeder hat an der Costa Blanca inzwischen gemerkt, dass die eigentliche Muttersprache der Einheimischen das "Valenciano" ist, während nur Zugezogene oder Städter als vertrauliche Sprache Castellano sprechen.

Bei dem Valenciano handelt es sich um eine Variante des Katalanischen, die auf eine reiche literarische und künstlerische Tradition bis ins frühe Mittelalter zurückblickt. Bis ins 18. Jahrhundert war es die einzige offizielle Amtssprache. Die Eroberung des Castellano fand im Zuge des ewigen Kampfes zwischen monarchischer Zentralmacht und Regionalmächten statt. In ländlichen Gegenden fällt vielen Einheimischen das Hochspanisch schwer. Wer aus dem Bauch oder dem Herzen spricht, benutzt die regionale Muttersprache. In den Schulen und Universitäten herrscht Valenciano vor. In den Dörfern sowieso.

Was aber würde passieren, wenn eines Tages in den Kommunen das Sprachenchaos ausbricht, wenn ausländische Stadträte mit spanischsprachigen und katalanisch-sprachigen Kollegen verhandeln müssen? Werden noch dritte oder gar vierte Amtssprachen eingeführt werden müssen? Was macht der deutsche oder norwegische Bürgermeister mit dem offiziellen Schreiben in Valenciano?

Zur reinen Verständigung reicht aber allemal das Castellano. Wer also nach Spanien zieht, sollte vorher einen Blick auf die Landkarte werfen und vielleicht noch einen Schnellkurs in der Zweitsprache absolvieren.

1.2.7. Mehrsprachigkeit – spielend Sprachen lernen

Über die Hälfte der Weltbevölkerung wächst mit mindestens zwei Sprachen auf. Weltweit existieren, je nach Definition, zwischen 3.000 und 5.000 Sprachen, die in 150 Ländern gesprochen werden. Im Zuge der Globalisierung und der Erweiterung der Europäischen Union kommt dem Erlernen von Fremdsprachen eine immer bedeutendere Rolle zu. Da ist es natürlich von Vorteil mehrsprachig aufzuwachsen.

Multikulti in der Schule

Ob Niederländisch, Englisch, Spanisch oder Valencianisch – Jazmin beherrscht die Sprachen fließend. Das besondere daran: Jazmin zählt erst ganze vier Jahre. Mit dem Vater parliert sie Niederländisch, mit der Mutter Englisch. In der Freizeit findet die Verständigung mit den Kindern aus der Nachbarschaft auf Spanisch und morgens im Unterricht auf Valencianisch statt.

Für Kinder hiesiger Residenten ist Vielsprachigkeit längst zur Normalität geworden. Zur Muttersprache kommen im Land Valencia Castellano als Landessprache und Valenciano als Unterrichtssprache hinzu. So sehen sich die Kinder von Haus aus mit drei Sprachen konfrontiert. Stammen die Eltern zudem aus verschiedenen Ländern wachsen die Kinder mit vier Sprachen auf. Gerade in multikulturellen Schulen ist der Umgang mit mehreren Sprachen an der Tagesordnung. In einigen Schulen spricht die Mehrzahl der Schüler Englisch. Das erschwert zwar die Integration, fördert auf der anderen Seite aber die Englischkenntnisse der anderssprachigen Mitschüler.

Positive Nebenwirkungen

Das frühzeitige Erlernen von Fremdsprachen hat positive Auswirkungen auf die spätere Entwicklung. So wird die Sprachzone im Gehirn intensiv beansprucht, was hilfreich für das spätere Erlernen anderer Sprachen ist. Des weiteren wachsen die Kinder durch die tägliche Mehrsprachigkeit in verschiedenen Kulturen auf und lernen Dinge aus unterschiedlichen Standpunkten zu betrachten. Außerdem sind multilinguale Kinder sprachbewusster, entwickeln bessere analytische Fähigkeiten und verfügen über eine höhere soziale Kompetenz. Zudem sind sie in der Lage eine höhere Gedächtnisleistung zu erbringen. Darüber hinaus bescheinigen Psychologen schon zweisprachigen Personen ein größeres Maß an Flexibilität und geistiger Offenheit.

Kinder lernen leichter

Die Befürchtungen von Eltern, ihr Kind mit dem Erlernen von Fremdsprachen in jungen Jahren zu überfordern, lassen sich nicht bestätigen. Ganz im Gegenteil: "Eine Vielzahl von Sprachen schadet den Kindern in keiner Weise, solange sie sie ungezwungen in ihrem natürlichen Umfeld lernen", erklärt die Kinderpsychologin Remedios Berenguer. Allgemein gilt für das Aneignen von Fremdsprachen: je jünger, desto besser, und je mehr Anregung, desto schneller der Lernerfolg.

Der Sorge, der frühen Einschulung mit drei Jahren in Spanien, tritt die Kinderpsychologin entgegen. Die Kleinkinder sind noch auf Körpersprache fixiert und können anfangs auch gut ohne Worte miteinander kommunizieren. Die Kinder erschließen sich die

Sprache unbewusst, indem sie zunächst nur einzelne Wörter herausfiltern und mit ihnen bekannten Gegenständen verbinden. Erst nach und nach kommen Grammatik, Wort- und Satzbildung hinzu. Deshalb betont Frau Berenguer die Bedeutung mehrsprachiger Erziehung im Kindesalter: Am meisten lernen die Kinder, indem sie mit anderen spielen und toben."

Anregungen für mehrsprachige Familien

Eine der Grundregeln bei der mehrsprachigen Erziehung ist es, die Sprachen nicht zu mischen. Die Kinder, wie die Eltern, sollten einen Satz immer in derselben Sprache beenden, in der sie ihn auch begonnen haben. Förderlich ist es, dass das Kind die Sprachen mit bestimmten Situationen verbindet: in der Schule wird Spanisch gesprochen, im Elternhaus Englisch. Weiter ist es sinnvoll, Situationen zu schaffen, in denen die Kinder von sich aus an einer anderen Sprache interessiert sind. Dies betrifft z.B. das Vorlesen vor dem Schlafengehen oder Spielnachmittage mit anderssprachigen Freunden.

Am besten lernt ein Kind aber eine Sprache unbewusst und spontan, indem es mit anderssprachigen Kindern in einer angenehmen Umgebung positive Erfahrungen macht, die gar nichts mit dem Spracherwerb zu tun haben.

1.2.8. Berufsschulen in Madrid und Barcelona

Wussten Sie, dass das deutsche duale Berufsausbildungssystem seit 20 Jahren in Spanien durchgeführt wird?

Die »Asociación Hispano-Alemana de Enseñanzas Técnicas« (ASET) ist ein gemeinnütziger, von deutschen Firmen gegründeter Schulverein, der in Madrid und Barcelona je eine Berufsschule unterhält.

ASET bildet zweisprachige junge Leute in zweijähriger Ausbildungszeit zu kompetenten Mitarbeitern eines Betriebes aus, die von Grund auf die Struktur und Organisation ihrer Ausbildungsfirma kennen und sich zumindest in den Kultur- und Wirtschaftsbereichen zumindest von zwei EU-Ländern bestens auskennen: Deutschland und Spanien. Deutsche Firmen wissen das und nutzen dieses Potential: Die meisten Schüler bleiben nach erfolgreicher Ausbildung in ihren Ausbildungsfirmen.

Über 1000 Schüler haben diese Chance bereits genützt, viele von Ihnen sind an verantwortungsvollen Posten, haben sich selbstständig gemacht oder eine Repräsentanz einer deutschen Firma in Spanien aufgebaut.

Weitere Informationen erhalten Sie bei http://www.aset.es

1.2.9. Regionalsprachen

Das kommt Ihnen Spanisch vor? Richtig so! An den Institutionen der Europäischen Union (EU) wird ab sofort nicht nur in Castellano bzw. Kastilisch - dem Hoch-Spanisch - kommuniziert. Die Landesvertreter der 25 Mitgliedsländer des Staatenbunds unterzeichneten am 13. Juni 2005 ein Abkommen, nach dem auch die Regionalsprachen Euskera (Baskisch), Gallego (Galizisch) und Catalan (Katalanisch) z.B. im Europaparlament genutzt werden dürfen. Einer Anerkennung als offizielle Amtssprache kommt das nicht gleich. Dazu müsste die Regel 1/58 zur "Sprachenordnung in den Institutionen der EU" angepasst werden, was wiederum eine Änderung des EU-Vertrags erfordern würde.

Mit ihrem Beschluss antworteten die Mitgliedsstaaten auf eine Eingabe der spanischen Regierung vom Dezember 2004. Darin hatte diese um eine amtliche Anerkennung der Sprachen gebeten, die sich "vom Castellano unterscheiden und in Spanien über den offiziellen Status verfügen." Mit Catalan bezeichnete die Staatsführung in diesem Zusammenhang nicht nur die Regionalsprache, die rund um Barcelona gepflegt wird, sondern auch Valenciano (Valenzianisch) sowie Mallorquin (Mallorquinisch), Ibicenco (Ibizenkisch) und weitere Sprachvarianten der Balearen.

Über die Frage, ob Valenzianisch und die Inselsprachen nur Dialekte des Catalan oder als eigenständig zu betrachten sind, herrscht in Spanien indes weiter Uneinigkeit. Die Antwort darauf wird maßgeblich davon bestimmt, in welcher Region man nachfragt. Während beispielsweise die Einwohner des Landes Valencia stolz auf ihre eigene Sprache sind, schreiben die Barcelonaer diese eindeutig dem Katalanisch zu. Wie weitreichend dieser Konflikt ist, lässt sich anhand des Streits um die Frankfurterbuchmesse 2007 erahnen.

Welche Konsequenzen hat die Übereinkunft nun aber? Zum einen können Anträge und Texte in den neuerdings akzeptierten Sprachen nach Brüssel geschickt werden, zum anderen dürfen sie für Reden und Wortbeiträge im EU-Parlament genutzt werden. Einzige Vorraussetzung ist eine rechtzeitige Ankündigung, damit ein Simultan-Dolmetscher bestellt werden kann. Darüber hinaus werden die Entscheidungen des Parlaments übersetzt und die wichtigsten Gesetzestexte der EU im Internet in den Regionalsprachen abrufbar sein.

Die Kosten, die dem Staatenbund durch die Neuregelung entstehen, übernimmt Spanien. Pro Teilsprache belaufen sich diese auf rund 500.000 Euro pro Jahr. Das ist einerseits eine beachtliche Summe, andererseits ein weiterer Beweis für den Lokalstolz der Spanier.

1.3.
Ämter und Behörden

1.3.1. Die Gestoría
Agentur zur Erledigung amtlicher Formalitäten

Um sich ordnungsgemäß in Spanien niederzulassen, sind viele Behördengänge erforderlich. Die Neuankömmlinge, im Normalfall der spanischen Sprache gar nicht oder höchst fragmentarisch mächtig, stehen ziemlich hilfs- und orientierungslos vor den anfallenden, notwendigen Erledigungen.

Sie wollen eine Aufenthaltserlaubnis, die sogenannte »Tarjeta de Residencia« beantragen, Ihr Auto ummelden, evtl. eine spanische GmbH gründen oder Sie benötigen eine Steuernummer. Um all diese Schritte zu erleichtern, haben sich in vielen Orten die Gestorias etabliert, welche für ein angemessenes Honorar all diese notwendigen, aber durchaus lästigen und zeitaufwendigen Arbeiten übernehmen.

Alle Behördengänge liegen somit in einer Hand und Sie müssen nur noch auf die Vollzugsmeldungen warten. Außerdem bietet das Bundesverwaltungsamt für Auswanderer auf der Seite http://www.bundesverwaltungsamt.de unter dem Link "Auswanderung und Auslandstätigkeit, EURES" eine pdf-Datei mit vollständiger Adresse und Mailanschrift sowie Namen der verschiedenen Beratungsstellen.

1.3.2. Botschaften und Konsulate in Spanien

Deutschland

Botschaft C/ Fortuny, 8 28010 Madrid	Tel. 915 579 000 Fax 913 102 104	Honorarkonsulat Plaza Calco Sotelo,1-2,5 03001 Alicante	Tel. 965 217 060 Fax 965 215 234
Honorarkonsulat Avda. CarlosIII 40-1, Aguadulce 04720 Almeria	Tel. 950 340 555 Fax 950 341 813	Generalkonsulat Passeig de Gracia, 111 08008 Barcelona www.barcelona.diplo.de	Tel. 932 921 000 Fax 932 921 002
Honorarkonsulat C/ S. Vicente, 8 Ed. Alba, pl. 13 48001 Bilbao	Tel. 944 238 585 Fax 944 243 976	Konsulat C/ Albareda, 3-2° 35007 Gran Canaria	Tel. 928 491 880 Fax 928 262 731
Honorarkonsulat C./d`Antoni Jaume,2-2-9a 07800 Ibiza	Tel. 971 315 763 Fax 971 315 763	Honorarkonsulat Avda. Duque de Albrantes,44 11407 Jerez de la Frontera	Tel. 956 306 917 Fax 956 314 054
Honorarkonsulat Avda. de Bilbao 39 39600 Kantabrien	Tel. 942 250 543 Fax 942 250 543	Generalkonsulat C/Mauricio Moro Pareto 2-5 29016 Málaga	Tel. 952 363 591 Fax 952 320 033
Konsulat C/ Porto Pi, 8-3° 07015 Mallorca	Tel. 971 707 737 Fax 971 707 740	Honorarkonsulat Carrer d´es Negres, 32 07703 Menorca	Tel. 971 361 668 Fax 971 369 012
Honorarkonsulat C/ O´Daly, 39 38700 La Palma	Tel. 922 413 344 Fax 922 413 278	Honorarkonsulat C/ Fuenterrabia, 15, 3° izq. 20005 San Sebastián	Tel. 943 421 010 Fax 943 335 511

Honorarkonsulat C/ Costa y Grijalba.18 38004 Santa Cruz de Tenerife	Tel. 922 248 820 Fax 922 151 555	Konsulat P. de la Palmera,19,C-2° 41013 Sevilla	Tel. 954 230 204 Fax 954 239 552
Honorarkonsulat Av. Presidennt Lluis Companys, 14, 1° 3a 43005 Tarragona	Tel. 977 252 385 Fax 977 250 659	Honorarkonsulat Av. Marqués de Sotelo, 3, 6, 13 C 46010 Valencia	Tel. 963 106 253 Fax 936 942 388
Honorarkonsulat Avda. García Barbón, 1 36001 Vigo	Tel. 986 437 879 Fax 986 434 943	Honorarkonsulat Carretera Castellón, km 7 50720 Zaragosa	Tel. 976 500 034 Fax 976 500 830

Schweiz

Botschaft C/ Núnez de Balboa, 35-7 28001 Madrid	Tel. 914 363 960 Fax 914 363 980	Generalkonsulat Gran Via de Carlos III, 94, 08028 Barcelona	Tel. 934090 650 Fax 934090 650
Konsulat Edificio Juan XXIII 35004 Gran Canaria	Tel. 928 293 450 Fax 928 290 070	Konsulat C/ Estornell, 1 07011 Mallorca	Tel. 971606 751 Fax 971606 429

Österreich

Generalkonsulat Paseo de la Castellana, 91 28046 Madrid	Tel. 915 565 605 Fax 915 973 579	Honorarkonsulat C/ Mallorca 214 08008 Barcelona	Tel. 934 537 294 Fax 932 534 980
Honorarkonsulat C/ Club, 8-bajo 48930 Bilbao	Tel. 944 640 763 Fax 944 637 432	Honorarkonsulat Avda. de Gran Canaria, 26 35100 Gran Canaria	Tel. 928 762 500 Fax 928 762 260
Honorarkonsulat Alameda de Colón, 26-2 izq. 29001 Málaga	Tel. 952 600 267 Fax 952 229 089	Honorarkonsulat C/ Sindicato 69-10 07002 Mallorca	Tel. 971 728 099 Fax 971 728 427
Honorarkonsulat C/ Marqués Parada 26 41001 Sevilla	Tel. 954 222 162 Fax 954 218 261	Honorarkonsulat C/ Villaba Hervas 9 38002 Santa Cruz de Tenerife	Tel. 922 243 799 Fax 922 243 799
Honorarkonsulat C/ Convento Santa Clara 10-2- 3 46002 Valencia	Tel. 963 522 212 Fax 963 511 220		

1.3.3. Die Polizei

In Spanien gibt es vier Polizei-Einheiten:

- Guardia Civil
- Policía Local
- Policía Municipal
- Policía National

Am meisten Angst muss man vor der **Guardia Civil** haben, denn sie ist die wichtigste Einheit, ausgestattet mit der größten Macht. Sie hat sozusagen militärischen Charakter. Sie ist sogar befugt, sich in die Zuständigkeiten der Policía einzumischen, z.B. bei Verkehrsverstopfungen in Ortschaften. Die Guardia Civil ist in erster Linie für Verkehrsunfälle, Körperverletzung im weitesten Sinne und Verkehrsstaus auf Land- und Nationalstraßen sowie Autobahnen zuständig.

Die **Policía Local** umfasst die Verkehrpolizisten und Dorfsherrifs, aber nur in Ortschaften (localidades). In Städten (municipios) wird sie von der Policía Municipal abgelöst. Beide Einheiten sind sich in ihren Zuständigkeiten sehr ähnlich. Auch wenn es zu Zwischenfällen unter Wohnungseigentümern, unter Nachbarn oder in Bars kommt, ist die Policía Local bzw. Policía Municipal für deren Regelung zuständig.

Die **Policía National** kümmert sich um die Aufklärung von Verbrechen. Anzeigen aller Art (nach Diebstahl, Einbrüchen...) aufzunehmen, gehört ebenfalls zu ihren Aufgaben. Sie hat zivilen Charakter, ist für ganz Spanien zuständig und ist bewaffnet.

Die Polizeipräsenz kann man als gut bezeichnen. Da der soziale Frieden ausgezeichnet ist, hat sie hauptsächlich präventiven Charakter. Hier ist auch mal Platz für ein Lob: Die Policía ist immer hilfsbereit und drückt gern mal ein Auge zu, wenn man falsch geparkt hat und gerade im Begriff ist wegzufahren. Und irgendwie scheinen sowohl Policía als auch Guardia Civil Deutsche zu mögen...

Diese und weitere Anekdoten finden Sie in Thomas Hansens Buch: "Spanien... Von innen betrachtet!"

1.4.
Wirtschaft und Politik

1.4.1. Überhöhte Immobilienpreise

Die spanische Wirtschaft befindet sich seit Jahren im Aufstieg. Dass viele Preise ordentlich anziehen, ist daher nicht verwunderlich. Doch die Immobilienpreise in Spanien wachsen schon lange überdurchschnittlich schnell. Viele Wohnungen sind hoffnungslos überteuert. Ernsthafte Konsequenzen für die spanische Wirtschaft sind möglich.

Nach Schätzungen der »Banco de España«, der spanischen Nationalbank, werden viele Immobilien zwischen 24 und 35% über ihrem realen Wert gehandelt. In ihrem Jahresbericht für 2004 dokumentiert sie, dass die Wohnungspreise im Vergleich zum Vorjahr wieder deutlich gestiegen sind. In 2003 war die Überbewertung noch zwischen 14 und 23% angesiedelt. Tatsächlich zahlt ein Wohnungskäufer im Sonnenland auf der iberischen Halbinsel heute bis zu 158% mehr als noch in 1997 - die Inflation nicht herausgerechnet. Berücksichtigt man den angestiegenen Index der Verbraucherpreise, so verteuerten sich die Immobilien immer noch um satte 110%.

Trotz der so unglaublich gestiegenen Preise wird fleißig weiter gebaut. Allein in 2004 konstruierten die Spanier über 700.000 neue Wohnungen. Die Experten der "Banco de España" rechnen aber mit einer Verlangsamung der Preiserhöhung: "Die Überbewertung wird sich in Zukunft allmählich und geordnet angleichen."

Das ist auch mehr als wünschenswert, denn die ungerechtfertigte Preissteigerung birgt Risiken für Bevölkerung und Wirtschaft. Schon jetzt schreiben viele private Haushalte rote Zahlen. Die Verschuldung spanischer Familien über Hypothekenkredite wuchs im vergangenen Jahr um 24,3%. Viele Sparkassen seien "verletzlich" geworden, so der Internationale Währungsfond (IWF), weil meistens sie Kredite vergeben. Bei einer "plötzlichen Korrektur" könne es demnach zu gravierenden Auswirkungen auf die gesamte Wirtschaft kommen. "Der unerbittliche Anstieg der Wohnungspreise und die Verschuldung der Familien" mache die spanische Wirtschaft anfällig für "widrige Vorgänge" so der IWF weiter. Je länger dieser Zustand anhält, desto größer seien die Risiken einer "abrupten Anpassung".

Nun ist die spanische Regierung gefragt, einen Lösungsansatz zu finden. Aber schön vorsichtig.

1.4.2. Bevölkerungswachstum

Am 16. Mai 2005 veröffentlichte das nationale Statistik Institut INE eine neue Studie. Dieser zu Folge wird die Bevölkerung in Valencia, Murcia und auf den Balearen bis 2017 drastisch zunehmen. Und damit ist nicht ihr Leibesumfang gemeint, obwohl auch hier das Gegenteil nicht bewiesen werden kann. Die Einwohnerzahlen werden auf Grund zugezogener Ausländer ansteigen. Das INE begründet den möglichen Bevölkerungszuwachs durch zwei verschiedene Ansätze.

Erste Annahme

Die Zahl der zugezogenen Ausländer steigt weiterhin kontinuierlich an und bleibt bis zum Jahr 2010 konstant.

Demnach würden sich die folgenden Zahlen ergeben:

	Steigerung um	Einwohnerzahl
Valencia	30%	5,4 Millionen
Murcia	30%	1,6 Millionen
Balearen	36%	1,2 Millionen

Zweite Annahme

Die Zahl der zugezogenen Ausländer steigt bis 2006 kontinuierlich an und pendelt sich danach bei einer konstanten Zahl von 100.000 ein.

Demnach würden sich die folgenden Zahlen ergeben:

	Steigerung um	Einwohnerzahl
Valencia	22%	5,1 Millionen
Murcia	22%	1,5 Millionen
Balearen	26%	1,1 Millionen

Im Gegensatz dazu werden Asturien und Galicien einen Bevölkerungsrückgang verzeichnen.

Weitere Informationen über diese und weitere Studien des nationalen Statistik Institutes finden Sie unter http://www.ine.es in spanischer und englischer Sprache.

1.4.3. Küstenflucht

Immer mehr Europäer verlagern ihr Urlaubsdomizil von der Küste in das Hinterland der Costa Blanca. Durch den ständigen Touristenstrom wird die eigentliche Suche nach Ruhe und Abgeschiedenheit und die Flucht vor dem Alltagsstress erheblich gestört. Zumal die Strandhäuser an der Costa Blanca zunehmend unbezahlbar werden. Das hat zur Folge, dass sich In- und Ausländern immer mehr in die Hinterlandsregionen wie Monforte, Agost, Castalla, Ibi oder Xixona orientieren.

Man rechnet damit, dass hier in den nächsten Jahren ein regelrechter Investitionsanstieg in der Immobilienbranche zu verbuchen sein wird. Zumal hier auch die Faktoren Serviceleistungen und gute Verkehrsanbindungen zur Küste eine wichtige Rolle spielen.

Hinzu kommt, dass potentielle neue Kunden der Immobranche auch unter den Osteuropäer zu erwarten sein werden, welche seit 2004 ebenfalls zur EU gehören.

1.4.4. Schuldeneintreibung in Spanien

Was passiert, wenn ein deutscher Schuldner sich in Spanien niederlässt, aber seine Schulden in seiner Heimat nicht beglichen hat?

In den meisten Fällen endet hier der lange Arm der Forderer aus Deutschland und die zurückbleibenden Gläubiger bleiben auf dem Schuldschein sitzen.

Nun können aber jene Gläubiger, die ein in Deutschland rechtskräftig ergangenes Urteil nachweisen können, darauf hoffen, dass ihre Forderungen noch erfüllt werden. Nach einer EU-Verordnung (44/2001) können diese Urteile auch in Spanien vollstreckt werden.

Den Schuldner im Land ausfindig zu machen ist bei entsprechender Bevollmächtigung des in Spanien zugelassenen Anwalts immer dann möglich, wenn der Neuresident die für jede geschäftliche Aktion in Spanien notwendige Steueridentifikationsnummer für Ausländer (»Numero de Identificación de Extranjeros«) beantragt hat. Diese NIE-Nummer ist immer anzugeben, wenn Konten eröffnet, Immobilien gekauft oder gemietet werden usw., also quasi bei jeder wirtschaftlichen Betätigung in Spanien.

Nach Identifizierung des Schuldners kann bei ihm nach möglichen vollstreckbaren Gütern gesucht werden. Der Rechtanwalt vor Ort benötigt dafür den deutschen Titel nebst Vollstreckungsklausel, sowie das vom Gericht auszustellende Formblatt, mit dem der Titel in jedem EU-Land präsentiert werden kann. Hier muss auf jeden Fall auch eine beglaubigte Übersetzung des Titels beigefügt werden!

Mit notarieller Prozessvollmacht wird der ordnungsgemäß beauftragte und bevollmächtigte Anwalt bei dem zuständigen Gericht den Antrag auf Vollstreckung des Urteils und die Zustellung an die überprüfte Zustelladresse in Spanien beantragen. Der spanische Richter prüft nur noch die Vorlage der formellen Voraussetzungen, insbesondere für Fälle der Versäumnisurteile und hier ganz speziell die Frage, ob vor Erteilung des Versäumnisurteils dem Beklagten die Klageschrift ordnungsgemäß zugestellt wurde. Dieser Punkt ist heikel und wird oftmals vergessen.

Die spanischen Zustellungsbeamten von Vollstreckungen sind keine Gerichtsvollzieher wie in Deutschland und müssen für jeden Fall einzeln beauftragt werden. Deshalb lohnt es sich, über einen Prokurator möglichst ständig und nachhaltig Druck auf die zuständige Stelle des Gerichts auszuüben, damit das ganze in die Tat umgesetzt wird.

Häufig kann es aber auch anders ablaufen, und der Schuldner setzt sich selbst mit dem antragsstellenden Rechtsanwalt in Verbindung, um eine Regelung ohne Einbeziehung des Justizbeamten finden zu können. Die Praxis zeigt, dass viele Schuldner dann doch lieber zahlen, um hier im Süden als neue Person ohne "Altlasten" auftreten zu können.

1.4.5. Spaniens Wertewandel

Bei einer Umfrage unter 200.000 Menschen aus 81 Ländern, die 85% der Weltbevölkerung repräsentieren, hat sich herauskristallisiert, dass es in Spanien einen so radikalen Wertewechsel in der Gesellschaft gibt wie in keinem anderen Land der Welt.

So ein Wandel ist nicht ungewöhnlich, sondern ein Prozess, den alle Länder im Wechsel vom armen Agrarstaat zur reichen Industrienation durchlaufen. Verblüffend ist jedoch, dass sich dieser Prozess, der sich in anderen europäischen Ländern über rund 100 Jahre vollzog, in Spanien fast dreimal so schnell verlaufen ist.

Auffällig sind bei diesem Wandel verschiedene Punkte. Zum einen hat der Einfluss der Religion mit zunehmendem Wohlstand immer mehr abgenommen, so dass sich heute nur noch 42% an der Kirche orientieren. Das ist angesichts eines ehemals höchst katholischen Landes, in dem die Kirche fast alle Gebiete des Lebens beeinflusste, sehr erstaunlich.

Außerdem haben sich die Lebensziele stark gewandelt. Für die ältere Bevölkerung zählten nach Erfahrung des Krieges und des Hungers vor allem finanzielle Sicherheit und Ordnung; die mit Demokratie und Massenkonsum großgewordene Generation legt dagegen den größten Wert auf Meinungsfreiheit und Selbstverwirklichung.

Darüber hinaus ist die Emanzipierung der Frauen in Spaniens Gesellschaft zwischen der Zeit der Franco-Diktatur und heute blitzartig vorangeschritten. Früher durften Frauen nicht einmal eigenständig ein Bankkonto eröffnen, nun sprechen sich 65% gegen die Bevorzugung männlicher Arbeiter aus.

Auffällig ist zudem die gewachsene Toleranz und Offenheit Spaniens bezüglich Immigration: Nur 24% sind für Einwanderungsbeschränkungen, fast dreimal weniger als in der Bundesrepublik (63%).

Dieser Wandel lässt sich zum einen sicher mit dem Ende der Franco-Diktatur und einem gewissen Nachholbedarf der Bevölkerung in allen Bereichen des Lebens erklären. Es galt zu den anderen EU-Ländern aufzuholen und den binnenorientierten Markt an den offenen Weltmarkt anzugleichen.

Einzigartig bleibt jedoch die Schnelligkeit, mit der sich dieser Wandel in der Gesellschaft vollzogen hat. Und es ist anzunehmen, dass sich auch in Zukunft in Bereichen wie Emanzipation und Chancengleichheit weitere Änderungen durchsetzen werden.

1.4.6. Frauen im spanischen Parlament

Der neue spanische Regierungschef José Luis Rodríguez Zapatero hatte während des Wahlkampfes versprochen, genau so viele Frauen wie Männer in die Regierung aufzunehmen. Keiner rechnete mit dem Sieg des Sozialisten, um so überraschender ist nun, dass Zapatero sein Versprechen einlöste.

Die neue Regierung besteht aus jeweils acht Ministern und acht Ministerinnen. Mit der Juristin María Teresa Fernández de la Vega wird erstmals in Spaniens Geschichte eine Frau die Stellvertreterin des Regierungschefs. De la Vega wird außerdem das Amt des Regierungschefs leiten. Damit hat sich die "Frauenquote" des Kabinetts im Land des Machismo der von Schweden angenähert, das bei dem Frauenanteil in der Regierung weltweit zu den führenden Staaten gehört.

Dabei herrschten bis vor dreißig Jahren unter Franco gerade in Spanien äußerst rückständige Verhältnisse, die spanischen Frauen besaßen kaum eigene Rechte und nahmen häufig nur die Rolle von Mutter und Hausfrau ein. Erst in den 80er Jahren wurde die Möglichkeit der Scheidung eingeführt, bis 1988 durften keine Frauen ins Parlament berufen werden.

Erst in den letzten Jahren kam ein Umdenken in der Politik dazu, der Konservative José María Aznar berief nach seiner Wahl 1996 zur allgemeinen Überraschung vier Frauen ins Kabinett. Nun unter der sozialistischen Regierung beträgt der Frauenanteil im Parlament 36%, mehr als je zuvor.

Allerdings kann diese Entwicklung nicht darüber hinweg täuschen, dass Frauen in Spanien weiterhin zahlreichen Problemen bei der Vereinbarung von Beruf und Familie ausgesetzt sind. Der Staat gewährt für Familien weniger Hilfen als die meisten anderen EU-Länder und das hat eine Doppelbelastung der Frauen zur Folge.

Auch die Benachteiligung bei den Löhnen ist wesentlich größer als in anderen EU-Staaten. 28% der Spanierinnen werden trotz gleicher Arbeit schlechter bezahlt als Männer. Dazu kommt eine steigende Frauenarbeitslosigkeit, die doppelt so hoch wie im EU-Durchschnitt ist. Offiziell sind in Spanien doppelt so viele Frauen arbeitslos wie Männer und leiden extrem unter befristeten Vertragsverhältnissen.

Selbst neben dem Arbeitsbereich sind spanische Frauen Problemen ausgesetzt, da sie unter der Gewalt von Männern zu leiden haben. Überspitzt kann man sagen, dass eine Frau in Spanien zwischen 16 und 44 Jahren mehr Angst vor ihrem Lebenspartner haben muss als vor Krebs. Todesursache Nummer eins in dieser weiblichen Altergruppe sind weder Krankheiten noch der Unfalltod auf der Straße, sondern die Gewalt der Machos!

Die Direktorin des Sekretariats für Gleichstellung der sozialistischen Partei PSOE, Micaela Navarro, arbeitet seit Monaten an der Ausarbeitung des "Integralen Gesetzes gegen die Geschlechtergewalt". Sie bekräftigt, dass es mit dem Schutz der Opfer und mit Strafen für die Täter nicht getan ist:

"Die Geschlechtergewalt wird nicht über das Strafrecht abgeschafft, denn die Wurzeln sind tiefer und liegen in einer Gesellschaft, welche die Frau dem Mann unterordnet." Deshalb soll die

Erziehung zur Geschlechtergleichheit sogar Prüfungsfach in der Schule werden: "Es soll zum Respekt vor den fundamentalen Rechten und Freiheiten erzogen werden", kündigte Navarro an.

Es bleibt abzuwarten, ob die Sozialisten alle Vorstellungen umsetzen, sollte dies geschehen und dazu ein Umdenken in der Gesellschaft stattfinden, hätten Frauen in Spanien tatsächlich etwas gewonnen.

1.4.7. Junge Leute - arbeitslos und unterbezahlt

Die Situation der jungen Leute in der Berufswelt ist alarmierend. Jeder vierte unter 25 Jahren ist arbeitslos, zwei Drittel haben umstrittene Zeitverträge, die meist nur die Hälfte des Normallohns einbringen.

Diese Zustände wurden vom Spanischen Jugendrat CJE sowie von den Gewerkschaften CC.OO., UGT und USO heftig kritisiert.

Deshalb haben sie unter dem Motto "trabajo por lo justo" eine Informationskampagne ins Leben gerufen, die dazu aufruft, nicht zu resignieren, den Kampf für bessere Bedingungen aufzunehmen und Missbrauch anzuzeigen.

Wie nötig das ist, zeigt ein Paradebeispiel: die hohe Rotation von Zeitbeschäftigten. Jeder fünfte Arbeitnehmer unter 34 wird ständig von einer Firma zur nächsten und von einem Job zum nächsten weitergereicht, und das bis zu acht Mal im Jahr.

Deshalb sind die jungen Leute auch zu ungeübt und zu unvorbereitet für die Arbeitswelt. Mit 63% der Arbeitsunfälle auch besonders gefährdet.

Das zweite Anliegen der Kampagne ist, die Situation der Jungarbeitnehmer landesweit bewusst zu machen. Die Parteien sollen das Problem mit in ihre Wahlkampfprogramme aufnehmen.

Die Volkspartei (PP), die Sozialdemokraten (PSOE) und die Vereinigte Linke (IU) haben dies schon getan und versprochen, die Beschäftigungsqualität der Jugend an den Standard anzugleichen.

Bis dahin ist die einzige Möglichkeit oft nur der Rechtsweg. So haben Gerichte nach zehnjährigem Rechstreit das Kaufhaus El Corte Inglés dazu verurteilt, den Zeitbeschäftigten dieselben Feiertagszuschläge zu zahlen wie dem Rest der Belegschaft. Und sogar die Staatspost Correos wurde verurteilt, fünf Briefträger fest einzustellen, die in 11 Jahren bis zu 48 Mal mit Zeitverträgen abgespeist wurden.

2.
Tipps und Informationen

2.1. Notruf und Auskunft

Im Notfall

Allgemeiner Notruf:	112
Feuerwehr:	085
Guardia Civil:	062

ADAC

Barcelona:	935 082 828
Madrid:	915 930 041
http://www.adac.de	

Rund ums Telefon

Auskunft:	11818
Internationale Auskunft:	11825
Störungsdienst:	1002
Störungsdienst ISDN:	900 111 002

Anrufe ins Ausland

Deutschland:	0049
Schweiz:	0041
Österreich:	0043

Flughäfen

Alicante:	966 919 400
San Javier (Murcia):	968 172 000
Valencia:	961 598 500

Alle Flughäfen finden Sie auch unter http://www.aena.es

Bus und Bahn

Renfe national:	902 240 202
Renfe international:	902 243 402

http://www.renfe.es

Metro Valencia:	900 461 046

http://www.cop.gva.es/fgv

Busverbindungen ALSA:	902 422 242

http://www.alsa.es

2.2.
Familie und Leben

2.2.1 Der Spanier an sich und seine Kultur

Man sei "stolz wie ein Spanier" ist einfach dahergesagt, kommt aber nicht von Ungefähr. Der Spanier liebt sein Land, er liebt sich selbst und er ist stolz auf alles, was sein Leben ausmacht. Damit Sie es sich nicht mit diesen Heißblütern verscherzen, informieren Sie sich gut. Denn selbst wenn Spanien nicht weit von Deutschland entfernt liegt, warten einige Fettnäpfchen darauf, von Ihnen entdeckt zu werden.

Das spanische Leben
Gemütlich, laut und rauch-erfüllt

Nach Spanien umzusiedeln bedeutet meist, sich an einen langsameren Lebensrhythmus anzupassen. Denn so feurig Spanier uns auch manchmal erscheinen mögen, so gemächlich gehen sie ihren Tag an. Spanier lassen sich von nichts aus der Ruhe bringen. Was sie heut nicht packen, erledigen sie eben morgen. Die innere Ruhe tragen sie stets mit sich spazieren. Das fällt einem allein ins Auge, wenn man sie auf der Straße beobachtet: Sie gehen nicht, sie hetzen nie, nein sie schlendern, gucken links und gucken rechts und finden an jeder Ecke jemanden für einen kleinen Plausch. Mit Zeitdruck, Stress und Eile haben Spanier nichts am Hut.

Dem Spanier sind sein Stolz und seine Individualität sehr wichtig. Auch Charakter und die Erziehung werden hoch bewertet. Bescheidenheit schätzen Spanier weit mehr als Selbstsicherheit. Die Spanier mögen es nicht, wenn jemand mit seiner Überlegenheit, seiner Intelligenz und seinen Fähigkeiten prahlt. Scharfsinn in Geschäftsdingen sowie Sachkenntnis empfinden sie nicht als etwas Herausragendes. Jemanden "clever" zu nennen, gilt schon fast als Beleidigung. Sie bemühen sich um einen gewissen Wohlstand und eine gute soziale Stellung, aber sie messen sich nicht daran. Die Persönlichkeit und die zwischenmenschlichen Beziehungen sind in Spanien weit wichtiger. Die Familie und der Freundeskreis genießen eine sehr hohen Stellenwert.

Die Spanier sind ein lebhaftes, geselliges Volk. Sie überschütten auch neue Bekannte sofort mit ihrer Freundlichkeit. Nicht-Spanier finden das vielleicht befremdlich, doch es ist die spanische Art, die Nettigkeit des Gegenübers zu ertesten. Außerdem gibt es den Spaniern die Möglichkeit und die Zeit, jemanden relativ schnell kennen zu lernen und in sein Herz zu schließen. In Spanien werden Freundschaften viel schneller geschlossen, doch es braucht lange Zeit, bis ein Spanier eine tiefe Freundschaft eingeht.

Im Geschäftsleben tritt der Spanier seriös und würdevoll auf. Im privaten ist er sehr schnell dabei, sich in vollem Maße zu entspannen. Spanier mögen Menschen, die amüsant und unterhaltsam sind, denn das passt zu ihrer entspannten Lebenseinstellung. Humor spielt eine große Rolle, auch im Geschäftsleben. Natürlich können Spanier über sich selber lachen, jedoch nur, so lange sie sich nicht in ihrem Stolz und ihrer Ehre gekränkt fühlen.

Spanier sind im Grunde sehr tolerant. Sie vertreten die Meinung, dass jeder Mensch einzigartig ist. Und allein das macht alle Menschen gleich. Natürlich kommt es in den großen Touristen-Gebieten vor, dass die Spanier unfreundlich auf die Urlauber-Massen reagieren, die über ihr Land hereinbrechen. Doch es wäre ja auch ein Wunder, wenn sie wirklich allem mit einem Lächeln begegnen würden.

Wenn ein Spanier vor einem Problem steht, kann die Lösung länger auf sich warten lassen. Selbst einfache Dinge wollen umständlich gelöst werden. Schließlich gehört es in Spanien schon fast zum guten Ton, erst einmal die Situation zu besprechen, natürlich mit der ein oder anderen Abschweifung. Spanier sind offen für neue Ideen, doch ihre Meinung ändern sie nur selten.

Spanien ist ein eher lautes Land. Es wird wild diskutiert und ausgiebig gefeiert, was immer für einen großen Geräuschpegel sorgt. Die Mülltonnen werden mitten in der Nacht gelehrt und die Blaskapelle im Ort spielt auch schon mal gern bis in die frühen Morgenstunden. Die Spanier mögen alles, was krach macht. Selbst Gespräche am Mobiltelefon können in der Öffentlichkeit laut ausfallen.

Raucher haben in Spanien ein leichtes Leben. Der Spanier ist ein Genussmensch und dazu gehört auch das Rauchen an diesem und jenem Ort, eigentlich überall. Wundern Sie sich nicht, wenn Spanier selbst im Supermarkt oder in einigen Museen der Raucherlust frönen.

Im Grunde kann man sagen, das Leben in Spanien ist gemächlich, laut und Rauch-erfüllt. Und es macht überhaupt keinen Sinn, sich davon aus der Ruhe bringen zu lassen oder sich zu beschweren. Das würde nichts ändern.

Der Spanier und seine Mitmenschen

Der Spanier ist ein geselliger Mensch, ein Herdentier. Er umgibt sich gern mit Leuten. Er pflegt seine Beziehungen sehr gewissenhaft, denn sie sind wichtiger als die Karriere. Der Spanier unternimmt fast alles im Kollektiv. Alleingänge in der Freizeit sind selten. Spanier kreieren sich gerne eine Umgebung, in der sie sich wohl fühlen, und am Wohlsten fühlen sie sich bei Freunden und der Familie.

Zwar ist jeder selbst für sein Handeln verantwortlich, doch bei Entscheidungen bewahrt der Spanier stets das Interesse der Gruppe im Hinterkopf.

Spanier gewinnen ihre Identität viel mehr aus ihrem Hintergrund. Die Familie ist das Aushängeschild eines jeden. Man ist in Spanien erst jemand, wenn man seine Gruppe gefunden hat, sei es unter Nachbarn, in der Arbeit oder für die Freizeitgestaltung.

Das Zusammengehörigkeitsgefühl in Spanien reicht sehr weit: Viele Spanier gehen sogar zur Beerdigung der Eltern eines Kollegen, dem sie nicht sehr nahe stehen. Persönliche Anteilnahme an freudigen oder unerfreulichen Ereignissen zeigen Spanier vorbehaltlos und sehr emotional.

Der Spanier und Familie

Die Familie ist so etwas wie ein Heiligtum. Der Spanier verbringt viel Zeit mit seiner Familie. Und der Spanier liebt Kinder. Ein Kleinkind, das auch noch nett zurechtgemacht ist, ruft bei Erwachsenen oft Entzücken hervor. Besonders Frauen können sich für das Lächeln eines Kindes begeistern und streicheln ihm gern über den Kopf.

Rosa und hellblau sind bei der Kleiderwahl für Kleinkinder immer noch ein Muss. Wirklich eindeutig kann man das Geschlecht eines Kindes am Ohrring ausmachen. Oft lassen die Eltern einem neugeborenen Mädchen bereits in der Geburtsklinik die Ohren durchstechen.

An Sonn- und Feiertagen putzen die Spanier ihre Kinder gerne heraus, um sie mit einem strahlenden Lächeln vorzeigen zu können.

Die Freizeitgestaltung der Spanier

Da der Spanier sehr gesellig ist, aber ungern die Zeit mit Freunden zu Hause verbringt, geht er gerne aus. Er ist in seiner Freizeit unheimlich aktiv. Dabei nimmt er auch bis spät am Abend seine Kinder mit.

So ein spanischer Abend kann sich gut bis spät in die Nacht hinein ziehen. Essen gehen ist für den Spanier ein wichtiger und schöner Teil des Beisammenseins, läutet aber oft nur die Nacht ein. Bis Mitternacht speisen die Spanier meist ausgiebig oder gehen ins

Kino. Danach trifft man sich in den verschiedenen Bars. Erst ab 3 Uhr wird in den Discos das Tanzbein geschwungen.

Die Nächte in Spanien sind auch während der Woche lang. Die Arbeit beginnt erst spät, so bleibt ausreichend Zeit zum Erholen.

So machen Sie sich spanische Freunde

Zur Begrüßung

Reichen Sie zur Begrüßung und zum Abschied jedem Anwesenden die Hand und halten Sie Blickkontakt! Innerhalb des Freundes- und Familienkreises umarmen sich Männer zur Begrüßung. Frauen küssen sich auf die Wange und umarmen sich. Manchmal kann man beobachten, wie berufstätige Frauen auch enge männliche Kollegen auf diese Art begrüßen. Spanier sind eigentlich immer auf der Suche nach dem nächsten Schwatz. Wenn man Bekannte oder Nachbarn zufällig trifft, sich aber nur kurz grüßen will, sagt man nicht "hola", denn das wäre eine Einladung zu einem kleine Plausch. Wenn Sie schnell weitergehen wollen, sagen sie als Gruß lediglich "Adios" oder "Hasta luego"!

Die Anrede

Wenn Sie sich unsicher sind, benutzen Sie formell das Sie (»usted«), bis Ihnen das Du angeboten wird. Generell greifen die Spanier schnell zum du. Selbst unter Kollegen hört man oft das du. Auch unter Gleichaltrigen können Sie getrost zum du greifen.

Verübelt wird es Ihnen sicherlich nicht. In Spanien ist das Sie eher ein Ausdruck von Respekt und keine Höflichkeitsfloskel. Titel verwendet man in Spanien lediglich bei Würdenträgern.

Im Gespräch mit einem Spanier

Stellen Sie sich darauf ein, in Spanien Spanisch zu sprechen! Die meisten Spanier sprechen nicht gern Englisch. Sie sind viel zu stolz auf ihre eigene Sprache. Darüber hinaus ist ihr Englisch meist nicht sehr gut. Spanier stehen beim Reden grundsätzlich sehr dicht beieinander. Rechnen Sie damit, dass Spanier ihnen oft ins Wort fallen. In Spanien zeugt das nicht von einer schlechten Kinderstube, sondern signalisiert Interesse und Aufmerksamkeit.

Unschöne Wahrheiten hören Spanier nur ungern. Tasten Sie sich behutsam vor und platzen Sie nie mit der Tür ins Haus! Seien Sie selber auch auf der Hut, denn negative Dinge werden von Spaniern gern unter den Teppich gekehrt. Üben Sie sich darin, zwischen den Zeilen zu lesen! Ihr Charakter ist das Maß für den Respekt, den man Ihnen in Spanien entgegenbringt. Betonen Sie berufliche Erfahrungen und Erfolge nicht zu sehr! Messen Sie auch nicht alles in Spanien mit mitteleuropäischem Maß!

Willkommene Gesprächsthemen:

- Ihr Heimatland
- Ihre Reisen, vor Allem die nach Spanien
- Span. Kunst und Architektur, Geschichte vor dem 20. Jhrd.
- Spanische Traditionen wie Flamenco
- Spanischer Wein und Sherry
- Sport, vor allem Fußball
- Stierkampf, wenn Sie Meinung und Begeisterung des Gegenübers teilen
- Politik (aber vorsichtig und nur, wenn Sie wissen, worüber Sie reden)
- Familie, vor allem die Kinder

Schlechte Gesprächsthemen:

- Stierkämpfe, wenn sie die Kontroversen diskutieren wollen
- Religion, besonders alle Aspekte der römisch-katholischen Kirche
- Der Bürgerkrieg und der 2. Weltkrieg
- Franco
- Die Basken und die Katalanen
- Gibraltar
- Persönliche Bitten, besonders schon beim ersten Treffen
- Machismus und Feminismus

Fremdwörter

Viel verwendete ausländische Begriffe passen die Spanier ihrer Sprache an. So heißt New York hier Nueva York und der Cent wird zum Céntimo. Spanier tun sich eher schwer damit, zum Beispiel englische Begriffe korrekt auszusprechen. Das wiederum führt bei Ausländern zu Missverständnissen. Dabei ist es leicht zu durchschauen: Fremdwörter werden genau so ausgesprochen, wie man sie schreibt. Probieren Sie das System mit "Spiderman", "Curry" oder "Ketchup", und Sie Kommen dem Geheimnis einen schritt näher! Mit Hinweisen auf die korrekte Aussprache würden sie allerdings gegen eine Wand reden.

Körpersprache

Die Spanier reden viel und laut, auch mit ihren Händen. Sie gestikulieren ziemlich wild. Hüten Sie sich davor, das zu imitieren! Physischer Kontakt zwischen Freunden ist normal. Spanier umarmen sich viel und klopfen sich auf die Schultern. Doch Sie sollten einen Spanier nicht anfassen, umarmen und freundschaftlich auf den Rücken hauen, solange Sie ihn nicht gut kennen. Warten Sie ab, bis er Sie zuerst berührt. Wenn ein Spanier Sie im Gespräch am Arm oder an der Schulter berührt, schrecken Sie nicht zurück! Versuchen Sie auch nicht, sich aus dieser Situation herauszuwinden! Der Spanier könnte das als Beleidigung und Abweisung auffassen. Wenn Sie jemanden heranrufen wollen, winken Sie mit dem Finger oder der ganzen Hand, während der Handteller zum Boden zeigt. Das Okay-Zeichen, also das O aus Zeigefinger und Daumen, hat in Spanien eine vulgäre Bedeutung.

Spanische Pünktlichkeit

Die Spanier sind ein gemütliches Völkchen. Pünktlichkeit lässt sich mit ihrem Lebensstil kaum vereinbaren und wird meist ignoriert. Verspätungen werden lediglich bei Stierkämpfen, Fußballspielen und Theateraufführungen nicht geduldet. Bei Verabredungen wird eine Uhrzeit angegeben, um eine Orientierung zu haben. Verspätungen von einer halben Stunde sind durchaus legitim. Verspätungen und Aufschübe sind besonders dann verbreitet, wenn es um staatliche Organisationen geht. Sollten Sie ein Anliegen haben, was Energie, Telekommunikation oder ein Bauvorhaben angeht, üben Sie sich in Geduld! Lange Wartezeiten auf ein Telefon sind in Spanien an der Tagesordnung.

Spanisch gekleidet

Die Spanier kleiden sich sehr bewusst. Sie sind elegant, auch in der Freizeit. Anhand der Kleidung ordnen sie jemandem beruflichen Erfolg und soziale Stellung zu und verlieren darüber nur wenige Worte. Ein wichtiges aber oft unterschätztes Kleidungsstück sind die Schuhe. Schäbige Schuhe können ein ganzes Outfit ruinieren. Wenn Sie sich schon gut kleiden, dann auch vollständig! Legere Sportbekleidung, vor allem kurze Hosen, sind wirklich nur in der Freizeit angebracht. In Kirchen gibt es eine Art Kleiderordnung, die nicht genau formuliert ist. Zeigen Sie so wenig nackte Haut, wie möglich!

Erstklassige Restaurants erwarten zumindest schicke Freizeitkleidung. Lassen Sie Ihre ungebügelten T-Shirts, billigen Jeans, die Jogginghose und die Turnschuhe zu Hause! Erscheinen

Sie als Gast auf einer spanischen Hochzeit nicht in weiß und tragen Sie keinen Smoking!

Schenken und beschenkt werden

Bringen Sie ein kleines, eingepacktes Geschenk mit, wenn Sie zu einem Spanier nach Hause eingeladen sind! Sie fahren immer gut mit Gebäck, Kuchen, Schokolade und einer ungeraden Anzahl Blumen. Schenken Sie keine roten Rosen, denn die verraten Leidenschaft. Gelbe Rosen stehen für Untreue. Chrysanthemen, Dahlien und weiße Lilien sind ebenso wenig angebracht. Achten Sie darauf, keine 13 Blumen zu verschenken, denn die 13 bringt auch in Spanien Unglück. Sie haben selber ein Geschenk bekommen? Öffnen Sie es immer sofort in Gegenwart des Schenkenden!

Zur Weihnachtszeit tauschen Spanier in der Familie und unter Freunden die Geschenke erst am 6. Januar aus. Sollte vor einer Hochzeit keine Geschenk-Liste ausliegen, gilt: schenken Sie den Gegenwert des Hochzeitsgedeckes, gerne auch in bar. Sie können das Geld aber auch schlicht überweisen, also sehr informell.

Beim Essen

Im Restaurant suchen Sie sich nicht selber einen Tisch, sondern werden vom Ober an Ihren Platz geführt. In Bars und Kneipen wählen Sie selber einen Tisch. Setzen Sie sich aber nicht zu jemandem dazu, selbst wenn eine Einzelperson einen großen Tisch okkupiert. Warten Sie, bis ein ganzer Tisch frei wird. Wenn

Spanier in traditioneller Form zum Essen zusammensitzen, wird der älteste Mann am Tisch zuerst bedient. Es wird kein Extra-Teller für Brot und Butter bereitgestellt. Das Brot auf den Tisch gestellt und mit auf die Rechnung gesetzt. Spanier lieben es, einen Toast auszusprechen. Verlieren Sie sich aber nicht in Worten, sondern halten Sie sich kurz. Prosten Sie sich mit einem einfachen "Salud" zu! Auch Frauen können einen Toast aussprechen. Spanier verschwenden ungern Essen. Nehmen Sie sich lieber eine kleine Portion! Nachschlag können Sie dann bei Bedarf immer noch holen. Nehmen Sie von der Gewohnheit Abstand, die Gabel in die Arbeitshand zu nehmen! Halten Sie die Hände stets über dem Tisch! Sie sind fertig mit dem Essen? Legen Sie Messer und Gabel nebeneinander auf den Teller! Wenn Sie das Besteck überkreuzen oder einander gegenüber ablegen, signalisieren Sie, dass Sie noch nicht satt sind. Es ist nicht üblich, getrennt zu zahlen. Begleichen Sie gemeinsam die Rechnung! Auseinanderrechnen können Sie, wenn Sie wollen, hinterher immer noch. Lebhafte Gespräche und viel Gelächter sind bei Tisch gern gesehen. Es ist kein Problem, vom Tisch aufzustehen oder den Platz zu wechseln. Spanier sind zwar extrem kinderlieb, aber nicht immer kindgerecht ausgestattet. In Restaurants gibt es selten Kinderstühle oder Sitzkissen. Spezielle Kindermenüs werden kaum angeboten. Spielecken gibt es generell in Spanien nur selten. Dennoch sind Kinder in Restaurants gern gesehen und das Personal geht wundervoll mit ihnen um.

Frauen und Männer

Spanier denken immer noch stark in Klischees und Geschlechterrollen. Sie erwarten von der Frau, dass sie sich um den Haushalt kümmert und die Kinder erzieht, während selbst der gebundene Mann seinen Charme spielen lassen kann, wenn er in weiblicher Begleitung ist. Spanische Männer machen den Frauen gerne hübsche Augen. Vielen Frauen mag das schon zu weit gehen. Am Besten reagieren Sie mit einem Lächeln und gehen weiter. Vor Augenkontakt sollten Sie aber auf der Hut sein! Die Blicke eines spanischen Mannes aufzufangen, wird gerne als Flirt oder Interesse interpretiert. Der Spanier hat sich bis heute seine machohafte und chauvinistische Ader bewahrt. Während der letzten Jahre ist die zwar etwas schwächer geworden, dennoch wollen Männer oft noch das Gefühl der Kontrolle bewahren. Als Gegenstück zum Feminismus bezeichnet man dies Verhalten als Machismus.

Und noch ein paar Tipps

Fluchen Sie nicht in der Öffentlichkeit! Spanier sind sehr religiös. Spanier identifizieren sich eher mit ihrer Region als mit ihrem ganzen Land. Informieren Sie sich und seien Sie vorsichtig, dass Sie nichts durcheinander bringen. Bei öffentliche Toiletten gehen die Herren zu den "Caballeros", Frauen zu den "Senoras". In kleineren Städten gibt es oft nur ein "W.C." für alle. Der Respekt verlangt es, dass Sie in der Öffentlichkeit nicht gähnen oder sich strecken. Spanier verteilen gerne Ratschläge, auch wenn Sie sie nicht darum bitten. Nehmen Sie diese einfach an, ohne sich zu verteidigen! Erwarten Sie nicht von den Spaniern, dass sie sich an

Ihre Lebensweise anpassen! Bemühen Sie sich statt dessen, die spanische Lebensweise zu akzeptieren und eventuell zu übernehmen! So sichern Sie sich schnell die Akzeptanz der Spanier. Einladungen zu einem Spanier nach Hause gibt es äußerst selten und sind ein Zeichen wahrer Freundschaft. Manchmal ist so eine Einladung jedoch lediglich reine Höflichkeit, die Sie dann gerne ablehnen können. Eine zweite Einladung sollten Sie annehmen! So eine Gelegenheit würde sich wahrscheinlich nicht so schnell noch einmal bieten. Bei Einheimischen können Sie ruhigen Gewissens bis 23 Uhr anrufen. Besuchen Sie eine frisch gebackene Mutter noch am Tag der Geburt im Krankenhaus. Das unterstreicht Ihr Interesse und zeigt Anteilnahme. Preise sind oft verhandelbar. Sie werden viele kleine Geschäfte finden, die gerne mal netto, also ohne Mehrwertsteuer, verkaufen.

Und:

In langen Warteschlangen drängen sich Spanier gerne vor…

Was in Spaniens Arbeitswelt wirklich Erfolg verspricht

Über das Geschäftemachen in Spanien

- Spanier sind ein gemütliches, lockeres Volk - auch im Geschäftsleben. Natürlich nehmen sie ihre Arbeit ernst, gehen aber nicht verbissen an sie heran und machen sich nur wenig Druck.
- Spanier schätzen Effizienz, Zuverlässigkeit und direkte Kontakte.
- Der spanische Arbeitstag beginnt gegen 9 Uhr und endet meist erst in den späteren Abendstunden. Viele Spanier beginnen den Tag ruhig mit einem Kaffee und dem neuesten Büroklatsch. Am frühen Nachmittag legen sie eine Siesta ein, die meist gegen 13 oder 14 Uhr beginnt. Viele Spanier gehen in dieser Zeit heim, um etwas zu essen und sich zu erholen.
- Wer seine Aufträge und Aufgaben nicht zum verabredeten Termin erledigt hat, wird in Spanien nicht gleich gerügt. Der Spanier geht davon aus, dass immer eine Spanne zwischen verabredetem und realem Termin liegt. Der Termin ist eine Art Orientierungspunkt. Vorgesetzte wundern sich, wenn deutsche Mitarbeiter stets alles pünktlich abliefern und sich schon bei der kleinsten Verspätung entschuldigen.
- In Deutschland könnte man es leicht als unhöflich werten, doch in Spanien haben Kunden am Telefon Vorrang.

Organisationsstrukturen

Die Organisationsstruktur spanischer Firmen ist meist eher sozial angelegt und nicht funktional. Die dritte oder vierte Ebene unter der Führungsebene kann mehr Einfluss haben als die Menschen an der Spitze.

Entscheidungen werden mit dem ganzen Team besprochen. Das kann eine Weile dauern, gibt aber jedem die Möglichkeit, sich einzubringen. Das schafft in der Firma ein besseres Arbeitsklima, da jeder das Gefühl bekommt, wichtig für die Gruppe zu sein. Am Ende entscheidet jedoch die höchste Instanz, selbst wenn das nicht die Person ist, mit der Sie die Verhandlungen führen.

Trotz aller Gruppenbildungen spielen Hierarchie und die Position eine große Rolle in den Firmen. Man würde Sie schief angucken, wenn Sie sich auf Verhandlungen mit einem Mitarbeiter einlassen, der in einer niederen Position arbeiten als Sie. Erkundigen Sie sich, wer der beste Ansprechpartner für Sie ist!

Geschäftsbeziehungen pflegen

Was Sie an Erfahrungen und Kenntnissen mit in eine Firma oder ein Projekt bringen, hat mit Ihrem Erfolg oder Misserfolg meist wenig zu tun. In Spanien stehen Wissen und Fleiß nicht an erster Stelle. Stellen Sie sich mit Ihren Kollegen gut, gewinnen Sie deren Unterstützung und pflegen Sie diese Beziehungen. Überzeugen Sie die Spanier davon, dass sie Ihnen vertrauen können und dass Sie ein anständiger, umgänglicher und sympathischer Mensch sind und sie stehen schon auf der Gewinnerseite.

Essenseinladungen sind immer eine gute Möglichkeit, Ihre persönlichen Beziehungen zu festigen.

Sprachbarrieren überwinden

Normalerweise ist Spanisch die Geschäftssprache. In großen Firmen können Sie meist auch auf Englisch verhandeln. Halten Sie das aber nicht für selbstverständlich und erkundigen Sie sich, ob ein Übersetzer notwendig ist.

Gehen Sie sicher, dass Ihre Geschäftspartner alles verstehen. Behandeln Sie sie dabei aber nicht herablassend oder wie Kinder! Behalten Sie im Hinterkopf, dass Spanier es nicht zeigen, wenn Sie etwas nicht verstehen. Am Besten, Sie bereiten eine schriftliche Zusammenfassung Ihrer Präsentation auf Spanisch vor. Visitenkarten sollten Sie idealerweise beidseitig bedrucken lassen - eine Seite sollte dabei auf Spanisch sein. Denken Sie dann daran, im Falle eines Falles die spanische Seite vorzuzeigen.

Erfolgreich bewerben

Blindbewerbungen versprechen in Spanien den größten Erfolg. Hartnäckigkeit zahlt sich dabei oft mehr aus als eine tolle Bewerbungsmappe. Wenden Sie sich direkt an den verantwortlichen Ansprechpartner. Fragen Sie, ob Ihre Bewerbungsmappe eingetroffen ist und haken Sie immer wieder nach.

Erfolg versprechend sind auch Bewerbungen auf Ausschreibungen in großen Tageszeitungen. Online-Bewerbungen werden allerdings gerne übersehen.

Für die Bewerbung gibt es keine konkreten Richtlinien wie in Deutschland. Entweder fordert der Arbeitgeber bestimmte Unterlagen ein, oder Sie müssen selber selektieren. Es gilt allerdings: in der Kürze liegt der Erfolg. Fügen Sie Zeugnisse und Passbilder nur auf ausdrücklichen Wunsch bei!

Termine vereinbaren und wahrnehmen

Spanier sind nicht sehr für Termine zu begeistern. Termine sind dafür da, um Anweisungen zu geben oder um Zeit zu sparen. Machen Sie Ihre Termine frühzeitig und bestätigen Sie sie via Brief, E-Mail oder Fax, bevor sie kommen. Bedenken Sie, dass in Spanien die Uhren etwas anders laufen, wenn Sie einen Terminvorschlag unterbreiten. Wenn Dienstag oder Donnerstag ein Feiertag ist, machen viele Spanier ein langes Wochenende daraus. Spanier haben im Durchschnitt 30 Urlaubstage, die sie meist auf August oder Ostern legen. Auch rund um Weihnachten sollten Sie keine Termine legen. Darüber hinaus haben alle Städte und Dörfer eigene Feste und Feiertage, die Sie erfragen sollten. Treffen zum Frühstück sollten Sie nicht vor 8.30 Uhr ansetzen. Spanier fangen spät mit der Arbeit an. Gemeinsam Frühstücken ist allerdings nicht sehr verbreitet. Es kann passieren, dass ihre Einladung abgelehnt wird. Sehr gern trifft sich der Spanier aber zu einem Geschäftsessen. Lehnen ab, wenn die erste Einladung zum Geschäftstreffen nach Hause führen soll. Die zweite können Sie aber annehmen. Meist werden Sie dann nur etwas trinken, bevor Sie zum Essen außer Haus gehen. Wenn Sie zu einem Geschäftstermin erscheinen, melden Sie sich an der Rezeption und zeigen Ihre Visitenkarte vor.

Spanier nehmen es mit der Pünktlichkeit auch bei Geschäftsterminen nicht so genau. Sie erwarten aber von Ihnen, dass Sie pünktlich erscheinen. Rufen Sie an und erklären Sie, warum Sie es nicht rechtzeitig schaffen.

Klammern Sie sich nicht an eine Ablaufskizze! Es ist ungewöhnlich, dass ein Termin wie vorgegeben abläuft oder dass er am Ende einen klar umrissenen Plan ergibt. Erwarten Sie nicht, dass Sie Geschäftliches außerhalb von Besprechungen diskutieren können!

Die richtige Kleiderwahl

Geschäftlich sollten Männer wollene oder Leinenanzüge, Jackett und Krawatte auf einem weißen Baumwollhemd tragen, auch an warmen Tagen. Wenn der Vorstand das Jackett während des Treffens auszieht, können Sie das auch tun. Das Wetter kann die Kleiderwahl natürlich beeinflussen. Greifen Sie im Hochsommer auf leichte Anzüge zurück. Außerhalb klimatisierter Räume können Sie die Krawatte lockern und das Jackett über die Schulter werfen.

Geschäftsfrauen kleiden sich mit bescheidener Eleganz. Sie sollten Kleider, Blusen und Röcke wählen oder ein gut geschnittenes Kostüm bzw. einen Hosenanzug guter Qualität. Designer-Kleidung und Marken werden in Spanien mit Anklang aufgenommen. Vermeiden Sie es, zu offenherzig zu erscheinen! Betonen Sie Ihre Weiblichkeit mit makelloser Kleidung und gepflegtem Haar!

Geschenke machen und empfangen

Normalerweise werden keine Geschenke bei Geschäftstreffen ausgetauscht. Kleine Geschenke wirken nett bei erfolgreichen Abschlüssen oder Verhandlungen. Geben Sie keine Geschenke beim ersten Treffen!

Geschenke aus Ihrem Heimatland sind immer gern gesehen. Ansonsten können Sie auf Schreibtischutensilien, Bücher, Kunst und Musik zurückgreifen. Für Ihre Firma werben Sie am besten mit Stiften und Schreibtischutensilien.

Schenken Sie nur qualitativ hochwertige Produkte, die Sie nett verpacken. Dennoch sollte das Geschenk nicht zu teuer sein.

Traditionell bekommen die Angestellten einer Firma zu Weihnachten einen Präsentkorb. Vergeben Sie selber zu Weihnachten ein Geschenk, können Sie damit Geschäftsbeziehungen festigen.

Geschäftsessen

- Geschäftsessen sind der Lebendige Teil der Arbeit und geben den Teilnehmern die Möglichkeit, sich kennen zu lernen und Vertrauen aufzubauen. Spanier wollen eine Grundlage schaffen, bevor sie zum geschäftlichen Teil übergehen. Die Persönlichkeit wird dabei weit höher bewertet als fachliche Qualifikationen, Professionalität oder Kompetenz. Stellen Sie sich auf Fragen über Ihren Hintergrund, die Ausbildung oder Ihre Interessen ein!

- Reden Sie erst nach dem Essen übers Geschäft, zum Beispiel bei einer Tasse Kaffee.
- Bringen Sie Ihren Partner nur dann mit, wenn der Partner des Geschäftspartners eingeladen ist und zugesagt hat. Setzen Sie sich nach dem traditionellen westlichen Sitzplan: der Gastgeber und die Gastgeberin sitzen sich schräg gegenüber. Der männliche Gast sitzt rechts neben der Gastgeberin, der weibliche Gast sitzt rechts neben dem Gastgeber.
- Der Gastgeber zahlt die Rechnung.
- Wählen Sie ein gutes Restaurant!
- Seien Sie taktvoll und reden Sie nicht vom Zurückzahlen! Laden Sie einfach die Geschäftspartner von sich aus zu einem späteren Zeitpunkt ein.

Fakten oder Smalltalk

Spanier brauchen stets eine lange Vorlaufzeit, bis sie zum Punkt kommen. Planen Sie also immer etwas mehr Zeit ein und stellen Sie sich auf eine ausgiebige Runde Smalltalk ein! Die Spanier werfen nicht gerne mit Fakten um sich. Spanier treffen gerne selber ihre Entscheidungen. Drängen Sie sie nicht, das könnte Ihr Gegenüber beschämen! Besonders Fremden gegenüber werden Spanier immer den Eindruck hinterlassen wollen, alles sei in Ordnung. Insbesondere, wenn es um Zahlen und Fakten geht, sind Spanier eher unzuverlässig und legen sich nicht gerne fest. Sie glauben nicht an schriftliche Dokumentationen und Voranschläge. Für Spanier würde das bedeuten, man bringt ihnen kein Vertrauen entgegen.

Selten führen Spanier objektive Fakten an, um einen Punkt klarzumachen und zu überzeugen. Negative Entwicklungen und unschöne Punkte kehren Spanier gern unter den Teppich. Lesen Sie zwischen den Zeilen und stellen Sie Ihre Fragen schlau, sonst stehen Sie am Ende etwas hilflos da.

Geschäftsfrauen

Ausländische Frauen werden im Geschäftsleben akzeptiert. Sie sollten aber rasch Ihre Fähigkeiten unter Beweis stellen, um Ihr Ansehen aufrecht zu erhalten. Es ist okay für eine Geschäftsfrau, einen Geschäftsmann zum Essen einzuladen. In Spanien ist das aber unüblich. Laden Sie den Partner des Geschäftspartners mit ein, um Missverständnissen vorzubeugen! Eigentlich zahlt in Spanien der Mann die Restaurantrechnung. Sprechen Sie vorher mit dem Kellner ab, dass die Rechnung an Sie gehen soll!

Fiestas und Siestas - Feiertage in Spanien

Neben den festen, nationalen Feiertagen gibt es eine Reihe regionaler Feiertage. Auch während der vielen Fiestas, die in jedem spanischen Ort stattfinden, werden lokale Feiertage ausgerufen. Erkundigen Sie sich, wann in den einzelnen Regionen gefeiert wird! Wir haben für Sie die festen Feiertage Spaniens zusammengetragen:

Januar

1.1.	Neujahrstag Überall tummeln sich Menschen und versuchen, in den letzten 12 Sekunden des ausklingenden Jahres, 12 Weintrauben zu essen. Wer das schafft, hat Glück im nächsten Jahr.
6.1.	Dreikönigstag (Reyes) Weihnachtsgeschenke werden in Spanien erst an diesem Tag verteilt.

April

	Gründonnerstag (Jueves Santo) Karfreitag (Viernes Santo) Ostermontag (Lunes de Pascua) - nur in Katalonien
23.4.	Sant Jordi Die Frauen schenken den Männern ein Buch, die Männer den Frauen eine Rose

Mai

1.5.	Tag der Arbeit (Fiestas del Trabajo)
	Im Mai gibt es überall die Juegos Florales (Blumenspiele)

Juni

	Corpus Christi - Umzüge mit traditionellen Masken
24.6.	Sant Joan: Mittsommernacht Gefeiert wird überall laut und lange mit Feuerwerken, Tanz und Alkohol in der Nacht zum 24. Der Feiertag gilt nur für Katalonien

August

	Jedes Dorf und jeder Stadtteil feiert einmal im Jahr seine Fiesta Mayor. Tagelanges Feiern, Umzüge, Feuerwerke. Alle sind auf den Beinen. Die genauen Termine müssen Sie in den Ortschaften erfragen.
15.8.	Maria Himmelfahrt (Asunción) Im Anschluss beginnt das berühmt gewordene Stadtfest in Grácia

September

11.9.	Fiesta Nacional de Catalunya - katalanischer Feiertag Nur in Katalonien arbeitsfrei

Oktober

12.10.	Spanischer Nationalfeiertag

November

1.11.	Allerheiligen (Todos los Santos)

Dezember

6.12.	Dia de la Constitución
8.12.	Unbefleckte Empfängnis (Immaculada Concepción)
13.12.	Santa Lucia
25.12.	Erster Weihnachtstag (Natividad del Senor)
26.12.	Zweiter Weihnachtstag Nur in Katalonien arbeitsfrei

Öffnungszeiten

Feste Öffnungszeiten wie in Deutschland gibt es in Spanien nicht. Sie variieren sehr stark und sind nicht an ein Ladenschlussgesetz gebunden, so wie wir es kennen. In einem vorgegebenen Umfang können die Öffnungszeiten je nach eigenem Ermessen gestaltet werden. Am frühen Nachmittag, meist zwischen 14 und 16 Uhr, schließen die meisten Geschäfte, um eine Siesta einzulegen (nicht zu verwechseln mit der Fiesta, die gleich eine ganze Feier wäre). In diesen Stunden müssen Sie aber nicht ziellos umher laufen. Restaurants, Bars und Cafés haben ebenso geöffnet wie Kioske und Geschäfte in Einkaufszentren.

Banken und Verwaltungsgebäude öffnen unter der Woche nur am Vormittag von 9 bis 14 Uhr, Banken meist zusätzlich am Samstag von 9 bis 13 Uhr. Viele Banken schließen nicht an jedem Feiertag.

Trinkgeld

Trinkgeld gibt man in Spanien für die verschiedensten Dienstleistungen. Es ist üblich, Kellner mit einem Trinkgeld zu belohnen. Geben Sie es aber erst mit dem Wechselgeld! Es gibt keine festen Prozentsätze, meistens rundet man einfach auf. Geben Sie Trinkgeld in bar, selbst wenn Sie das Essen mit Karte zahlen.

Unterwegs zu Fuß, mit Bus, Bahn und Taxi

Zebrastreifen gibt es in Spanien zu Hauf. Doch durch das hohe Verkehrsaufkommen sind sie oft so abgefahren, dass man sie kaum noch als solche erkennt. Sie werden von Autofahrern häufig ignoriert.

Alle Taxen haben ein Taxameter. Meist gibt es aber Festpreise für die einzelnen Streckenabschnitte.

Wenn Sie mit dem Zug reisen wollen, reservieren Sie vorher einen Platz! Die Reservierung können Sie allerdings nicht rückgängig machen. Auch für Überlandbusse und Reisebusse sollten Sie eine Platz reservieren! Oft sind die nämlich sehr schnell ausgebucht und Sie werden nicht mehr mitgenommen.

Unterwegs mit dem Auto

Rote Ampeln werden oft überfahren, wenn kein Fußgänger oder Gegenverkehr in Sicht ist. Besonders gern wird dies von Rollerfahrern gemacht. Viele Spanier machen nur selten Gebrauch von Blinkern. Seien Sie also auf der Hut! Der Vordermann könnte stets ohne Vorwarnung abbiegen. Viele Straßen sind so zugeparkt, dass es äußerster Geschicklichkeit bedarf, sich zu dessen Ende durchzumanövrieren, ohne Verluste in Kauf nehmen zu müssen (abgefahrener Seitenspiegel, Kratzer). Wer Ihnen eine Schramme ins Auto fährt, wird aber kaum seine Telefonnummer hinterlassen. Mit Kratzern müssen Sie in Spanien rechnen. Spanier hupen gerne, wenn sich der Verkehr staut. er links abbiegen möchte, muss vor allem auf Überlandstraßen oft erst nach rechts auf eine gesonderte

Spur fahren, einen Halbkreis beschreiben und die eben verlassene Straße kreuzen.

Auf jedem Strafzettel gibt es den Vermerk, dass Sie 20% Rabatt bekommen, wenn Sie persönlich innerhalb von zwei Tagen bei der Polizeistelle vorbeischauen und die Strafe zahlen. Wenn Sie innerhalb von drei Monaten nach einem Verkehrs-Vergehen kein offizielles Schreiben von der Polizei erhalten haben, gilt die Tat als verjährt. Bei Nichtbegleichung der Strafe müssen Sie damit rechnen, dass die Strafbeträge auf längere Sicht einfach von Ihrem Konto abgebucht werden. Über das Autokennzeichen und die Nummer des Personalausweises können Bankkonten über das Finanzamt ausfindig gemacht werden.

Parken

Kostenpflichtige Parkzonen sind durch blaue Linien auf der Straße markiert. Den Parkschein ziehen Sie an einem Automaten. Sollten Sie Ihre Parkzeit überschritten haben und einen Strafzettel an Ihrem Auto finden, gibt es eine Möglichkeit, wie Sie um die Mahngebühren rumkommen. In den blauen Parkzonen finden Sie an den Parkautomaten seitlich kleine Papierkuverts. Sie sind oft auch am Strafzettel direkt angebracht. Drücken Sie am Automaten auf "Annulation" und lösen Sie damit einen neuen Parkschein. Stecken Sie den zusammen mit dem Strafzettel in das Kuvert. Das geschlossene Kuvert werfen Sie in die Annullierbox, die sich meist oben am Automaten befindet. Achten Sie darauf, dass Sie das bis spätestens zwei Stunden nach Ablauf der Parkfrist erledigen!

Gelbe Streifen am Bürgersteig bedeuten absolutes Parkverbot.

Bei engen Straßen wechselt das Parkverbot alle zwei Wochen die Straßenseite.

Verkehrsregeln und Vorschriften

In Spanien gelten die gleichen Verkehrsregeln wie in Deutschland. Doch obwohl "rechts vor links" gilt, ist ein langsames Heranfahren an Kreuzungen ratsam. Verkehrsschilder sind die gleichen wie in Deutschland. Sie sind nur meist kleiner und versteckter. Es gibt kein Schild für Vorfahrtsstraßen.

- Sie benötigen zwei Warndreiecke, einen Verbandskasten und eine Weste mit Reflektoren.
- Maximal 0.5 Promille sind im Bluttest zugelassen. Das sind 0.25 Promille im Blastest.
- Es besteht Anschnallpflicht für alle Sitze.
- Mit dem Handy während der Fahrt zu telefonieren, ist verboten.
- Überholverbot gilt 100 Meter vor Kuppen und auf Straßen, die nicht mindestens 200 Meter zu überblicken sind.
- Nachts auf beleuchteten Straßen, außer Autobahnen und Kraftfahrtstraßen, nur mit Standlicht fahren.
- Kindersitze sind Pflicht für Kinder bis 12 Jahren bzw. 36 kg (am Ende reicht natürlich eine Sitzerhöhung)

"Bandas Sonoras" sind zwei quer über die Straße gelegte Schwellen.

"Cambio de Sentido": hier können Sie die Richtung wechseln (U-turn).

Geschwindigkeitsbegrenzungen

	Ort	Landstraße mit 2 Spuren	Landstraße mit 3 Spuren	Autobahn
Pkw/Motorrad	50	90	100	120
Bus	50	80	90	100
Pkw + Hänger, Lkw	50	70	80	80
Lkw ohne Hänger	50	70	80	90
Wohnmobil <3,5 t	50	90	90	120
Wohnmobil >3,5 t	50	80	80	100

Autobahnen

Die Autobahnen in Spanien sind privat und daher gebührenpflichtig. Die Gebühren sind sehr unterschiedlich. Konkrete Autobahngebühren gibt es im Internet unter http://www.autopistas.com unter Angabe der Strecke. Das Netz der gebührenpflichtigen Autobahnen finden Sie unter http://www.aseta.es.

Spanische Autobahnen sind meist in einwandfreiem Zustand. Die Autobahngebühr können Sie bar, per Kreditkarte oder mittels »Teletac« zahlen. Für letzteres beantragen Sie bei der »Caixa eine Tarjeta de la autopista«. Die bringen Sie unter der Windschutzscheibe Ihres Fahrzeugs an. Beim Durchfahren der »Peaje« (an den mit T gekennzeichneten Durchfahrten) werden ihre Daten automatisch eingelesen.

Gastronomische Eigenheiten

Der Spanier ist davon überzeugt, dass das spanische Essen sehr gesund ist. Darüber hinaus ist es aus seiner Sicht sehr lecker - bis der Magen des deutschen Gastes rebelliert. Leute mit einem empfindlichen Magen sollten die Speisekarte mit Vorsicht studieren. Denn die Hauptbestandteile der mediterranen Kost, Fisch, Fleisch, Gemüse, Hülsenfrüchte, Wein und Olivenöl, sind sehr wohlschmeckend, aber in den hier üblicherweise verwendeten Mengen oft ungewohnt.

Im Folgenden seien ein paar gastronomische Besonderheiten erwähnt.

Essenszeiten

Zum Mittagessen können Sie zwischen 13.30 Uhr und 16 Uhr erscheinen. Danach kann es schon zu spät sein. Abends geht es ab ca. 20.30 Uhr los (im Winter Nordspaniens schon ab 20 Uhr) – Zur Nacht hin mit Open End. Das ist je nach Wochentag und Region unterschiedlich.

Weine und Rotwein mit Zitronenbrause

Der gute Wein kommt nicht nur aus Rioja, dem sicherlich bekanntesten Anbaugebiet des Landes. Der Penedés zwischen Barcelona und Tarragona ist sowohl für Sekt (cava) als auch für Wein (vino) bekannt. Darüber hinaus gibt es Weinanbau in Valdepeñas (Ciudad Real), Albacete, Aranda de Duero (Burgos), der Hauptstadt der Ribera de Duero, Valladolid, Galicien (vinos ribeiros), Andalusien, Aragón usw.

Dank des günstigen Klimas hat es der spanische Winzer nicht immer nötig, Hügel für den Weinanbau zu haben. Stadt eines Weinbergs reicht hier oft ein "Weinfeld".

Eine Offenbarung, dieser Stilbruch. Insbesondere dann, wenn es heiß ist, trinken die Spanier gern Rotwein mit Zitronenbrause (gaseosa). Dieses Getränk namens "Tinto de Verano" ist wirklich sehr erfrischend und nicht so süß.

Rotwein wird im Übrigen oft kalt gereicht, je nach Jahreszeit. Er hat dann, ebenso wie der schon erwähnte Sommerdrink, eine durchaus erquickende Wirkung.

Häufig wird Wein auch in "Senfgläsern" serviert. Das sind sie zwar nicht im wahrsten Sinne des Wortes, haben jedoch keinerlei Ähnlichkeit mit eleganten Weinkelchen.

Bier ist nicht gleich Bier

Abgesehen davon, dass es wenige Sorten gibt, reicht man Ihnen zum Bier meist eine Kleinigkeit gratis (z. B. Oliven, eine Sardelle in Öl, etwas Weißbrot mit Salami o.ä.). Dies ist von Region zu Region unterschiedlich. Hauptsächlich werden lokal Estrella®, Mahou®, Cruzcampo®, San Miguel® und Estrella de Galicia® produziert. Im Vergleich zu unseren deutschen Bieren schneiden alle spanischen Sorten geschmacklich relativ schlecht ab.

Wenn Sie in einer Kneipe oder einem Restaurant ein gezapftes Bier wollen, bestellen Sie am besten gleich "Una caña." Wenn Sie es aus der Flasche vorziehen, sagen Sie "Un botellín." Dann bekommen Sie aber nur 0,2 l oder 0,25 l. Wollen Sie 0,33 l (also auch aus der Flasche), ist Ihnen mit "Un tercio." gedient. Auf diese Weise lassen Sie dem Kellner nicht offen, ob er aus "Una cerveza, por favor." ein gezapftes oder ein Flaschenbier macht. Viele fragen nach: "¿De grifo?" (vom Fass). Das gezapfte Bierchen steht etwa nach 30 Sekunden vor Ihnen, wenn der Wirt Ihrer Bestellung unverzüglich nachkommen kann.

Unser Krefelder oder Diesel (Bier mit Cola) ist hier unbekannt. Alsterwasser (clara) hingegen gibt es schon.

Guten Appetit

Wenn Sie im Restaurant beim Essen sind und Leute an Ihrem Tisch vorbeigehen müssen, wird man Ihnen oft sagen: "¡Que aproveche!" (Guten Appetit). "¡Buen provecho!" wird selten gesagt.

Sie können dann mit vollem Mund so etwas wie "¡Gracias!" nuscheln.

"Iss schneller, das Hauptgericht kommt!"
In den einfachen Restaurants, in denen es mittags ein Tagesmenü (menú del dia) gibt, geht es oft ruppig zu. Erwarten Sie nicht, dass Sie dort hofiert werden. Im Gegenzug erwartet der Kellner nicht von Ihnen, dass Sie sich für das, was er Ihnen hinstellt, großartig bedanken. Besonders für die Vorspeise brauchen Sie oft eine flinke Zunge und schnelle Zähne. Es kann nämlich vorkommen, dass man Ihnen bereits das Hauptgericht hinstellt, bevor Sie mit der Vorspeise fertig sind. Das sollten Sie verständnisvoll so hinnehmen, denn die Küchen sind oft sehr klein. Deswegen zu reklamieren, würde auf Unverständnis stoßen. Für Hauptgericht und Nachtisch haben Sie auf jeden Fall mehr Zeit, denn der Nachtisch-Wunsch wird erst nach genossenem Hauptgericht erfragt. Unser "Hat es Ihnen geschmeckt?" wird man hier nicht zu hören bekommen. Alternativ zum Nachtisch kann auch ein Kaffee bestellt werden. Er ist jedoch nicht immer im Menü-Preis enthalten.

Schattenseiten der spanischen Gastronomie

Es gehört einfach zum Land dazu: In den Bars werden Zigarettenstummel, Asche, Papierservietten, Olivenkerne, Hähnchenknorpel, Zahnstocher, leere Zuckertütchen usw. einfach mit Hilfe der Erdanziehungskraft zu Boden gelassen. Natürlich folgt nicht jeder Spanier dieser Angewohnheit. Irgendwann fegt der Kellner kurz durch.

Spanier sagen: "Je mehr Servietten auf dem Boden liegen, desto besser ist das Essen."

Gelber Stausee: So manches WC der Bars und Restaurants sollte man mit festem Schuhwerk betreten. Stellen sie sicher, dass Ihre Schuhe wirklich "urindicht" sind. Es kann nämlich sein, dass sich am Boden eine Lache befindet, bei der es sich nicht immer nur um Wasser handelt.

Diese und weitere Anekdoten finden Sie in Thomas Hansens Buch: "Spanien... Von innen betrachtet!"

2.2.2 Spanische Nachnamen

Jeder Spanier führt zwei Nachnamen (»apellidos«), jeweils den ersten des Vaters und der Mutter. Verheiratete behalten ihre eigenen Nachnamen. Kinder bekommen je den ersten jeden Elternteils.

Beispiel:

Wenn Maria Gomez Costa und Jose Soler Ferrer ein Kind bekommen, trägt es die Nachnamen-Kombination Soler-Gomez. Wer mag, kann seine beiden Nachnamen mit einem y oder i verbinden.

2.2.3 Feiertagschaos

Was ist los im katholischen Spanien? Haben die Bewohner ihre Traditionen vergessen oder warum wird am Ostermontag gearbeitet? Auch an Pfingsten, Christi Himmelfahrt oder Fronleichnam heißt es für die Spanier: „Schaffe, schaffe, Häusle baue!" Doch keineswegs liegt das an der spanischen Ungläubigkeit.

Mit Sicherheit würden die Spanier gerne alle Feiertage zelebrieren. Doch auch in bella España gibt es eine gesetzliche Obergrenze für die freien Tage. Neuerdings liegen immer mehr katholische Feiertage unterhalb dieses Limits. Die Vergabe der lokalen und regionalen Feiertage liegt weder in Gottes noch in Staates Hand, sondern lastet auf den Schultern der jeweiligen Landesregierung.

Katalonien zum Bespiel. Dort sagt man „Ja“ zum Ostermontag und hat sich gegen den Gründonnerstag entschieden. Was die Spanier natürlich nicht davon abhält, dennoch den Tag mit ausreichend aufwendigen Prozessionen und Feierlichkeiten zu versehen. Pfingsten und Christi Himmelfahrt sind in den meisten Ländern vom Verfassungstag im Dezember aus dem Wettbewerb gedrängt worden. In Madrid erschlich sich der Volksaufstand gegen die französische Besetzung am 2. Mai 1808 einen der begehrten Feiertagsplätze. Für die Heiligen San José oder Santiago sieht die Lage düster aus. Die Namenstage der beliebten spanischen Oldies werden von weltlichen Festen verdrängt.

Die Bischofskonferenz sagt: „Kein Kommentar!“ Aber die Opferung von Allerheiligen am 1. November werden sie unter keinen Umständen hinnehmen. Irgendwann wird wahrscheinlich auch an Weihnachten gearbeitet und die Geschenke werden im Büro ausgepackt.

2.2.4 Heirat und Scheidung

Heiraten in Spanien

Wir sind hier nicht in Las Vegas oder auf den Bahamas. So einfach können Sie hier nicht den Bund fürs Leben schließen. Als erstes müssen die beiden Festentschlossenen einen Antrag beim spanischen Standesamt stellen. Zuständig ist das Standesamt, bei dem mindestens einer der Parteien seinen Wohnsitz hat. Das bedeutet, wenigstens einer von Beiden muss in Spanien gemeldet sein.

Braut und Bräutigam müssen gleichzeitig vor dem Standesamt erscheinen, um den Antrag auf Eheschließung zu stellen. Der Antrag soll auf keinen Fall mit der standesamtlichen Trauung verwechselt werden, nur weil beide erscheinen müssen. Diese erfolgt zu einem anderen Zeitpunkt

Ohne Dokumente geht es nicht. Was Sie brauchen und vorlegen müssen:

- Die Geburtsurkunde der beiden Heiratswilligen, ausgestellt vom Standesamt des jeweiligen Geburtsortes
- Die Meldebescheinigung (»Empadronamiento«) bzw. Meldebescheinigung zum Nachweis des Wohnsitzes der letzten zwei Jahre, in welcher der Tag der Anmeldung angegeben ist. Diese stellt die Stadtverwaltung aus.
- Gültiger Personalausweis oder Reisepass mit Lichtbild

- Vor Gericht abgegebene eidesstattliche Erklärung oder feierliche Versicherung über den Personenstand der heiratswilligen Person. Diese Voraussetzung ist für Nichtspanier nicht zu unterschätzen. Wer kein Spanisch spricht, muss bei Abgabe vor Gericht einen vereidigten Übersetzer mitbringen.

Geschiedene müssen ihr Scheidungsurteil dabeihaben. Für alle ausländischen Scheidungsurteile gilt, dass diese der "Gerichtlichen Anerkennung ausländischer Urteile" durch die 1. Kammer des Obersten Gerichtshofes bedürfen.

Witwer müssen die Heiratsurkunde und die Sterbeurkunde des verstorbenen Ehepartners vorlegen.

Nichtspanier, die in Spanien leben, müssen eine Bescheinigung ihrer Eintragung beim Konsulat unter Angabe ihres Wohnsitzes, ihrer Aufenthaltsdauer in Spanien und ihres Herkunftsortes haben. Des weiteren müssen sie nachweisen, ob das Personenstandsgesetz ihres Heimatlandes die Veröffentlichung des Aufgebots in Spanien erforderlich macht.

Vergessen Sie nicht, alle Unterlagen müssen von einem vereidigten Übersetzer übersetzt und sowohl das Original als auch die Übersetzung muss vom jeweiligen Konsulat beglaubigt werden. EU Bürger seien an dieser Stelle darauf hingewiesen, dass die Apostille die Beglaubigung der Dokumente ersetzt.

Sollten Ihre spanischen Sprachkenntnisse noch nicht so vollkommen sein, müssen Sie sowohl zum stellen des Antrages als auch zur späteren Eheschließung einen Dolmetscher mitbringen.

Zum Antrag dürfen Sie Ihre drei Zeugen nicht vergessen, wobei einer davon, nach Möglichkeit ein Familienmitglied sein sollte.

Wenn Sie diese kleinen Hürden alle genommen haben, steht Ihrem Glück nun nichts mehr im Wege. Wir wünschen Ihnen gutes Gelingen!!

Ehevertrag in Spanien

Auch wenn man sein Leben im sonnigen Spanien verbringt und hier sein Liebesglück gefunden hat, ist ein Ehevertrag ein probates Instrument, um für den Fall der Fälle eine Regelung für die Zuordnung des Vermögens zu haben.

In Spanien bleibt für deutsche Ehepaare das deutsche Eherecht anwendbar. Auch aus der Verlagerung des Wohnsitzes ergibt sich keine Anwendung des spanischen Eherechts. Allerdings können bei Scheidungen unter Umständen auch spanische Gerichte berufen werden. Der spanische Richter muss dann nach deutschem Recht entscheiden, das ihm von den Anwälten nachgewiesen werden muss.

Es bietet sich gerade für Spanienresidenten an, viele der möglicherweise anfallenden sogenannten Scheidungsfolgesachen einvernehmlich durch Ehevertrag zu regeln. Unterhalt und Vermögensaufteilung sind dann bereits im Vorfeld geklärt.

Bisher galt bei solchen Verträgen, dass an den Vereinbarungen im Scheidungsfall nicht mehr nachträglich etwas zu ändern ist, wenn sich einer der Partner benachteiligt fühlt. Der Bundesgerichtshof in

Deutschland hat nun ein Urteil gefällt, das auch für Deutsche in Spanien von Interesse sein dürfte. Es stand die grundsätzliche Frage zur Überprüfung, ob Eheverträge nachträglich vom Gericht abgeändert oder sogar aufgehoben werden können, wenn sie von vornherein oder nachträglich für einen der Ehepartner zu einseitigen wirtschaftlichen Begünstigungen führen.

Ausgehend von einem Urteil des Oberlandesgerichts München, bei dem einer Frau recht gegeben wurde, die nach der Scheidung den für sie ungünstigen Ehevertrag nachträglich auflösen wollte, änderten die Richter in Karlsruhe den Urteilsspruch und befanden den Ehevertrag für grundsätzlich gültig.

Neu ist allerdings, dass Gerichte von nun an den Inhalt von Eheverträgen nachkontrollieren und unter Umstände anpassen können. Es gibt eine zweistufige Prüfung für die Wirksamkeit von Eheverträgen von Deutschen: Zum einen kann der Richter kontrollieren, ob einer der Partner bereits beim Abschluss des Ehevertrages benachteiligt wurde. Zum anderen kann der Richter auch prüfen, ob der Vertrag im Laufe der Ehe unwirksam geworden sein kann und so eine Anpassung des Vertrages bewirken.

Deutsche in Spanien sollten also ihre Eheverträge dahingehend überprüfen und gerade bei der Aufteilung von Immobilien zum Beispiel in Spanien regeln. Zwar sind Einzelheiten zu diesem Thema noch nicht geregelt, so unter anderem wie man die Wertsteigerung mancher Immobilien an der Costa Blanca, wenn diese nur einem Partner zugeschrieben wird, handhabt. Aber eine Vermögensanalyse und die Überprüfung der Vertragsklauseln bezüglich der Inhaltskontrolle und als Folge eine Abänderung des Vertrages kann viel Geld sparen.

Reform des Scheidungsrechtes

Bisher galt in Spanien ein recht antiquiertes Scheidungsverfahren. Es dauerte mehrere Jahre, bis man getrennte Wege gehen konnte. Vor der endgültigen Scheidung durchlebten die ehemaligen Partner ein Trennungsjahr, das von einem Richter beglaubigt werden musste. Nach spanischem Recht wurde hierbei derjenige ermittelt, der die Zerrüttung der Ehe verschuldet hatte. Erst danach war eine Scheidung möglich. Ein erneuter Gang zum Richter war unvermeidbar. Ein einfacher Auszug wurde strafrechtlich verfolgt und als „böswilliges Verlassen der Familie" geahndet. Dieser zweimalige Justizprozess war besonders hinderlich und unnötig bei einem einvernehmlichen Scheidungswunsch.

Nun soll eine Rechtsreform den Ablauf des Scheidungsprozesses vereinfachen und zu einer grundlegenden Modernisierung der iberischen Gesellschaft beitragen. Das bisherige Verschuldungsprinzip soll gänzlich abgeschafft werden und sogar das Trennungsjahr aus der Welt der Paragraphen verbannt werden. Ein einfaches „Ich will mit meinem Partner nicht mehr zusammenleben" wird genügen. Allerdings ist dieses neue „Nein" erst drei Monate nach der Eheschließung möglich. Durch den Wegfall eines Gerichtsganges geschieht eine enorme Entlastung des spanischen Justizsystems. Die Landesregierung von Valencia stellt in diesem Zusammenhang 64 Millionen Euro zur Verfügung, um den Justizapparat effizienter zu machen. In Deutschland gibt es ein ähnliches Verfahren schon seit den 70er Jahren, wenn die Fortsetzung einer Ehe sinnlos erscheint. Im Zusammenhang mit der Reform des Scheidungsrechts soll auch das gemeinsame Sorgerecht eingeführt werden. Bisher war dies eine reine Frauendomäne.

Deutsche, die in Spanien leben, können allerdings das Blitzscheidungssystem nur nutzen, wenn sie einen spanischen Ehepartner haben oder wenn das Paar sich aus zwei unterschiedlichen nichtspanischen Nationalitäten zusammensetzt. Besitzen beide Personen die deutsche Staatsbürgerschaft so gilt wie bisher deutsches Recht. Bisher war dies kompliziert, da sich die beiden Rechtssysteme grundlegend unterschieden. Dies wird durch die neue spanische Rechtsversion jetzt extrem erleichtert.

Die Neuerungen sind für das immer noch als sehr katholisch geltende Spanien äußerst erfreulich. Scheidungen sind in Spanien erst seit 1982 möglich. Während der Diktatur durch Franco gab es keine Möglichkeit, sich auf rechtlicher Basis zu trennen. Nach dem Ende des Franco-Regimes wurde die Wiedereinführung des Scheidungsrechtes von der katholischen Kirche, sowie von traditionsbewussten Politikern sehr kritisch beäugt. Mittlerweile ist man in der Politik auch von sturen Traditionen abgewichen. Im Jahr 2004 machten sogar spanische Staatsmänner vom zivilen Scheidungsrecht Gebrauch, während die katholische Kirche sich den Reformen immer noch widersetzt. Mit noch mehr Trennungen und den damit einhergehenden Dramen für die Kinder sei der Gesellschaft nicht geholfen, äußert sich Erzbischof Antonio Maria Ruoco. Bei diesem Statement wird allerdings der emotionale Zustand von Erwachsenen völlig außer Acht gelassen. Das katholische Spanien entfernt sich durch diese Reform also weiter von veralteten katholischen Traditionen. Nur noch 50% aller Spanier bezeichnen sich als aktive Katholiken und 15% sehen sich selbst als treue, regelmäßige Kirchgänger an.

Gesetz erlaubt Homo-Ehe

„Bis dass der Tod euch scheidet!“ Nur, dass danach nicht die Braut geküsst wird, sondern der Bräutigam. Einer der beiden Anwesenden. In Zukunft soll gerade im traditionell katholischen Spanien die Eheschließung zwischen Homosexuellen erlaubt sein. Und nicht nur das. Den Schwulen und Lesben soll auch das Recht der Kinderadoption zugestanden werden.

Dieser Beschluss wurde am 21.04.2005 vom spanischen Parlament getroffen. 183 Mitglieder des Unterhauses stimmten dem neuen Gesetz zu. 136 waren dagegen. Sechs konnten sich nicht entscheiden und enthielten sich. Waren diese Sechs so hin- und hergerissen wie die spanische Politiklandschaft nach dem Beschluss? Die regierenden Sozialdemokraten sprechen sich für die Homo-Ehe aus, während die konservative Volkspartei sich heftig gegen das neue Gesetz wehrt. Ihr Sprecher Eduardo Zaplana betonte, seine Partei sei für eingetragene Partnerschaften der Schwulen und Lesben, "aber eine jahrhundertealte Einrichtung wie die Ehe, die so fundamental für die Gestaltung unserer Gesellschaft ist, muss nicht auch für Homosexuelle gelten." Ungeachtet des Widerstandes soll das Gesetz dennoch in diesem Sommer in Kraft treten.

Spanien springt mit dieser und weiteren Neuerungen über seinen vatikanischen Schatten. Express-Scheidungen sollen möglich sein und der Religionsunterricht in den Schulen nicht mehr das wichtigste Fach. Bisher waren Homo-Ehen und Adoptionen nur in den als fortschrittlich bekannten Niederlanden erlaubt. In Belgien dürfen Schwule heiraten, aber keine Kinder aufziehen und eine amtliche Eintragung ist in Deutschland und in den skandinavischen

Ländern möglich. Unser neuer Papa Ratzi Benedikt XVI. ist geschockt. Das Lieblingsland seines Vorgängers wendet sich gegen den Vatikan und die päpstlichen Homosexuellen-Theorien. Doch nicht nur der Papst spricht sich gegen die Reform aus. Auch eine Etage tiefer, auf Kardinals- und Bischofebene wird diskutiert. Doch findet hier wirklich ein Meinungsaustausch statt oder werfen die katholischen Kirchenmänner mit Statements um sich, die eigentlich in die Zeit des tiefsten Mittelalters gehören? Die spanische Bischofskonferenz nannte den Beschluss noch recht liebevoll einen „Irrtum". Der Bischof von Castellon Juan Antonio Reig Pla äußert sich schon deutlicher. Ein Katholik habe „erst Gott und dann den Menschen zu gehorchen". Der Kardinal im Ruhestand von Barcelona Ricardo Maria Carles setzt jedoch dem ganzen die Krone auf. Mit seiner Schlussfolgerung „Wenn das Gesetz vor dem Gewissen kommt, dann führt das nach Auschwitz.", nimmt er uns verbal und geistig mit auf eine Reise in das nationalsozialistische Deutschland, das Papst Benedikt der Gute ja eigentlich zu Genüge kennen sollte.

Für viele Schwule und Lesben ist Spaniens Zapatero der Mann des Jahres. Seine Entscheidungen werden mit „Viva Zapatero!" begleitet, und das bis nach Deutschland. Allerdings muss den Homosexuellen auch klar sein, dass die katholische Kirche sich nicht von einer Sekunde zur nächsten grundlegend verändern wird. Genauso wenig wie von einem Papst zum nächsten.

2.2.5 Die Verhaftung

Vom spanischen Innenministerium ist es genau festgelegt, wie eine Verhaftung abzulaufen hat. Ebenso geht daraus hervor, welche Rechte der Festgenommene hat als auch, wie lange er inhaftiert werden kann.

Festnahme und vorläufige Inhaftierung haben so vonstatten zu gehen, dass den Verhafteten weder an Körper, öffentlichem Ruf oder an persönlichem Besitz Schaden zugefügt wird. Der Arrest darf nicht länger dauern, als für Untersuchung und Klärung des Sachverhaltes nötig ist. Ein Zeitraum von höchstens 72 Stunden ist dafür vorgesehen. Danach müssen die Verhafteten entweder auf freien Fuß gesetzt oder dem Ermittlungsrichter vorgeführt werden. Dieser entscheidet, ob Untersuchungshaft angeordnet wird oder nicht.

Ist abzusehen, dass diese 72 Stunden für die Ermittlungen nicht ausreichen, so muss innerhalb der ersten 48 Stunden beim Untersuchungsrichter eine Verlängerung um weitere 48 Stunden beantragt werden. Das heißt: Im Zweifelsfall kann die Polizei einen Tatverdächtigen bis zu 120 Stunden oder fünf Tage in Gewahrsam behalten. Wichtig ist, dass dies stichhaltig von der Polizei vor dem Richter begründet wird.

Natürlich hat der Verhaftete auch Rechte. So muss er darüber informiert werden, warum er überhaupt verhaftet wurde. Als nicht Spanischsprechender Inhaftierter haben Sie das Recht auf einen Dolmetscher. Wenn der Verhaftete die Sprache versteht, oder der Dolmetscher eingetroffen ist, muss der Verhaftete über seine Rechte aufgeklärt werden.

Diese sind im einzelnen:

- Der Verhaftete hat das Recht, auf alle oder mache Fragen die Aussage zu verweigern beziehungsweise sich nur vor dem Richter zu äußern
- Er muss nicht gegen sich selbst aussagen oder sich für schuldig erklären.
- Er hat das Recht, selbst einen Anwalt zu bestimmen, der den polizeilichen und richterlichen Untersuchungen beiwohnt. Benennt der Festgenommene keinen Anwalt, wird ein Pflichtverteidiger bestimmt.
- Dem Verhafteten muss erlaubt sein, Familienangehörige oder eine Person seiner Wahl über die Verhaftung und dem Ort des Polizeigewahrsams und über eventuelle Verlegungen an andere Orte in Kenntnis zu setzen. Ausländer haben darüber hinaus das Recht, die jeweilige diplomatische Vertretung zu kontaktieren.
- Auf Wunsch muss der Verhaftete dem Gerichtsmediziner, dessen Stellvertreter oder einem Amtsarzt vorgeführt werden.

Der Anwalt

Jeder hat das Recht auf einen Verteidiger. Sollte ein Pflichtverteidiger bestimmt werden, muss die Behörde den Namen des Verteidigers der Anwaltsinnung mitteilen. Die Innung setzt sich mit dem Anwalt in Verbindung. Es steht ihm frei, den Auftrag abzulehnen oder zu akzeptieren. Im Falle der Ablehnung bestimmt die Anwaltsinnung einen anderen Pflichtverteidiger. Dieser muss schnellstmöglich, spätestens jedoch nach acht Stunden, nachdem er die Pflichtverteidigung akzeptiert hat, erscheinen.

In der Hoffnung, dass Sie selbst niemals in diese Situation kommen werden, haben wir ein paar wichtige Vokabeln zusammengefasst, die Ihnen helfen, auch einem in Not geratenen Freund oder Bekannten, hilfreich zu Seite stehen zu können.

Abogado - Anwalt
Detencion - Verhaftung
Detenido en prison preventiva - Untersuchungsgefangener
Dilgencia policial - polizeiliche Ermittlungen
Juez de instruccion /Jues instructor - Untersuchungsrichter
Juzgado de instruccion - Untersuchungsgericht
Letrado - Rechtsgelehrter
Letrado defenso - Strafverteidiger
Prison/detencion preventiva - Untersuchungshaft
Prision preventiva – Untersuchungsgefängnis

2.2.6 Elternrecht

Konnte man das freudige Ereignis zuerst nicht erwarten, wird, kaum das der Nachwuchs da ist, das Familienleben auf den Kopf gestellt. Zwischen Pampersbergen und Saugflaschen ist es schwer, etwas traute Zweisamkeit zu genießen, ganz zu Schweigen von gemütlichen Fernsehabenden und dem langen Ausschlafen am Sonntagmorgen. Doch zu diesen Zeit- und Stressfaktoren kommen bald auch noch die finanziellen Faktoren. Deshalb ist es nicht verwunderlich, dass 65% aller spanischen

Frauen im Schnitt drei Monate nach der Geburt schon wieder anfangen zur arbeiten. Dies lässt jedenfalls eine Studie des Nationalen Statistik- Instituts (INE) verlauten. Möglich wird dies hier in Spanien durch die starken Familienbande. Immer steht ein Großelternteil, eine Tante oder ein Onkel oder ein Geschwisterteil zur Verfügung, um auf die Kleinen aufzupassen.

Trotzdem erstaunt die hohe Anzahl an berufstätigen Müttern, vor allem Angesichts der zahlreichen Verordnungen, die ein umfassendes Elternrecht in Spanien gewähren.

Tatsächlich sind diese Elternrechte sehr umfangreich und das Prinzip der Gleichberechtigung wird sehr genau durchgehalten.

Einige Beispiele:

Vom Gesetz her besteht in Spanien ein Mutterschutz von insgesamt 16 Wochen. Wird die Mutter innerhalb der Schwangerschaft krankgeschrieben, so werden die 16 Wochen davon nicht in Mitleidenschaft gezogen. Nun werden Sie sich vermutlich fragen, was die Väter denn nun für Rechte haben. Nach spanischem Recht können sie genauso wie die Mütter in Mutter- bzw. Vaterschaftsurlaub gehen. Die Mutter muss lediglich sechs Wochen nach der Geburt pausieren. Über die restlichen Wochen können die Eltern selbst entscheiden, das heißt, ob sie die arbeitsfreie Zeit gemeinsam oder einzeln nutzen wollen und ob sie diese vor oder nach der Geburt nehmen möchten.

Während des Mutterschutzes beziehen beide ihr volles Gehalt. Dies ist aber nicht zum Nachteil des Arbeitgebers, denn die spanische Sozialversicherung (»Seguridad Social«) übernimmt die

Lohnfortzahlungen. All dies geschieht, damit eine mögliche Schwangerschaft nicht die Einstellung einer jungen Frau verhindert.

Neben dem Mutterschutz existiert noch der Anspruch auf Erziehungsurlaub. Dieser beträgt bis zu drei Jahre und beginnt nicht wie in Deutschland mit dem Tag der Geburt, sondern dann, wenn die Eltern ihn tatsächlich antreten. Auch hier besteht die Möglichkeit, dass entweder beide Elternteile oder wahlweise einer von beiden den Erziehungsurlaub antreten. Im ersten Jahr des Erziehungsurlaubs zahlt die Seguridad Social eine Summe, die dem Arbeitslosengeld entspricht. Dies bedeutet, dass die Abwesenheit seiner Mitarbeiter den Arbeitgeber keinen Cent kostet.

Im ersten Jahr hat der Erziehende noch das Recht auf die Rückkehr an seinen alten Arbeitsplatz. Danach wird ihm nur die Rückkehr in die Firma gewährleistet, der angestammte Arbeitsplatz wird dann durch einen Vergleichbaren ersetzt.

Statt einer kompletten Auszeit kann der Erziehungsurlaub auch verkürzt werden. Er muss mindestens ein Drittel und darf höchstens die Hälfte der 36 Monate betragen. Mit der Reduzierung der Arbeitszeit geht natürlich auch eine Lohnkürzung einher. Auch hier können die Eltern die Urlaubskürzung entweder zusammen oder wahlweise in Anspruch nehmen.

Die oben erwähnten Leistungen der Sozialversicherung können all jene in Anspruch nehmen, die in den letzten fünf Jahren vor der Geburt des Kindes mindestens 180 Tage in die Versicherung eingezahlt haben. Mindestens halbtags beschäftigte Mütter erhalten zusätzlich noch ein Kindergeld von 100 Euro im Monat bei Kindern bis zu drei Jahren.

Wer nun Mutterschutz und Erziehungsurlaub genutzt hat, und wieder weiter arbeiten möchte, muss sich nur 15 Tage vor dem gewünschten Eintrittstermin bei der Firma melden.

2.3.
Telekommunikation und Post

2.3.1 Post

Private Paketdienste

Durch die Privatisierung des Zustellmarktes haben sich neben Correos, der Post in Spanien, inzwischen zahlreiche weitere Zustelldienste auf dem Markt etabliert. Die Unternehmen sind unter "Paquetería" (Paketdienst) oder "Transporte Urgente" (Expressdienst) in den Gelben Seiten zu finden.

Der angebotene 24-Stunden-Service dieser Unternehmen umfasst die Auslieferung von Paketen, Briefen etc. je nach Dringlichkeit am nächsten Tag vor acht, zwölf, oder 16 Uhr, wobei natürlich gilt, dass es umso teurer wird, je eher ausgeliefert werden soll. Zusätzlich gibt es Schnelllieferungen, welche die Übergabe der Sendung innerhalb weniger Stunden anbieten. Hierbei sollte man aber darauf achten, dass der Zusteller den Expressservice tatsächlich garantiert. Bei Verzug bieten dann einige Unternehmen eine Geld-zurück-Garantie oder weitere kostenlose Zustellungen an.

Das Preissystem ist bei vielen Paketdiensten eher undurchsichtig, so dass man sich auf jeden Fall vor Auftragserteilung über die Kosten informieren und weitere Angebote der Konkurrenz einholen sollte. Die Preise der Anbieter setzen sich aus unterschiedlichen Faktoren zusammen. Zum einen werden stets Versicherungen, je nach Wert der Sendung, abgeschlossen, um im Falle eines

Verlustes der Post für den Schaden aufkommen zu können. Zum anderen sind die Maße und das Gewicht des Pakets ausschlaggebend.

Ein Auftraggeber, der bei einem Zusteller bereits als Kunde geführt wird, versendet in der Regel billiger als ein nicht registrierter. Außerdem ist eine Zustellung zwischen Großstädten billiger als eine zwischen Dörfern auf dem Land. Zudem können die aktuellen Kerosinpreise den Tarif beeinflussen.

Noch einmal teurer wird es, wenn der Empfänger nicht zu Hause angetroffen wird und die Sendung erneut zugestellt werden muss.

Allgemein lässt sich feststellen, dass alle privaten Zustelldienste teurer sind als die Post, UPS und DHL liegen hier mit ihren Preisen an der Spitze. Trotzdem hat sich dieses System der Abholdienste durch die Schnell-Auslieferung bei Firmen bereits etablieren können. Ob es sich als Privatperson lohnt, auf solch einen Zusteller zurückzugreifen, hängt jeweils von der Situation ab. Handelt es sich um eine wertvolle Sendung, kann die obligatorische Versicherung der privaten Paketdienste manchmal vor einem Verlust bewahren. Handelt es sich um eine eilige Sendung oder man kann gerade nicht aus dem Haus, macht die private Zustellung ebenfalls Sinn. Aber für normale, einfache Briefe lohnt es sich meist nicht, und der Gang zu Correos bleibt die beste Alternative.

Kundendienste bei der Post

Die Post geht ab. Seit der Liberalisierung des spanischen Postmarktes und der Angleichung der Qualitätsstandards auf europäischer Ebene gilt dies in dem beliebten Urlaubsland nicht nur im übertragenen Sinne. Viele Versandarten (z.B. Pakete, innerstädtischer Transport von Briefen und Postkarten bis zu 100 Gramm) werden mittlerweile auch von alternativen Anbietern ausgeliefert. Um der neuen Konkurrenz die Stirn zu bieten, hat Correos y Telégrafos, S.A. ("Correos") Qualität und Leistungen in den letzten Jahren deutlich verbessert.

Für den ehemaligen staatlichen Monopolisten bestehen einerseits eine ganze Reihe Sondervorschriften. Andererseits genießt der Marktbeherrscher noch immer einige Exklusivrechte. Ab dem 1. Januar 2006 gilt dies nur noch für Postkarten und Briefe mit einem Gewicht von bis zu 50 Gramm. Andere Anbieter dürften diese Leistung theoretisch zwar auch erbringen, müssten dafür aber von ihren Kunden den dreifachen Preis verlangen. Dies kommt quasi einem Verbot gleich.

Geregelt ist der "Allgemeine Postdienst" und die "Liberalisierung der Postdienstleistungen" im Gesetz 24/1998 (Ley del Servicio Postal Universal z de Liberación). Es besagt, dass prinzipiell alle Postsendungen "unverletzlich" sind. Als Verstoß gegen dieses Prinzip gelten die willkürliche oder widerrechtliche Verzögerung, die absichtlich regelwidrige Beförderung, die Öffnung, Entwendung, Zerstörung oder unerlaubte Zurückhaltung von Postsendungen sowie generell jeder Treuebruch während der Verwahrung der Sendung.

Grundsätzlich sind alle Kunden gleich zu behandeln, solange sie sich in vergleichbaren Situationen befinden. Diskriminierung ist somit verboten. Außerdem darf "Correos" die Leistungen nur aufgrund von höherer Gewalt unterbrechen oder aussetzen.

Die Zustellung der Briefsendungen ist ebenso klar geregelt. Zunächst muss versucht werden, diese an die Adresse des Empfängers auszuliefern. Es genügt der Einwurf in einen privaten oder gemeinschaftlich genutzten Briefkasten. Der kann sich auch ein wenig entfernt vom Haus befinden. Gerade in spanischen Urbanisationen mit vielen Ferienwohnungen ist die Anbringung von kollektiven Briefkästen nämlich durchaus üblich. Alternativ kann der Postbote die Sendungen dem Empfänger persönlich aushändigen. Auch die Abgabe an Familienangehörige oder Hausangestellte ist erlaubt, wenn diese sich auf dem Gelände des Empfängers befinden.

Bei so vielen Bestimmungen ist es nicht verwunderlich, dass auch das Verhalten bei Zustellungshindernissen geregelt ist. Bis sie beim Empfänger angekommen sind, bleiben Postsendungen Eigentum des Versenders. Ob und wie er diese im Fall der Fälle zurückbekommt, hängt davon ab, ob die Sendung mit oder ohne Einlieferungsschein abgeschickt wurde.

Ist eine Zustellung trotz Einlieferungsschein nicht möglich, so hat das Postunternehmen zwei Alternativen, von denen es eine innerhalb von 5 Tagen umsetzen muss. Entweder es schickt die Briefe zurück an den Absender oder informiert diesen über den Sachverhalt. Entscheidet es sich für die Benachrichtigung, kann der Versender einen erneuten Zustellungsversuch mit geänderter Empfangsadresse oder eine Rücksendung verlangen. Für welche

Variante auch immer er sich entscheidet: Er muss es innerhalb der vom Postunternehmen gesetzten Frist (mindestens 15 Tage) mitteilen. Tut er dies nicht, gilt die Sendung als "generell unzustellbar".

Treten Hindernisse ohne Einlieferungsschein auf, so wird die Sendung direkt zurückgeschickt. Wenn kein Absender angegeben ist, darf das Postunternehmen auch diese Sendung als "generell unzustellbar" betrachten.

Bei einer Rücksendung muss das Postunternehmen den Grund dafür auf der Fracht vermerken. Wenn der nachweislich nicht zutrifft, hat der Versender Anspruch auf Schadensersatz. Ihm steht eine Wiedergutmachung mindestens in Höhe der Portokosten zu. Weitere Entschädigungsansprüche bleiben davon unberührt.

"Generell Unzustellbares" muss das beauftragte Unternehmen bis zu maximal sechs Monaten einlagern. Selbstverständlich muss dabei das Postgeheimnis gewahrt werden. Das Öffnen der Briefe ist daher weiterhin nicht erlaubt - auch nicht zur Identifizierung des Absenders oder Empfängers. Ist das halbe Jahr ohne Zustellung verstrichen, wird die Sendung zerstört.

Eine Ausnahme bilden solche, die mit einer Wertangabe versehen sind. Hier gilt eine Aufbewahrungsfrist von mindestens drei Jahren. Danach darf das Postunternehmen die Wertgegenstände der Sendung- wiederum unter Berücksichtigung des Postgeheimnisses - veräußern und damit entstandene (Lager-)Kosten decken. Meist geschieht dies im Rahmen einer Versteigerung.

In jedem Fall gilt: Sowohl Absender als auch Empfänger können während der Aufbewahrungsfrist das Postgut auslösen.

Bei einem Verstoß des Postunternehmens gegen eine dieser Regelungen, sollte der Kunde zunächst direkt dort reklamieren. Innerhalb von einem Monat muss das Unternehmen reagieren. Tut es das nicht oder ist der Kunde mit der Antwort nicht zufrieden, kann er sich entweder an einen Schlichtungsausschuss (»Juntas Arbitrales de Consumo«) oder an die spanische Regulierungsbehörde für den Postmarkt (»Secretaría General de Comunicaciones«) wenden. Im äußersten Fall könnte er gegen die Entscheidungen der Secretaría General Klage einreichen. Beim Schlichtungsausschuss wäre das nicht möglich.

2.3.2 Telekommunikation

Neue Auflagen für Telefonkonzerne

Die spanische Regierung hat ein neues Dekret verfasst. Im Bereich Service und Qualität werden die bisherigen Normen erweitert. Diese sollen die Rechte der Verbraucher stärken. Vor allem das ehemalige Staatsunternehmen Telefónica muss daher einschlagende Veränderungen durchführen. Wann das Dekret endgültig in Kraft treten wird, ist jedoch noch unklar.

Die neuen Normen lauten:

- Die Anbieter MÜSSEN Beschwerdestellen einrichten
- Die Bearbeitung von Reklamationen darf nicht mehr telefonisch stattfinden (Statt Call-Centern muss es festeingerichtete Büros geben)
- Die Kosten für ein Beschwerdetelefonat dürfen den Tarif eines normalen Ortsgespräches nicht überschreiten
- Beschwerden müssen mit einer Referenznummer versehen werden (Das soll ständiges Weiterleiten verhindern)
- Die Einspruchspflicht wird von einem auf drei Monate verlängert (Wenn einem Änderungswunsch oder einer Kündigung nicht nachgegangen wurde)
- Eine Kündigung kann per Telefon erledigt werden (Nach 15 Tagen dürfen keine Bankeinzüge mehr vorgenommen oder Rechnungen verschickt werden.)
- Die Aufnahme in ein Telefonbuch und Versand von SMS- oder E-Mail-Werbung ist ohne Zustimmung verboten
- Jeder hat ein Recht auf einen Internetzugang (Jeder Computer muss ans Netz angeschlossen werden können.)

Handykriminalität

Diebstahl und unbefugter Gebrauch von Handy-Telefonen verursachen Millionenschäden bei Verbrauchern und den Telefongesellschaften.

Illegale Geschäftemacher bieten geklaute Handys zu Billigpreisen an, mit denen dann ohne vertragliche Nutzung telefoniert werden kann.

Tipps gegen Diebstahl

Besondere Aufmerksamkeit gilt auf der Straße, bei der Benutzung in öffentlichen Transportmitteln, in Bars und Restaurants, in Geschäften, in Warteschlangen und am Strand. Das Handy sollte nie sichtbar zum Beispiel auf Tischen, Stühlen oder Theken gelegt werden, sondern immer in einer verschlossenen Tasche aufbewahrt werden. Nur zum Telefonieren sollte das Handy herausgeholt und danach sofort wieder gut verstaut werden. Die Wahl eines unauffälligen, leisen Klingeltons oder des Vibrationsalarms lenkt die Aufmerksamkeit weniger auf Sie. Im Auto sollte das Mobiltelefon nicht auf dem Sitz oder der Ablage liegen.

Weiterer Schutz

Schutz bieten die verschiedenen Codes. Der PIN besteht aus vier Ziffern, die vom Besitzer gewählt werden und muss jedes Mal neu eingegeben werden, wenn das Handy angestellt wird. Der PUK-Code ist wie der PIN mit der SIM-Karte der Handys verbunden und muss nach Sperrung des Handys nach dreimaliger falscher Eingabe des PIN angewendet werden. Neuere Modelle verfügen über einen weiteren Sicherheitscode, der nicht die SIM-Karte sperrt, sondern die Elektronik des gesamten Handys.

Um den Schaden bei einem Diebstahl möglichst gering zu halten sollte bereits jetzt eine Nummernsperre eingegeben werden. Sinnvoll ist die Sperrung von Auslandsgesprächen oder der teuren Nummern, die in Spanien mit den Ziffern 903, 906, 803, 806 und 807 beginnen.

Bei Diebstahl des Handys kann man bei der Polizei die Codenummer angeben. Ein weiterer wichtiger Code ist dabei der INEI-Code, die weltweite Erkennungsnummer des Mobiltelefons. Der 15-stellige Code kann erfragt werden, indem man folgende Tasten bedient: *#06#; außerdem erscheint der INEI auf der Kaufrechnung oder der Originalverpackung. Auf jeden Fall sollte bei einem Diebstahl sofort die Telefongesellschaft informiert und der INEI und die eigene Telefonnummer mitgeteilt werden. Außerdem sollte Anzeige bei der Guardia Civil oder der Policía Nacional erfolgen.

Hotlines der Mobiltelefongesellschaften in Spanien:

Telefónica Movistar
609 (mit einem Handy von Movistar) oder 1485
http://www.movistar.com

Vodafone - Airtel
607 123 000
http://www.airtel.es

Amena
656 001 470
http://www.amena.com

2.4.
Auto und Motorrad

2.4.1 Das neue Führerscheingesetz

Die sozialistische Regierung in Madrid hat am 15. Oktober 2004 ein Gesetzentwurf verabschiedet, der Ende 2005 eingeführt werden soll.

Jeder Autofahrer, der seinen Führerschein länger als drei Jahre hat, startet mit zwölf Punkten. Wer weniger Fahrpraxis hat, gilt als Anfänger und erhält mit Beginn der neuen Regelung lediglich acht Punkte. Anders als das in Deutschland bekannte Punktesystem, nachdem mit Null Punkten im Flensburger Verkehrszentralregister begonnen wird.

Jeder Verstoß gegen die spanische Straßenverkehrsordnung wird mit Punktabzug geahndet. Ein Autofahrer büßt z.B. sechs Zähler ein, wenn er mit mehr als 0,5 Promille am Steuer erwischt wird. Ebenfalls sechs Punkte werden abgezogen, wenn der Fahrer andere Drogen zu sich genommen hat oder sich gegen einen Alkohol- und Drogentest verweigert. Ein Punktabzug von vier Punkten findet beispielsweise statt, wenn Verstöße gegen die TÜV-Normen vorliegen oder bei Geschwindigkeitsüberschreitungen von mehr als 40 km/h. Bei Nichteinhalten des Sicherheitsabstandes und telefonieren mit Mobiltelefonen während der Fahrt werden drei Punkte gestrichen. Richtungswechsel bzw. Rückwärtsfahren in einer Einbahnstraße wird lediglich mit einem Abzug von zwei Punkten geahndet.

Das neue Gesetz stellt keinen Ersatz der bisherigen Bestimmungen dar, sondern nur eine Ergänzung. Das heißt, dass der bestehende Bußgeldkatalog weiterhin erhalten bleibt. Dieser zwingt Verkehrssünder einen Betrag zwischen 90 und 600 Euro zu entrichten, unabhängig von einem eventuellen Führerscheinentzug auf Zeit.

Das Ziel des spanischen Gesetzgebers ist dabei die Zahl der Verkehrsunfälle zu reduzieren. Erreichen will man dies über den persönlichen Appell an das Bewusstsein jedes einzelnen Autofahrers, der nunmehr nicht nur das Bußgeld entrichten muss, sondern auch seine Punkte zu Verteidigen hat. Denn derjenige, der mehrere Verstöße hintereinander begeht ist sehr schnell bei null Punkten angelangt.

Wer null Punkte erreicht hat soll für mindestens ein halbes Jahr den Führerschein entzogen bekommen. Hinzu kommt der erneute Besuch einer Fahrschule für 30 Fahrstunden. Danach startet der Verkehrssünder allerdings nur noch mit acht Punkten. Erst wenn drei Jahre keine Verstöße mehr passiert sind, wird das Konto auf zwölf Punkte aufgestockt.

Autofahrer, die ihre zwölf Punkte besitzen und auf dieser Basis jahrelang sündenfrei fahren, erhalten einen Bonus, mit dem sie ihr Konto bis auf maximal 15 Punkte erhöhen können.

2.4.2 EU-Führerschein

Was in Deutschland schon lange Usus ist, wird in Spanien jetzt eingeführt: der EU-Kartenführerschein. Seit wenigen Wochen ist es möglich bei allen spanischen Zulassungsstellen (»Jefatura Provincial de Tráfico«) den neuen Plastikführerschein in Kreditkartengröße zu beantragen.

Die Umstellung auf den EU-Führerschein bringt etliche Vorteile mit sich: neben einer längeren Haltbarkeit und einer bequemeren Verstauungsmöglichkeit ist zweifellos das wichtigste Argument die Fälschungssicherheit der neuen Fahrlizenz.

Die Anpassung an das europäische System zieht aber auch Umstellungen nach sich. Früher galt: wer mehr als 183 Tage im Jahr in Spanien lebte, musste sich ins zentrale Fahrerregister (»Registro Central de Conductores e Infractores«) aufnehmen lassen. Nunmehr ist diese Registrierung für EU-Bürger hinfällig geworden. Schweizer Bürger müssen sich allerdings nach wie vor registrieren lassen.

Der Wegfall der Registrierung sorgt allerdings für Verwirrung. Bisher musste sich jeder eingetragene Autofahrer zur Verlängerung seiner Fahrlizenz einer medizinischen Untersuchung in einem der »Centros de Reconocimiento de Conductores« unterziehen. Für die nicht im Fahrregister eingetragenen Bürger fallen diese medizinischen Checks jetzt weg. Das kommt einer Privilegierung der nichtregistrierten und einer Diskriminierung der registrierten Führerscheininhaber in Spanien gleich. Eine in diesem Jahr neu zu schaffende Gesetzeslage könnte dem Problem Abhilfe leisten.

Im Gegensatz zur Bundesrepublik Deutschland duldet der spanische Staat die alten Führerscheine nicht mehr. Ab März wird damit begonnen alle ablaufenden Fahrerlaubnisse durch neue aus Plastik zu ersetzen. Eine Beantragung der Karte kann drei Monate vor Ablauf des Führerscheins in Auftrag gegeben werden.

Für im spanischen Fahrregister eingeschriebene EU-Bürger steht es frei sich den spanischen Führerschein anzueignen. Ihr alter nationaler Führerschein bleibt weiterhin gültig. Wer jedoch den spanischen Führerschein annimmt, unterwirft sich automatisch dem nationalen spanischen Recht. Obwohl beide EU-Dokumente europäischen Richtlinien unterliegen ergeben sich Unterschiede, z.B. eine vor 1999 in Deutschland gemachte Fahrlizenz der Klasse B darf ein Gefährt bis 7,5 Tonnen lenken. Beim spanischen Führerschein geht die Begrenzung lediglich bis 3,5 Tonnen, da es sich um eine deutsche Ausnahmeregelung handelt.

Notwendige Unterlagen

Für die Beantragung des spanischen Führerscheins benötigt man folgende Unterlagen: Bestätigung der NIE-Nummer und einen gültigen Pass, Ausweis über eine ständigen Wohnsitz in Spanien (Arbeitsvertrag oder Bestätigung des Einwohnermeldeamtes), zwei Fotografien, Originalführerschein und Kopie, das ausgefüllte Meldeformular »Solicitud de canje del permiso de conducción«, die Erklärung über die Echtheit des Führerscheins und den ausgefüllten Vordruck „talón foto" für die Digitalisierung. Die Bearbeitungszeit beträgt fünf Wochen. Der neue Führerschein wird per Post versandt und kostet 16,80 Euro.

Internationaler Führerschein

Neben den verschiedenen alten und den neuen Plastikführerscheinen gibt es noch einen internationalen Führerschein. Dieser ist sinnvoll für Leute, die vor allem im nichteuropäischen Ausland mit dem Auto unterwegs sind. Dieser kann bei allen Zulassungsstellen beantragt werden. Vorlegen muss man zwei Passfotos, den gültigen Führerschein und einen gültigen Pass. In Spanien zusätzlich eine Bestätigung der NIE-Nummer.

Preis in Spanien:	etwa 8 Euro
Preis in Deutschland:	ca. 15 Euro

2.4.3 Zulassung eines Fahrzeuges in Spanien

Die Mitnahme eines Gebrauchtwagens von einem Land der Europäischen Gemeinschaft in ein anderes ist für EU-Bürger kein Zoll- und kein Mehrwertsteuervorgang mehr. Insofern können Sie einen in Deutschland zugelassenen und versicherten Pkw ganz ohne Formalitäten nach Spanien mitnehmen und zunächst dort mindestens 6 Monate so nutzen.

Zulassung

Auch wenn Sie keinen Hauptwohnsitz (residencia) in Spanien haben, können Sie am Ort Ihres Ferienwohnsitzes ein Fahrzeug auf Ihren Namen zulassen. Ansprechpartner für die Ummeldung ist die für den Ferienwohnsitz zuständige Jefatura Provincial de Tráfico. Dort sind vorzulegen:

- Ihr deutscher Personalausweis oder Reisepass
- Nachweis Ihres spanischen Ferienwohnsitzes (»escritura«)
- die deutschen Fahrzeugpapiere
- eine in Spanien abgeschlossene Kfz-Haftpflichtversicherung
- Nachweis, dass Sie die jährliche spanische Straßensteuer bezahlt haben
- das Prüfprotokoll der spanischen Prüfstelle ITV

Den Bestimmungen nach kann eine Übersetzung der deutschen Fahrzeugpapiere verlangt werden, in der Praxis wird meist darauf verzichtet. Hilfreich ist erfahrungsgemäß, wenn eine Homologation, die in Deutschland beim TÜV oder bei der DEKRA erhältlich ist, vorgelegt werden kann. Seit 98 verlangen die spanischen Zulassungsstellen darüber hinaus einen nicht näher beschriebenen Nachweis darüber, dass das Fahrzeug nicht als gestohlen gemeldet ist. Die Auskunft aus dem Zentralen Fahrzeugregister wird für diesen Zweck anerkannt. Sie kann mit einer Kopie des Fahrzeugbriefes angefordert werden unter der Anschrift: KBA, 24932 Flensburg oder unter Referat22@kba.de und kostet 13,52 Euro.

2.4.4 Spanischer ADAC: RACE oder RACC

Der spanische RACE (»Real Automóvil Club de Espana«) ist das spanische Pendant zum deutschen ADAC und gleichzeitig der traditionsreichste Automobilclub Spaniens. 2003 feierte der Verein sein 100-jähriges Bestehen.

Die nur vier Jahre jüngere Konkurrenz RACC ist inzwischen teilweise erfolgreicher als der Traditionsverein und hat mit 900.000 Mitgliedern einen deutlich höheren Zulauf. Inzwischen gibt es bereits zwölf Niederlassungen allein in der Provinz Alicante.

Auch der Allgemeine Deutsche Automobilclub ADAC ist mit zwei spanischen Niederlassungen in Barcelona und Madrid vertreten. Ein Leistungspaket wie in Deutschland wird hier jedoch nicht geboten, lediglich die Pannenhilfe. Daher kann man deutschen Residenten dazu raten, zu einem spanischen Verein zu wechseln.

Die spanischen Automobilclubs sind Makrodienstleister, denn das Angebot von RACC und RACE umfasst neben der Hilfe auf der Straße auch Leistungen einer Versicherungsagentur, eines Reiseunternehmers, einer Kreditanstalt und einer Fahrschule in einem. Die hauseigene kostenlose Kreditkarte bietet darüber hinaus Rabatte in zahlreichen Geschäften, Hotels und Tankstellen. Die Hausrats-, Kranken, oder Kfz-Versicherung gibt es gleich mit dazu.

Bei der Pannenhilfe bieten die spanischen Vereine ähnliche Leistungen wie der ADAC in Deutschland: Kostenlose Reparatur vor Ort, Abschleppdienst, Heimreise oder Übernachtung im Hotel sind ebenso inbegriffen wie das Nachsenden von Medikamenten.

Auch ein Rechtsschutz wird angeboten, der bei Widerspruch bei Strafzetteln und Strafen bei Verkehrsverstößen zum Tragen kommt. Außerdem werden Behördengänge übernommen und als RACE - Mitglied können Sie auch alle Formalitäten bei der Autoeinfuhr erledigen lassen.

2.4.5 Richtige Abmeldung des Autos

Um bei einem Verkauf, Unfall, einer Überführung ins Ausland oder Verschrottung eines Autos nicht unnötig viel zu zahlen, müssen bestimmte Abmeldeformalitäten beachtet werden.

Bei einer Abmeldung müssen auf dem Straßenverkehrsamt in Alicante (»Jefatura Provincial de Tráfico«) die entsprechenden Formulare ausgefüllt werden; Tráfico ist die einzige Stelle, die diese Abmeldung durchführen kann.

Im Falle eines Diebstahls muss bei der Nationalpolizei oder der Guardia Civil Anzeige erstattet werden. Als Ersatz für die Fahrzeugpapiere stellt die Behörde eine Bestätigung (»Justificante«) aus, mit der man anschließend das Auto bei Tráfico abmelden muss. Der Zeitpunkt der Abmeldung ist immer die Abmeldung bei Tráfico und nicht etwa die Anzeige bei der Polizei; eine Abmeldung kann nie rückwirkend erfolgen.

Kfz-Steuern werden vierteljährlich bezahlt, deshalb muss bei einer Autoabmeldung nicht das ganze Steuerjahr, sondern nur das entsprechende Quartal beglichen werden. Falls trotz einer korrekten Abmeldung bei Tráfico weiterhin Steuerbescheide eingehen, sollte man sich mit dem Beleg an die Steuereinzugsstelle seiner Gemeinde wenden.

Bei Kauf eines Gebrauchtwagens muss der Käufer bei Tráfico innerhalb einer Frist von zehn Tagen ein Formular zur Umschreibung (»Solicitud de Transferencia«) zusammen mit dem Fahrzeugbrief einreichen. Nach der Frist droht eine Geldstrafe.

Als Verkäufer sollte man sich unbedingt vom Käufer einen Beleg über die Aushändigung des Fahrzeugbriefs (»Permiso de Circulación«) ausstellen lassen und einen privaten Kaufvertrag mit den Unterschriften beider Vertragspartner und der Beglaubigung einer Bank oder Notar aufsetzen. Dieses Verfahren sichert den Verkäufer gegenüber jeglicher Unterlassung des Käufers ab.

Änderungen der persönlichen Daten wie Adresse oder sonstiges müssen der Steuereinzugsbüros Suma mitgeteilt werden.

2.4.6 TÜV/ITV-Inspektionen sind Pflicht

Der Fahrzeug-TÜV heißt in Spanien ITV, Inspection Technica de Vehiculos. Vor 15 Jahren war diese Überprüfung nur für Fahrzeuge des öffentlichen Transports Pflicht. Seit 1986 gilt sie auch für Privatfahrzeuge.

Einen Neuwagen mit spanischem Kennzeichen muss man erstmals nach vier Jahren, ein neues Motorrad nach fünf Jahren bei der ITV vorführen, danach alle zwei Jahre. Ist ein Fahrzeug über neun Jahre alt, sind jährliche ITV Inspektionen vorgeschrieben. Den genauen Termin entnimmt man den Fahrzeugpapieren. Außerdem wird nach der Kontrolle als Nachweis ein Aufkleber an der Windschutzscheibe angebracht, der das ITV-Datum trägt.

Zu beachten ist, dass keine terminliche Schonfrist besteht. Selbst bei geringfügigen zeitlichen Überschreitungen riskiert man Geldbußen. Die erste Inspektion muss nach vier (fünf) Jahren im Monat der Zulassung erfolgen (siehe Datum »Fecha de Matriculacion« auf der Zulassungskarte »Permiso de Circulacion«). Für weitere ITV Kontrollen ist dann der in den Fahrzeugpapieren unter »Inspecciones Tecnicas Periodicas« angegebene Termin gesetzlicher Stichtag. Lässt man ihn ohne ITV Kontrolle verstreichen, läuft man bereits am nächsten Tag Gefahr Geldstrafe zu zahlen. Bei den meisten ITV Stellen kann man sein Fahrzeug ohne Voranmeldung vorführen. Die Zahlung erfolgt bar oder mit der Kreditkarte.

2.4.7 Schärfere Gesetze im Straßenverkehr

Ab 2004 herrschen in Spanien schärfere Gesetze im Straßenverkehr. Der Führerschein kann jetzt auf Dauer entzogen werden, wenn man drei schwerwiegende Verstöße innerhalb von zwei Jahren begeht. Bei erhöhtem Alkoholkonsum oder Drogeneinfluss hinter dem Steuer wurden sogar Haftstrafen zwischen drei und sechs Monaten eingeführt.

Anfänger sind ihren Führerschein für immer los, wenn sie wegen Trunkenheit und anschließender Geschwindigkeitsüberschreitung zwei Mal innerhalb von zwei Jahren erwischt werden. Einzige Möglichkeit, den Führerschein wieder zu bekommen, besteht darin, ihn neu zu machen sowie einen Kurs in Verkehrserziehung zu absolvieren.

Pflicht für alle Autofahrer ist das Mitführen einer reflektierenden Weste, durch die der Fahrer im Fall einer Panne gut sichtbar ist. Bei Mofafahrern wird die Fahrerlaubnis sofort entzogen, wenn sie zweimal in zwei Jahren unangenehm auffallen oder schwerwiegende Verkehrsverstöße begehen. Das Mofa kann außerdem von der Polizei stillgelegt werden, wenn der Auspuff zu laut röhrt. Dies kann auch Autofahrern passieren, wenn das Fahrzeug nicht den Sicherheitsbestimmungen entspricht.

Fahrradfahrer sind von den neuen Verkehrsgesetzen nicht ausgenommen. Auch hier gilt: die Promillegrenze liegt bei 0,5 und wer mit mehr Alkohol im Blut erwischt wird muss mit einer saftigen Geldstrafe rechnen. Außerdem gelten Helmpflicht und das Tragen von reflektierender Kleidung. Ausnahmen sind extrem hohe Temperaturen, lange Anstiege oder medizinische Gründe. Zudem müssen größere Gruppen von Radfahrern in Zweierreihen und bei Anstiegen hintereinander fahren. Die Gruppe gilt als einheitliches Gefährt und hat damit als Ganzes zum Bespiel beim Einbiegen in einen Kreisel oder beim Überqueren der Straße Vorfahrt, bis der letzte der Gruppe passiert hat.

Die Bußgelder für sehr schwere Verkehrsverstöße beim Autofahren wie z.B. das Überschreiten der Höchstgeschwindigkeit um 50%, das Fahren unter Alkohol- oder Drogeneinfluss, Fahren in der Gegenrichtung oder Rennen auf öffentlichen Straßen kosten zwischen 302 und 602 Euro und Führerscheinentzug bis zu drei Monate.

Zudem ist die Polizei berechtigt, einem Fahrzeughalter den Führerschein sofort abzunehmen, wenn sie der Meinung ist, dass dieser nicht mehr fahrtüchtig ist. Leichte Verstöße werden mit bis zu 91 Euro geahndet. Als diese gelten, wenn ein Kind unter zwölf auf dem Vordersitz mitfährt, der Sicherheitsgurt nicht angelegt ist oder wenn mit dem Handy telefoniert wird.

Richtig teuer ist das Fahren ohne Nummernschild, ohne Dokumente wie Führerschein etc. und das Fahren ohne TÜV Plakette. Das kostet dann bis zu 1.503 Euro und eventuell wird der Führerschein bis zu einem Jahr entzogen.

2.4.8 Alkohol-Höchstgrenzen

Für Autofahrer allgemein:

0,5 Promille pro Liter Blut/o,25 Promille in der Atemluft

Das entspricht bei Männern etwa 0,6 l Bier, 0,25 l Wein oder 80 ml Spirituosen, bei Frauen knapp 0,5 l Bier, 200 ml Wein oder 60 ml Spirituosen.

Für frischgebackene Fahrer oder Berufsfahrer:

0,3 Promille pro Liter Blut(o,15 Promille in der Atemluft

Das entspricht bei Männern etwa 0,33 l Bier, 150 ml Wein oder 40 ml Spirituosen; Frauen dürfen maximal 150 ml Bier, 100 ml Wein oder 20 ml Spirituosen trinken.

2.4.9 Kleines Auto-Wörterbuch

Abblendlicht	Luz de cruce
Blinker	Luz intermitente
Kennzeichen	Matrícula
Kühlergrill..	Rejilla
Nebelleuchte	Faro antiniebla
Parklicht.	Luz de posición
Scheinwerfer	Luz larga
Stósstange.	Parachoques
Auspuff.	Tubo de escape
Bremsleuchte	Luz de freno
Nebelschlussleuchte	Luz antiniebla trasera
Nummernschildleuchte	Luz de matrícula
Rückfahrleuchte	Luz marcha atrás
Schlussleuchte	Luz trasera
Achse	Eje
Anlasser	Arranque
Batterie	Batería
Benzinpumpe	Bomba de alimentatión
Benzintank	Depósito de gasolina
Bremsbeläge	Pastillas de freno
Bremse	Freno
Gangschaltung	Caja de cambio
Getriebe	Transmisión
Keilriemen	Correa del alternador
Kühler	Radiador
Lichtmaschine.	Dínamo
Lenkung	Dirección
Luftfilter	Filtro de aire
Ölfilter	Filtro de aceite

Stossdämpfer	Amortiguador
Ventil	Válvula
Wasserpumpe	Bomba de agua
Zylinderkopf	Culata
Zündkerzen	Bujias
Zündverteiler	Distribuidor
Antenne	Antena
Scheibenwischer.	Limpiaparabrisas
Dach	Techo
Scheinwerfer	Faro/Luz
Kofferraum	Maletero
Seitenfenster	Ventanilla
Kotflügel	Guardabarros
Seitenspiegel	Espejo lateral
Motorhaube	Capó
Tankdeckel.	Tapón de gasolina
Radkappe	Tapacubo
Tür	Puerta
Reifen	Neumático
Windschutzscheibe	Parabrisas

2.4.10 Kleines Motorrad-Wörterbuch

Abblendlicht	luz de cruce
Blinker	intermitente
Drehzahlmesser	cuentarrevoluciones
Gasdrehgriff	puño giratorio del gas
Handbremse	freno de mano
Hupe	bocina
Kupplungshebel	embrague

Lenkgriff	manillar
Neutralanzeige	indicador neutro
Notschalter	interruptor de emergenda
Scheinwerfer	luz larga
Seitenspiegel	espejo lateral
Tachometer	Tacómetro
Zündschalter	interruptor encendido
Bremsleuchte	luz de freno
Fußbremse	pedal de freno trasero
Kardanantrieb	transmisión cardón
Kennzeichen	matricula
Kettenantrieb	cadena
Kickstarter	pedal de arranque
Scheibenbremse	freno de disco
Schlussleuchte	luz trasera
Mofa	ciclomotor
Motorroller	escúter
Geländemaschine	motocross
Chopper	custom
Straßenmaschine	motocicleta
Anlasser	arranque
Batterie	bateria
Benzinpumpe	bomba de alimentación
Benzintank	depósito de gasolina
Bremsbeläge	pastillas de freno
Bremse	freno
Gangschaltung	caja de velocidades
Getriebe	caja de cambio
Kühler	radiador
Lichtmaschine	dinamo
Lenkung	dirección

Luftfilter	filtro de aire
Ölfilter	filtro de aceite
Stoßdämpfer	amortiguador
Ventil	válvula
Vergaser	carburador
Wasserpumpe	bomba de agua
Zylinderkopf	culata
Zündkerzen	bujias
Zündverteiler	distribuidor
Felge	Llantia
Fußraste (vorne)	pedal delantero
Fußraste (hinten)	pedal trasero
Kraftstofftank	depósito de gasolina
Reifen	Neumático
Schaltpedal	Palanca de cambio de velocidades
Schutzblech vorne	Guardabarros delantero
Schutzblech hinten	Guardabarros trasero
Seitenständer	Soporte lateral
Tankdeckel	Tapón de gasolina

2.5
Gesundheit

2.5.1 Heilquellen in Spanien

Schon die alten Römer haben Spaniens Heilquellen genutzt. Um 1900 erlebten sie ihre Blüte. Einige sind noch heute verfallen. In anderen wird noch immer gekurt. In eleganter Atmosphäre und oft trotzdem preiswert.

Schon lange bevor die Römer kamen, haben Keltiberer in den warmen Quellen Spaniens gebadet. Die Römer haben die ersten Kurbäder gebaut, und die Moros haben die Badekultur immer weiter verfeinert. Baden ist auf der Iberischen Halbinsel uralter Brauch. Nach 1940 ging die Zahl der Kurgäste zurück. Jetzt lebt die alte Tradition wieder auf.

Hier einige Beispiele von Bädern, die auch im Winter geöffnet haben:

Balneario de Archena

Ganz in der Nähe von Murcia liegt das Balneario Archena zwischen Palmen, Orangen-, und Zitronenbäumen. Tennis, Gymnastik und Ausflüge am Ufer des Segura stehen auf dem Programm. Der Kurort mit seinen klassisch-schönen Kurhotels, ist spezialisiert auf rheumatische Beschwerden und die Behandlung von Atemwegs- oder dermatologischen Erkrankungen. Außerdem sind Physiotherapie und Schönheitskuren im Angebot. Die

Thermalquellen haben eine Temperatur von 52 Grad Celsius und sind mit Chloriden, Fluor, Lithium, Sufhydryl, Brom, Jod und Natrium angereichert.

Balneario de Archena
Carretera del Balneario /s/n
30600 Archena (Murcia)
Tel: 968 670 100

Balneario de Sierra Alhamilla

Acht Jahre lang wurde das Badehaus, das die Araber schon im 14. Jahrhundert benutzten, renoviert. Jetzt erstrahlt es in alter Pracht. Ein komfortables Hotel ist daraus geworden, umgeben von den Naturschutzparks der Sierra Nevada und des Cap Gata. Das fast 60 Grad warme Wasser enthält Bikarbonat, Chlor, Sulfat, Natrium, Kalzium und Potasium. Drei verschiedene Kuren werden angeboten: Trinkkuren gegen Magengeschwüre, Gastritis, Verdauungsbeschwerden, Krankheiten der Gallenblase. Das Kurhotel hat 27 Zimmer, einige davon mit separatem Wohnraum. Das Balneario de Sierra Alhamilla liegt nur 15 km vom Flughafen Almeria entfernt.

Balneario de Sierra Alhamilla
04259 Pechina (Almeria)
Tel: 950 317 413

Balneario Cervantes

Im Herzen der Mancha, nahe dem kleinen Ort Sta. Cruz de Mudela, liegt das Balneario Cervantes, das am Wochenende gern von ruhebedürftigen Madrileños besucht wird. Das moderne Bad mit den antiken Marmorbadewannen ist auch optisch eine Augenweide: Wände aus Ziegelstein, Holzbanken und Terrakotta-Fußböden. Das Wasser des Balneario wird aus zwei Quellen gespeist, der Villarosa-Quelle, deren Wasser Bikarbonat und Lithium enthält, und dem Banos-Wasser, das alkalisch und eisenhaltig ist.

Das Kurhotel mit den dazugehörigen Bungalows ist ein Dreisterne-Hotel. Zu den meisten Zimmern gehört ein Salon. Außerdem verfügt das Haus, das im Stil einer manchegischen Casa rural erbaut ist, u.a. über einen Lesesaal, Billardraum und eine Cafeteria. Ein großer Swimmingpool, ein Golfplatz in der Nähe und ein Fahrradverleih runden das Angebot ab

Balneario Cervantes
Camino de los Molinos, km 2
13730 Sta. Cruz de Mudela
Tel/Fax: 926 331 313

2.5.2 Neue Tabakgesetze

Ein neuer Gesetzentwurf der Regierung in Madrid soll dem "Raucherparadies" Spanien ein Ende machen.

Folgende Bestimmungen sind geplant:

- Rauchverbot am Arbeitsplatz
- Rauchverbot in Lehrinstituten
- Verbot von Tabakwerbung
- Verbot des Verkaufs an Jugendliche unter 18 Jahren
- Einrichtung von Nichtraucherzonen in Kneipen und Restaurant mit einer Fläche von über 100 Quadratmetern

Verstöße gegen die Verordnung werden mit Geldstrafen von 30 bis 600.000 Euro bestraft. Das Gesetz soll die Raucher von ihrer Sucht abbringen und die Rechte der Nichtraucher stärken. In Spanien sterben nach Angaben des Gesundheitsministeriums jährlich etwa 50.000 Menschen an den Folgen ihres Zigarettenkonsums.

Spanien ist momentan noch ein Paradies für Raucher, aber bald soll also auch hier der Marlboro-Mann aus dem Westen zusammen mit den Camelen in die Wüste geschickt werden...

2.5.3 Kleines Ärzte-Wörterbuch

Ärzte	**médicos**
Allgemeinarzt	el médico de medicina general
Anästhesist	el anestesista
Augenarzt	el oftalmólogo
Chirurg	el cirujano
Dermatologe, Hautarzt	el dermatólogo
diensthabender Arzt	el médico de guardia
Endokrinologe	el endocrinólogo
Facharzt	el médico especialista
Facharzt für Geburtshilfe	el obstetra, el tocólogo
Facharzt für Magen-Darm- Erkrankungen	el gastroenterólogo
Facharzt für Onkologie, Onkologe	el oncólogo
Facharzt für rheumatische Erkrankungen	el reumatólogo
Gefäßchirurg	el cirujano vascular
Gynäkologe, Frauenarzt	el ginecólogo
Hals-Nasen-Ohren-Arzt (HNO)	el otorrinolaringólogo, otorrino, ORL
Hausarzt	el médico de familia, el médico de cabecera
Homöopath	el homeópata
Intensivarzt	el intensivista
Internist	el internista
Kardiologe, Herzspezialist	el cardiólogo
Kieferchirurg	el cirujano maxilofacial

Kieferorthopäde	el ortodoncista
Kinderarzt	el pediatra
Lungenfacharzt	el neumólogo
Nephrologe (Nierenspezialist)	el nefrólogo
Neurologe, Facharzt für Nervenkrankheiten	el neurólogo
Neurochirurg	el neurocirujano
Notfall-, Unfallarzt	el médico de urgencia
Orthopäde	el ortopeda
Pathologe	el anátomo patólogo
Privatarzt	el médico privado / de pago
Proktologe	el proctólogo
Psychiater	el psiquiatra
Psychologe	el psicólogo
Psychotherapeut	el psicoterapeuta
Radiologe	el radiólogo
Schularzt	el médico escolar
Stomatologe, Zahnarzt	el estomatólogo
Traumatologe, Unfallchirurg, -arzt	el traumatólogo
Urologe	el urólogo
Zahnarzt	el dentista, el otodontólogo

Die gesetzliche Krankenversicherung	**la Seguridad Social**
ärztliche Beratungs- und Behandlungsstelle der gesetzlichen Krankenversicherung	el ambulatorio
an einen Arzt (Spezialisten) überweisen	mandar a un médico (especialista)
Arzt der gesetzlichen Krankenversicherung	el médico de la Seguridad Social
Krankenschein	el volante (de asistencia médica)
Krankenversicherungsausweis	la cartilla de la Seguridad Social
Sprechzimmer	el consultorio
Vertrauensarzt/Hausarzt der gesetzlichen Krankenversicherung	el médico de cabecera
Warteliste	la lista de espera

In der Arztpraxis	**en la clínica**
Anmeldung	la recepcíon
Liege	la camilla
Patientenkarte	la ficha
Praxis, Sprechzimmer	la consulta
Sprechstunde	las horas de consulta
Sprechstundenhilfe	le/el auxiliar de enfermería, la/el enferma/o
Termin ausmachen, verschieben	pedir cita, cambiar la

	cita
Untersuchungszimmer	la sala de exploracíon
Wartezimmer	la sala de espera

Nützliches Vokabular fürs Sprechzimmer

abhorchen	auscultar
Aidstest	el test de Sida (HIV)
Bettruhe	el reposo en cama
Blutdruck messen	tomar la tensíon
Blutuntersuchung	el análisis de sangre
Hausbesuch	la visita a domicilio
Impfausweis	la cartilla de vacunacíon
Impfung	la vacuna
Krankenbericht	el informo médico
Krankenbesuch	la visista médica
Krankengeschichte	la historia clínica, el anamnesis
Krankmeldung	la declaracíon de enfermedad
krankschreiben	dar de baja
nüchtern	en ayunas
Rezept	la receta
Röntgenaufnahme	la radiografía
Ultraschalluntersuchung	la ecografía
Urinprobe	la muestra de orina
Urinuntersuchung	el análisis de orina
verschreiben	prescribir

2.6
Haustiere

2.6.1 Tierkrankheiten und Schutzimpfungen

Krankheiten und Impfungen bei Katzen

Jeder weiß, dass es in Spanien ein großes Problem mit herrenlosen Katzen gibt. Deshalb sind Impfungen hier umso wichtiger, um die Katzen vor tödlichen Infektionen zu schützen. Wichtig zu wissen ist, dass nur gesunde und entwurmte Katzen geimpft werden sollten. Dies bedeutet aber, dass eine Katze, die Mäuse und andere Tiere jagt, mindestens vierteljährlich geimpft werden sollte.

Tollwut ist eine absolut tödlich verlaufende Krankheit und ist auf den Menschen übertragbar. Deshalb ist die Tollwutimpfung eine der Wichtigsten bei Katzen. Die Krankheit wird durch einen Biss übertragen und befällt dann das Zentralnervensystem. Das Virus wird durch den Speichel ausgeschieden. Ab der zwölften Lebenswoche sollte die Impfung einmal jährlich erfolgen.

Die Panleukopenie (feline Parvovirose, Katzenseuche) ist eine häufig tödlich verlaufende Krankheit und führt vor allem bei jungen Katzen zu folgenden Krankheitserscheinungen: Durchfall, Erbrechen und eine starke Verminderung der weißen Blutkörperchen. Die Übertragung von Katze auf Hund kann nicht erfolgen, jedoch kann ein infizierter Hund eine Katze anstecken. Die Krankheit ist sehr ansteckend, deshalb sind regelmäßige Kotuntersuchungen wichtig, da durch diese die Infizierung eindeutig festgestellt werden kann. Geimpft wird meist als Kombinationsimpfung auch gegen Katzenschnupfen und sollte bei jungen Katzen in der achten Lebenswoche gemacht werden. Eine Auffrischung muss mit zwölf Wochen erfolgen und dann sollte einmal jährlich geimpft werden.

Bei der Felinen Calicivirusinfektion, auch Katzenschnupfen genannt, handelt es sich ebenfalls um eine sehr ansteckende Krankheit. Hier existieren drei unterschiedliche Krankheitsbilder.

Die häufigste Krankheitsform ist der akute Katzenschnupfen. Diese Infektion wirkt sich in einer Erkrankung des oberen Atmungstraktes, einer eitrigen Augenentzündung sowie einer Ulzeration der Zunge aus, oft geht dies dann über in eine Lungenentzündung. Eine weitere Ausprägung der Krankheit ist eine chronische Entzündung der Maulschleimhaut und des Zahnfleischs und die Katzen leiden über Monate an nicht therapierbaren Entzündungen.

Eine der wichtigsten Infektionskrankheiten und in Spanien sehr weit verbreitet bei Katzen ist die Katzenleukose. Das Virus wird vor allem über den Speichel, den Kot und den Urin übertragen. Ebenso ist eine Übertragung von der Mutter auf das Ungeborene im Mutterleib möglich. Das Virus vermehrt sich im Blut der Katzen innerhalb von drei Monaten. Hier bilden sich jedoch dann auch Antikörper und machen die Katzen immun. Das bedeutet, die Besitzer bemerken die Infektion oft nicht, da die Katze nicht erkrankt. Es ist jedoch möglich, dass sich das Virus in das Knochenmark zurückzieht und erst in Stresssituationen, bei Krankheiten und Unfällen wieder ausbricht. Aktiv infizierte Katzen sind für andere Tiere extrem ansteckend und erkranken innerhalb von ein bis drei Jahren. Bei Katzenleukose existiert ein vielfältiges

Krankheitsbild. Direkte Folgen des Virus sind Knochenmarksdepressionen, neurologische Veränderungen und Tumore. Häufiger sterben die Tiere jedoch an Krankheiten, die durch ein geschwächtes Immunsystem auftreten können. Durch einen Bluttest kann ermittelt werden, ob die Katze schon mit Leukose infiziert ist. Ist dies nicht der Fall, kann eine Impfung ab der zehnten Woche erfolgen. Die Impfung sollte jährlich aufgefrischt werden.

Das oft erwähnte Katzenaids oder auch Felines Immundefizienzvirus wird durch Bissverletzungen übertragen und weißt viele Parallelen mit der HIV- Infektion des Menschen auf. Ebenso wie beim Menschen gibt es auch bei Katzenaids keine Impfung oder Heilung.

Dies waren nun einige Beispiele an meist tödlich verlaufenden Katzenkrankheiten und wie Sie ihre Katze davor schützen können.

Lassen Sie ihren Liebling impfen, und Sie werden einen Freund für das Leben haben!

Krankheiten und Impfungen bei Hunden

Leishmaniosis

Die meistverbreitete Hundekrankheit in Spanien ist die Leishmaniosis, der offiziellen Statistik zufolge werden etwa 20% aller spanischen Hunde von ihr erfasst. In den Küstenregionen ist der Prozentsatz noch wesentlich höher, denn hier ist die Mückenplage und somit die Ansteckungsgefahr wesentlich größer als in vielen anderen Gebieten. Viele Residenten und Langzeiturlauber, die sich in dieser Küstenregion niedergelassen haben, kennen dieses Wort nicht nur vom Hörensagen, sondern leider durch eigene Erfahrung.

Die Leishmaniosis ist eine Krankheit die ein Parasit, der meist im Blut, lebt, auslöst. Dieser Parasit wird ausschließlich durch die Plebothomus-Mücke übertragen. Diese bevorzugt als Nahrung das Blut der Hunde. Die Mücke selbst dient nur als Träger dieses Parasiten.

Die Ansteckung selbst geht folgendermaßen vor sich:
Eine Plebothomus-Mücke sticht einen Hund der an Leishmaniosis erkrankt ist. Danach wird das Blut in ihrem Körper verarbeitet und verdaut, der Parasit bleibt im Körper bzw. am Steckrüssel der Mücke aktiv. Bei einer weiteren Blutaufnahme einer Mücke bei einem gesunden Hund wird der Parasit durch den Stich in das Gewerbe injiziert. Und schon leidet auch dieser Hund an dieser heimtückischen Krankheit.

Wo dieser Parasit ursprünglich vorkommt, weiß man nicht. Tatsache ist, dass der Parasit eigentlich nur im erkrankten Hund zu finden ist und die Mücke als Überbringer in Erscheinung tritt.

Vielfach wird die Krankheit viel zu spät am Hund entdeckt. Einige Merkmale für eine Erkrankung sind: Haarverlust an den Pfoten und an der Elle, sowie um die Augen und Ohren. Ferner auch kleine Wunden in den Ohren sowie viel zulange Nägel und sehr brüchige dazu. Man stellt auch enorme Drüsenvergrößerungen fest.

Der Hund hat weiterhin guten Appetit und dennoch verliert er an Körpergewicht. Oft kommt es im Endstadium zu Blutstürzen aus der Nase, wobei in solchen Fällen meist jede Hilfe zu spät kommt. Natürlich fragt man sich, wie sieht es mit der Übertragung auf Menschen oder andere Hausgenossen aus?

Beim Menschen gibt es ähnliche Erkrankungen von Parasiten, aber nicht in dieser Form wie beim Hund, also eine Ansteckung vom Hund zum Menschen ist höchst unwahrscheinlich. Bei anderen Haustieren besteht absolut keine Gefahr, eine Ansteckung schließt der Tierarzt gänzlich aus.

Die Zeit in der die Plebothomus-Mücke am aktivsten ist, wurde als Frühling und Herbst sowie bei Morgen- und Abenddämmerung angegeben. Leider gibt es bis anhin keine Möglichkeit den Hund 100% zu schützen oder sogar zu impfen. Als kleine Schutzhilfe kann man den Hund mit Insektenspray einnebeln, was er natürlich nicht mag und andererseits auch nicht gesund ist. Wenn möglich, sollte man den Hund zu den besagten Morgen- und Abendstunden im Hause lassen.

Wie sieht eine Behandlung aus oder wie kann ich selber helfen?

Zuerst muss gesagt werden bei Verdacht auf eine Erkrankung immer einen Tierarzt aufzusuchen. Dort wird ein Bluttest gemacht der dann klar Aufschluss gibt. Durch den Bluttest kann auch der Grad der Erkrankung festgestellt werden. Je nach Stärke der Erkrankung wird dann eine Medikation eingeleitet. Das können Injektionen oder auch eine Tablettenkur sein. Selbstverständlich kann man auch bei jedem Tierarzt das Blutbild von seinem Hund testen lassen. Früherkennung erhöht die Überlebenschancen.

Die besten Zeiten für einen Test sind die Monate Juni oder November. Ein Test kostet ca. 30 Euro. Sie können Ihren Liebling, sollte er erkrankt sein, mit guter Ernährung vielen Vitaminen in der Medikation unterstützen.

Weitere Informationen:
http://www.hundundreisen.de/hundekrankheiten_im_ausland.htm

Erlichiose

Vor allem im Mittelmeerraum ist die Erlichiose stark verbreitet. Sie wird hauptsächlich über den Biss einer infizierten Zecke übertragen. Deshalb kommt die Erlichiose oft in Zusammenhang mit der Babesiose vor.

Solche Organismen, welche die Merkmale von Bakterien und Viren in sich tragen, nennt man auch Rickisetten. Ist ein Hund infiziert, kann dies erst 20 Tage nach der Infektion über einen Antikörpertest festgestellt werden. Die Rickisetten befallen die Blutzellen von Hunden und wandern dann weiter in die Lymphknoten, die Milz, die Leber und andere Organe. In diesen Organen heften sie sich an deren Innenwände und verursachen Blutungen. Der Hauptüberträger dieser Organismen ist die braune Hundezecke.

In die erste Phase

> der Krankheit tritt der Hund ca. ein bis drei Wochen nach der Ansteckung ein. In dieser Phase wird das Krankheitsbild bestimmt durch Mattigkeit, Leistungsschwäche, Appetitlosigkeit, Gewichtsreduzierung sowie geschwollene Lymphknoten. Außerdem können noch folgende Begleiterscheinungen auftreten: Krampfanfälle, Gelenkentzündungen und eine Lähmung der Hinterpfoten. Vereinzelt können sogar schon in der ersten Phase Nasenbluten und punktförmige Blutungen in Erscheinung treten.

Die zweite Phase

folgt ca. ein bis vier Monate nach der Ansteckung. Nach dieser Zeit sind die Hunde entweder symptomlos und überstehen die Krankheit ohne Nachwirkungen, oder aber die Krankheit geht in die chronische, dritte Phase über.

Ist der Hund in der chronischen Phase

treten erhöhte Blutungsneigungen mit Nasenbluten und punktförmigen Blutungen auf den Schleimhäuten und/ oder auf der Haut auf. Zusätzlich tritt eine Abmagerung, Leistungsschwäche und eine Futterverweigerung beim Hund auf. Gelegentlich werden auch Blut im Kot oder Urin, Bluthusten und Blutergüsse in den Gelenken festgestellt.

Therapiert werden kann das ganze mit Antibiotika. Die Therapie sollte über drei Wochen gehen und frühzeitig begonnen werden. Dann ist sie auch meist erfolgreich. Durch diese Therapie können aber einige mehr oder weniger starke Nebenwirkungen auftreten. Hauptsächlich kommt es zu Leber- Nierenschäden. Um ihren Hund am zuverlässigsten vor der Erlichiose zu schützen, ist das beste Mittel die Zecken- Prophylaxe.

Milben und Flöhe

Sie kennen das sicherlich auch. Ihr Hund oder ihre Katze schreckt hoch, kratzt sich, leckt oder beißt sogar an einer Stelle. In der Regel ist das harmlos. Uns Menschen juckt es auch ab und zu. Sollte das jedoch regelmäßig sein, sollten Sie einen Tierarzt aufsuchen. Im folgenden finden sie einige Infos, welche Ursachen ein andauernder Juckreiz haben kann.

Herbstgrasmilben

Oder auch Neotrombicula autumnalis. Sie leben im Erdboden und vermehren sich extrem im Spätsommer und Herbst. Nur die orange-roten Larven befallen die Haustiere. Sie ritzen die oberste Hautschicht und ernähren sich von Hautgewebe. Dabei verursachen sie trockene Krusten und einen starken Juckreiz. Sie befinden sich bevorzugt zwischen den Zehen, in der Ellenbeuge, in der Achsel, Ohrfalte, am Ohrrand, am Bauch und an den Innenschenkelflächen.

Die Herbstgrasmilben sind insoweit gefährlich, als sie auch den Menschen befallen können. Hier verursachen sie einen sehr stark juckenden Hautausschlag. Sie werden allerdings selten durch die Haustiere übertragen, sondern eher durch direkten Kontakt. Die Herbstgrasmilben können durch eine Reihe von Medikamenten beim Menschen wie beim Tier wirksam behandelt werden.

Ohrmilben (Otodectes cynotis)

Dies sind kleine Parasiten, die sich in die Ohren und in die Haut von Katzen und Hunden einnisten und dort vermehren. Sie ernähren sich von abgestorbenen Hautschuppen und Körperflüssigkeiten. Da sie sich am liebsten im dunklen, sehr feuchten Gehörgang aufhalten, sind sie hier oft die Ursache für starke Entzündungen. In seltenen Fällen können sie sich vom Ohr auch auf andere Körperregionen übertragen und auch hier einen stark juckenden Hautausschlag bewirken. Diese Art von Milben sind äußerst ansteckend und müssen nach gründlicher Ohrreinigung durch entsprechende Mittel abgetötet werden.

Katzenräude

Sie entsteht durch die Milbe notoedres cati und befällt die Haut von Katzen. Hier verursacht die kleine Milbe starken Juckreiz und krustige Hauterkrankungen. Meistens sind die Ohren, das Gesicht und der Hals befallen. Diese Milben können sehr schnell auf andere Katzen übertragen werden. Manchmal befallen sie sogar andere Haustiere, in seltenen Fällen auch den Menschen. Nach einer Behandlung mit antiparasitär wirkenden Medikamenten sollten sie vollkommen abgetötet sein.

Demodikose

Diese Krankheit entsteht durch die Demodex-Milbe, die in kleiner Anzahl ein normaler Bewohner der Hautoberfläche ist. Vermehrt sie sich jedoch, verursacht dies schwere Hautkrankheiten. Die befallen Stellen verlieren Haare und es entsteht ein äußerst schmerzhafter Juckreiz. Diese Hauterkrankung kann medikamentös behandelt werden. Sie ist jedoch vererbbar, befallene Tiere sollten deshalb kastriert bzw. sterilisiert werden.

Flöhe

Typisch für Flohbefall ist ein sehr starker Juckreiz, die Tiere kratzen und putzen sich pausenlos. Bei Hunden kommt es zu Haarausfall, Hautverdickungen und Rötungen im Bereich des Rückens, Bauches und Schwanzes. Katzen lecken sich die Haare selbst weg und dann entwickeln sich oft kleine braune Krusten. Aufgrund des milden Klimas in Spanien besteht die Gefahr eines Flohbefalls fast das ganze Jahr. Behandelt wird der Befall, in dem die Flöhe abgetötet werden und auch die Umgebung der Haustiere von Flöhen befreit wird, so dass der Vermehrungszyklus durchbrochen wird.

2.6.2 Der europäische Heimtierpass

Das Reisen innerhalb der Europäischen Union ist für Haustiere und ihre Besitzer einfacher geworden: Seit dem 1.Oktober 2004 ersetzt der europäische Heimtierpass den Papierkrieg mit Impfnachweisen und Gesundheitszeugnis. Mit dem neuen Dokument können Frauchen, Herrchen und Haustier unbesorgt aufbrechen ohne sich Fragen über die Vorschriften in dem EU-Land ihres Reiseziels stellen zu müssen.

Der europaweit einheitliche Reisepass ist Pflicht für Hunde, Katzen und Frettchen. Er enthält alle wichtigen Impfungen und eine eigene Kennnummer des Tieres. Diese Nummer dient der schnellen Identifikation des Vierbeiners, der mit einer Tätowierung oder einem elektronischer Mikrochip gekennzeichnet ist. Der Mikrochip, der mittels einer Spritze an der linken Seite des Halses unter die Haut gesetzt wird, soll in den kommenden acht Jahren ganzheitlich in der Europäischen Union eingeführt werden. Bis dahin ist zur Kennzeichnung der Tiere die Tätowierung zulässig.

Wer noch im Besitz eines alten gültigen Impfpasses ist, kann zunächst noch getrost aufatmen. Der neue Heimtierausweis muss erst beantragt werden nachdem die letzte im Impfpass eingetragene Tollwutimpfung ihre Gültigkeit verliert.

Der Tierpass gilt in allen 25 Ländern der Europäischen Union sowie in der Schweiz, Island, Andorra, Liechtenstein, Monaco, Norwegen, San Marino, Vatikanstadt und Kroatien.

Bei Reisen nach Großbritannien, Schweden, Irland und Malta sind die Bestimmungen für den Tollwutschutz allerdings strenger reglementiert (Blutuntersuchung auf Antikörper) und es wird zusätzlich eine Bandwurm- und Zeckenbehandlung verlangt. Insgesamt kann die Behandlung bis zu 5 Monate dauern. Mindestens 30 Tage vor Grenzübertritt muss das Tier die Impfung erhalten haben.

Der Heimtierpass kann von jedem autorisierten europäischen Tierarzt ausgestellt werden.

Die Daten aus bisherigen Pässen können von jedem ermächtigten Tierarzt in den neuen Heimtierausweis übertragen werden, auch wenn die Impfung selbst von einem anderen Tierarzt vorgenommen wurde.

Der Ausweis, der 25 nationale Dokumente ersetzt, kann ferner Angaben über sonstige Impfungen enthalten, einschließlich solcher, die gesetzlich nicht vorgeschrieben sind, sowie nähere Einzelheiten zur veterinärmedizinischen "Vorgeschichte" des Tieres.

Wer innerhalb der Europäischen Union mit seinem Haustier ohne Pass in Ausland reist, muss sich auf Unannehmlichkeiten gefasst machen. Die Tiere können zurückgeschickt oder für einige Monate in Quarantäne untergebracht werden, natürlich auf Kosten des Besitzers. Die Mitgliedstaaten können aber die Einreise von nichtgeimpften jungen Hunden und Katzen nach nationalen Bestimmungen zulassen.

2.6.3 Vor der Abreise

Bevor sie ihr Haustier mit in den Urlaub nehmen, sollten sie einige Dinge beachten.

Beim Besuch eines spanischen Restaurants sind Hunde nicht erlaubt. Sie müssen draußen bleiben. Auf Terrassen sind sie allerdings geduldet. Auch an den Stränden sind sie nicht erlaubt. Wer erwischt wird, zahlt ein Bußgeld von 60 Euro. Auch in öffentlichen Verkehrsmitteln haben Vierbeiner keinen Zutritt. In den Städten herrscht Leinenzwang. Freilaufende Hunde werden, wenn sie nicht tätowiert sind, oder einen Chip haben, von Hundefängern eingesammelt und schon nach kurzer Zeit eingeschläfert.

Außerdem sollten die Tiere vorher geimpft sein, damit sie die Einreisebestimmungen erfüllen. Mindestens 30 Tage vor Urlaubsantritt sollte eine Tollwutimpfung durchgeführt worden sein. Diese muss in einem internationalen Impfpass eingetragen sein. Ein tierärztliches Gesundheitszeugnis ist zudem Pflicht.

Gegen Zecken, Moskitos und Sandmücken sollten die Hunde das Halsband Scalibor tragen, um nicht an der, meist tödlichen Krankheit, Leishmaniosis zu erkranken.

Nach dem Urlaub empfiehlt sich außerdem der Gang zum Tierarzt, falls sich doch Mittelmeerkrankheiten eingeschlichen haben. Hier liegt so vieles im Argen, dass es das Volumen des Buches sprengen würde, würde ich darüber ausführlich berichten. Nur soviel: In Spanien gelten Tiere als Gegenstände und nicht als Freunde- und Hausgefährten. Nachdem ich eine große Tierfreundin bin, Hunde und Katzen zu meiner Familie zählen, ersparen Sie mir, auf dieses Thema näher eingehen zu müssen. Die Misere fängt bei A wie Artgerechte Haltung an und hört bei Z wie Zuchtbedingungen auf. Natürlich bestätigen auch hier Ausnahmen die Regel.

3.
Versicherung und Rente

3.1. Finanzierung und Geldanlagen

3.1.1 Zusammenarbeit mit der spanischen Bank

Folgende Kontoarten kann man in Spanien als Nicht-Resident eröffnen:

Kontokorrentkonten. Bei Liquidität haben die Kontoinhaber die Möglichkeit Barauszahlungen vorzunehmen sowie Überweisungen im In- und Ausland zu tätigen. Im Falle der BANKINTER kann der Zugriff auf die Konten sowohl über die Zweigstellen, als auch per Telefonbanking und Internetbanking erfolgen. Zugelassen werden sämtliche Arten von Domizilierungen (d.h.: Einziehungsaufträge und periodische Überweisungen), sowohl in Bezug auf Geldeingänge (Gehalt, Rente, Zinsausschüttung, als auch hinsichtlich Zahlungsausgänge (Miete, Wasser, Gas, Strom, etc.). Üblicherweise wird eine geringe Kontoführungsgebühr berechnet.

Festgelder. Ein ideales Produkt, um eine sichere Rentabilität innerhalb eines festgelegten Zeitraumes zu erzielen. Bei Vertragsabschluss kann man je nach Belieben eine automatische Verlängerung vereinbaren und die Zinsen wahlweise wieder veranlagen oder sich ausbezahlen lassen. Die Konten erlauben weder Einzahlungen, noch Lastschriften oder die Ausgabe von Schecks. Der Zinssatz liegt höher, als bei den üblichen Konten, über die Einlage kann jedoch erst bei Fälligkeit verfügt werden.

Das Hauptmerkmal der Konten von Nicht-Residenten liegt in der Rentabilität, denn die Konten unterliegen keinen steuerlichen Abzügen, sofern die entsprechende ,,Erklärung über den Steuersitz" vorgelegt wird.

Alle diese Konten können in jeglicher in Spanien notierten Währung und in Euros eröffnet werden.

Wie überweise ich Geld auf mein spanisches Konto?

Die schnellste, bequemste und sicherste Art, Geld auf Ihr spanisches Konto zu überweisen, erfolgt per SWIFT Überweisung zugunsten Ihres Kontos bei der entsprechenden spanischen Bank. Diese Überweisung können Sie ganz einfach bei Ihrer Bank veranlassen.

Hierzu benötigen Sie lediglich die komplette Zahlenkombination Ihres Bankkontos, die Sie Ihrem Scheckheft oder einer Lastschrift entnehmen können und geben den SWIFT-Code der spanischen Bank an, die das Geld empfangen wird.

Ein Eigenheim in Spanien Kaufen?

Was muss ich beachten?

Verträge

Zwischen dem Käufer und dem Verkäufer wird ein privater Kaufvertrag abgeschlossen. Sobald das Eigenheim fertig gestellt worden ist und noch bevor es dem Käufer übergeben wird, setzt der Notar eine öffentliche Übertragungsurkunde auf, die vom Käufer und vom Verkäufer unterschrieben wird.

Nach Unterzeichnung der Übertragungsurkunde erhält der Käufer eine einfache Kopie besagter Urkunde. Der Notar legt die original Urkunde zur Eintragung ins Grundbuch vor. Sobald die Eintragung erfolgt ist, wird sie an den Notar wieder ausgehändigt. Die Eintragungsfrist kann gegebenenfalls mehrere Monate dauern. In dieser Zeit dient die einfache Kopie als offizielle Berechtigungsurkunde zur Ausweisung des Besitzes.

Zahlungen

Im Falle eines Objektes, das bereits fertig gestellt ist und unmittelbar bezogen werden kann, ist die komplette Zahlung noch vor Unterzeichnung der Übertragungsurkunde und der Übernahme des Eigentums erforderlich.

Im Falle von Eigentum, das sich in der Bauphase befindet, werden Teilzahlungen entsprechend des Baufortschritts angesetzt.

Steuern, die beim Erwerb eines Neubaus oder eines Objekts aus zweiter Hand (Altbau) anfallen.

Beim Erwerb eines Neubaus fallen folgende Kosten an:

- 7% MwSt. (Mehrwertsteuer).
- 0,5% Eintragungssteuer für Akte und Verträge

Beim Erwerb eines Eigenheims aus zweiter Hand (Altbau) fallen folgende Kosten an:

- Zwischen 6 und 7% Eintragungssteuer für Akte und Verträge.

Hypotheken

Eine Hypothek wird beim Erwerb eines Eigenheims in Anspruch genommen und wird durch das Eigenheim abgesichert. Diese Garantie wird im Grundbuch eingetragen und ermöglicht der Bank, einen langfristigen Kredit über einen hohen Betrag zu gewähren.

Höhe der Hypotheken

Eine Hypothek kann bis zu 75% des Beleihungswertes des Eigenheims abdecken.

Laufzeit des Darlehens

Die maximale Laufzeit des Darlehens beträgt bis 25 Jahre.

Zinsen

Der Zinssatz ist variabel. Der anfängliche Zinssatz wird für eine Dauer von 12 Monaten festgesetzt. Danach wird er jährlich neu vereinbart und richtet sich dabei nach dem EURIBOR mit einem entsprechenden Aufschlag.

Der EURIBOR ist der Preis, zu dem sich die verschiedenen europäischen Kreditinstitute untereinander Geld verleihen. Es handelt sich um einen offiziellen Satz, der täglich vom Europäischen Bankenverband veröffentlicht wird.

Worauf muss ich achten, wenn ich mein spanisches Eigenheim verkaufen möchte?

Der Käufer wird 5% des Verkaufspreises einbehalten (im Sinne einer Kontoeinzahlung der Steuern, die zu Lasten des Verkäufers gehen).

Für Überweisungen von Beträgen aus Spanien ins Ausland gibt es keine gesetzlich vorgeschriebenen Grenzen.

Die schnellste, bequemste und sicherste Art, Geld von Ihrem spanischen Konto auf Ihr Konto im Ausland zu überweisen, erfolgt per SWIFT Überweisung zugunsten Ihres Kontos bei der entsprechenden Bank. Diese Überweisung können Sie ganz einfach bei Ihrer spanischen Bank veranlassen. Hierzu geben Sie lediglich die komplette Bankverbindung Ihres Bankkontos und den SWIFT-Code der Bank an, die das Geld empfangen wird.

3.1.2 Kleines Bank-Wörterbuch

Abbuchungsermächtigung	autorización de adeudo en cuenta
Aktien	acciones
Bankbeleg	justificante bancario
Bankfeiertag	día festivo para los bancos
Bankscheck	cheque bancario
Barauszahlung	pago en métalico
Barscheck	cheque no cruzado/cheque abierto
Belastung	cargo, recargo
Dauerauftrag	encargo permanente de pago transferencia permanente
Einzugsermächtigung	domiciliación
Festgeld	Depósito a plazo fijo
Gebühren	gastos, tasas
Geldwechsel	cambio de moneda
Girokonto	cuenta corriente
Guthabenzinsen	intereses de haber
Gutschrift	abono en cuenta
Kontenausgleich	compensación de cuentas
Kontoauszug	extracto de cuenta
Kontoeröffnung	apertura de cuenta
Kontoschließung	cierre de cuenta
Kontostand	saldo de la cuenta
Kontoumsatz	movimiento de cuenta

Kreditkarte	tarjeta de crédito
Kreditlinie einräumen	conceder una línea de crédito
Lastschriftverfahren	cargo en cuenta
Oder-Konto	cuenta indistina
Reiseschecks	cheque de viaje
Rentenpapiere	valores de renta fija
Rückbelastung	cancelación del abono
Scheck	cheque
Sollzinsen	intereses de deber
Sparkonto	cuenta de ahorro
Überweisung	transferencia
Überziehungszinsen	intereses de descubierto
Umbuchung	traslado a otra cuenta
Umtausch	cambio
Und-Konto	cuenta mancomunada; cuenta colectiva
Verrechnungsscheck	cheque cruzado
Währung	moneda
Währungskonto	cuenta de devisas
Wechsel	letra de cambio
Wertpapierdepot	depósito de títulos
Zahlungsverkehr	servicio de pages
Zinsen	intereses

3.1.3 Gebühren und Ausgaben bei Hypotheken

Die meisten Banken und Sparkassen verlangen eine Krediteröffnungsgebühr, die zwischen ein und 1,5% der Kreditsumme liegt. Darüber hinaus sollte jeder Kreditnehmer wissen, dass jede Änderung des Vertrages Geld kostet.

- Die Vorfälligkeitsentschädigung, die die Banken für außerplanmäßige Rückzahlungen einbehalten, beträgt bis zu einem Prozent. Bei Sondertilgung wird ein Minimumbetrag angegeben.

- "Subrogación" heißt die Hypothekenübertragung an Dritte, zum Beispiel bei einem Bankwechsel des Schuldners. Dafür zahlt er dann meist 0,5%.

- Ein Weiterverkauf der Immobilie mit Hypothekenübernahme durch den Käufer kann eine interessante Alternative für beide Parteien sein. Vorteil: Der Kreditnehmer spart die Auflösungskosten, der Käufer muss keine üblichen Eröffnungskosten für eine neue Hypothek zahlen.

- Bei jeder vertraglichen Änderung und notariellen Beurkundung kostet das den Kreditnehmer zwischen 0,5 bis zu 1% Gebühren.

- Sämtliche Abwicklungskosten einer Hypothek laufen über die Bank und eine beauftragte Gestoría, die zum Beispiel Behördengänge erledigt. Auch das kostet einiges an Gebühren.

- Weitere Gebühren müssen für Notar- und Eigentumsregisterkosten eingeplant werden.

- 1% des Gesamthaftungswertes geht zudem immer als Steuern an das Finanzamt. Bei einer Löschung fallen dagegen die "Impuestos de actos jurídicos" an. Dazu kommen sieben Prozent Grundsteuer.

- Der Abschluss einer Feuerversicherung ist bei Hypotheken obligatorisch, eine Hausratsversicherung wird empfohlen.

3.1.4 Online-Hypotheken bieten günstigere Konditionen

Die Nachfrage nach Hypothekendarlehen steigt in Spanien beständig weiter an. Da aber auch die Preise für Immobilien enorm angezogen sind, müssen sich die meist jungen Käufer nach günstigen Finanzierungsmöglichkeiten umsehen.

Darauf haben die Kreditinstitute reagiert und bieten neben längeren Laufzeiten auch immer niedrigere Margen an. Mit besonders attraktiven Konditionen warten da die Online-Banken auf.

So bietet die Online-Tochter der Banesto http://www.ibanesto.com eine Verzinsung von 2,99% im ersten Jahr. Der Zinssatz für das variabel verzinsliche Darlehen wird in den Folgejahren nach der Formel "Euribor auf ein Jahr plus 0,41%" angepasst.

Erfolgt der Antrag für dieses Darlehen über das Portal der Online-Bank Patagon http://www.patagon.es oder das Portal Tuhipoteca http://www.eloan.es; hier ist die Anfrage für günstige aktuelle Darlehensofferten verschiedener Kreditinstitute kostenlos) beträgt die Marge sogar nur 0,40%.

Bei der Online-Tochter des niederländischen ING-Konzerns, ING Direct htpp://www.ingdirect.es beträgt die Marge nur 0,49%.

Alle Angebote beinhalten weder Eröffnungsprovisionen noch Vorfälligkeitsentschädigungen.

3.1.5 Hypotheken-Banken bieten niedrigere Kreditmargen an

Die Immobilienpreise an der Costa Blanca haben sich verdoppelt oder sogar verdreifacht. Diese enorme Preissteigerung kann auch nicht durch die gesunkenen Zinsen kompensiert werden.

Um die monatliche Belastung der Kreditnehmer einigermaßen erträglich zu machen, bieten viele Banken nun längere Laufzeiten und niedrigere Kreditmargen an.

Noch vor drei bis fünf Jahren war die Kreditmarge bei 1,5 bis 2%, heute beträgt sie nur noch 0,5 bis 1% auf den Referenzzinssatz.

Kreditnehmer, die vor Jahren zu ungünstigen Konditionen Kredite oder Hypotheken abgeschlossen haben, haben nun die Möglichkeit der Nachverhandlung.

Hier gibt es nun zwei Varianten.

1. Einmal die »Novación«, dies ist eine Neuverhandlung der Konditionen für ein bestehendes Hypothekendarlehen.

2. Oder die »Subrogación«, bei dieser Möglichkeit wird das Darlehen an eine andere Bank transferiert.

Beide Möglichkeiten sind jedoch mit einmalig anfallenden Kosten verbunden. Bei der Subrogación berechnet das alte Kreditinstitut eine Art Ablöse in Höhe von 0,5% auf den verbleibenden Kreditbetrag.

Die neue Bank verlangt dann oft noch ein aktuelles Gutachten zu der zu beleihenden Immobilie.

Bei der Novación fällt zwar das Gutachten oft weg, die Banken berechnen aber häufig auch hier eine Gebühr von einem halben Prozent.

Bankunabhängig können außerdem folgende Kosten anfallen: Notarielle Beglaubigung, Eintragung ins Grundbuch, Steuern und eventuell eine Gestoria.

Ob eine Nachverhandlung nun Sinn macht, lässt sich nur durch eine Gegenüberstellung der anfallenden Kosten und der monatlichen Ersparnis bei der Ratenzahlung feststellen.

3.2.
Versicherungen

3.2.1 Rentenversicherung

Rentenhöhe bei Aufenthalt im Ausland

Die für die Berechnung der in das Ausland zu zahlenden Rente maßgebenden Entgeltpunkte werden ermittelt aus:

- Beitragszeiten im Bundesgebiet
- Dem Zuschlag an persönlichen Entgeltpunkten aus einem durchgeführten Versorgungsausgleich
- Zuschlägen aus Zahlung von Beiträgen bei vorzeitiger Inanspruchnahme einer Rente wegen Alters,
- Dem Leistungszuschlag für Beitragszeiten im Bundesgebiet

Für deutsche und ausländische Staatsangehörige, die nach den Verordnungen oder den zweiseitigen Sozialversicherungsabkommen wie Deutsche zu behandeln sind, werden die ermittelten persönlichen Entgeltpunkte nicht gekürzt.

Ferner werden auch Entgeltpunkte für beitragsfreie Zeiten berücksichtigt, allerdings nur in dem Verhältnis, in dem die Entgeltpunkte für Bundesgebiets-Beitragszeiten zu allen Entgeltpunkten für Beitragszeiten stehen.

Aus Entgeltpunkten für Beiträge außerhalb der Bundesrepublik Deutschland und für Beschäftigungszeiten ist eine Auslandsrente nicht zu zahlen. Eine ungekürzte Zahlung der Rente in das Ausland ist also nur möglich, wenn ausschließlich Bundesgebiets-Beitragszeiten zurückgelegt werden.

Anmerkung: Wenn Sie bereits eine Rente beziehen und beabsichtigen, Ihren Wohnsitz in das Ausland zu verlegen, sollten Sie sich frühzeitig an den für Sie zuständigen Rentenversicherungsträger wenden.

Wird die Rente ungekürzt ins Ausland bezahlt?

Für die Zeit eines dauernden Aufenthalts im Ausland kann die Gewährung von Rentenleistungen eingeschränkt sein. Diese Einschränkungen können sich auf den Rentenanspruch oder die Rentenhöhe auswirken. Ob es zu Einschränkungen kommt, hängt von Ihrer Staatsangehörigkeit, der Art der von Ihnen zurückgelegten Zeiten, Ihrem Geburtsdatum, dem Zeitpunkt Ihrer Auswanderung und schließlich auch davon ab, in welches Land Sie umgezogen sind.

Das gilt nicht für die Dauer eines nur vorübergehenden und von vornherein zeitlich begrenzten Auslandsaufenthalts, wenn Sie sich also beispielsweise auf einer längeren Urlaubsreise befinden oder vorübergehend im Ausland studieren. In diesen Fällen wird die Rente so gezahlt, als würden Sie in Deutschland wohnen.

Auswirkungen auf den Rentenanspruch

Die Vorschriften über die Rentenzahlung in das Ausland sehen Einschränkungen bei Renten wegen verminderter Erwerbsfähigkeit vor. Dabei handelt es sich um Renten wegen Berufs- oder Erwerbsfähigkeit, Rente wegen verminderter Berufsfähigkeit im Bergbau, die Altersrenten für Schwerbehinderte, Berufsunfähige, die große Witwen-/Witwerrente sowie die große Geschiedenen-Hinterbliebenenrente.

Die genannten Renten können bei Wohnsitz in Deutschland unter anderem auch dann bewilligt werden, wenn für den Berechtigten aufgrund seiner eingeschränkten Erwerbsfähigkeit kein geeigneter Arbeitsplatz zur Verfügung steht.

Hält sich der Berechtigte jedoch im Ausland auf, können die genannten Renten grundsätzlich nicht gewährt werden, weil der Arbeitsmarkt im Ausland für die Prüfung des Rentenanspruchs nicht berücksichtigt wird. Berechtigte im Ausland können eine Rente, die wegen verminderter Erwerbsfähigkeit gewährt wird, nur dann erhalten, wenn die Voraussetzungen für den Rentenanspruch allein unter Berücksichtigung des Gesundheitszustandes erfüllt sind.

Ausnahme: Bei Aufenthalt in einem Mitgliedstaat der EU sowie in Israel, dem ehemaligen Jugoslawien beziehungsweise der Nachfolgestaaten, Marokko oder Tunesien gilt für Deutsche und für Staatsangehörige der genannten Staaten dieser Grundsatz nicht, weil die Verordnungen und die entsprechenden Sozialversicherungsabkommen Ausnahmeregelungen enthalten. In diesen Fällen kann auch eine aufgrund der Arbeitsmarktlage in

Deutschland bewilligte Rente in den genannten Staaten gezahlt werden, sofern die übrigen Voraussetzungen erfüllt sind.

Besonderheit bei Renten wegen Berufsunfähigkeit

Liegt allein aufgrund des Gesundheitszustandes Erwerbsunfähigkeit vor, so kann diese Rente ohne Erfüllung weiterer Voraussetzungen in das Ausland gezahlt werden.

Rentenbesteuerung

Es ist von grundsätzlicher Bedeutung, zwischen privaten und staatlichen Renten zu unterscheiden. Im Falle einer privaten Rente, die einem in Spanien lebenden Deutschen vom deutschen Staat gezahlt wird, wird diese Rente nur im Land des ständigen Wohnsitzes, das heißt in Spanien, versteuert (Wohnsitzprinzip). Dagegen ist der Empfang einer staatlichen Rente (ein immer als einschränkend auszulegender Begriff), welche einem in Spanien lebenden Bürger deutscher Nationalität vom deutschen Staat ausgezahlt wird, nur im rentenzahlenden Land zu versteuern und dies ist Deutschland.

Im Einklang zwischen Deutschland und Spanien am 5. Dezember 1966 zur Vermeidung von doppelter Besteuerung abgeschlossenen Abkommen über die Besteuerung der in Hinsicht auf eine vorherige Anstellung gezahlten Renten, sind diese Renten im Land des ständigen Wohnsitzes des Rentenempfängers und nicht im Land, von dem die Rente ausgezahlt wird, zu versteuern.

Versteuert werden müssen in Spanien alle privaten Renten, die vom deutschen Staat an deutsche Staatsbürger gezahlt werden. Das betrifft auch die Renten, die von der deutschen Sozialversicherung gezahlt werden.

Nicht versteuert werden müssen Renten oder rentenähnliche Leistungen für eine vergangene berufliche Tätigkeit, die von bzw. unter Rückgriff auf vom deutschen Staat, einem Bundesland oder einer seiner unabhängigen Institutionen, Behörden oder Stadtverwaltungen gestellte Geldmittel gezahlt werden. Das beinhaltet Renten, die von staatlichen Institutionen unter Rückgriff auf öffentliche Gelder geschaffen werden, um in der Lage zu sein, zukünftige Rentenansprüche bezahlen zu können, beispielsweise die Bundesbahnrenten, deren Geldtöpfe mit öffentlichen Mitteln geschaffen werden.

Rentenversicherung

Auch, wenn viele „Neu-Rentner" es nicht erwarten, ist die Rentenversicherung für sie ein wichtiges Thema, nämlich dann, wenn sie größere Kapitalzahlungen (oft aus Lebensversicherungen) erhalten haben. Besonders wichtig ist der Bereich der Rentenversicherung natürlich auch für Personen, die in Spanien arbeiten.

In Deutschland und der Schweiz wird eine gemischte Lebensversicherung angeboten, die die Risikoversicherung für den Tod, als Hinterbliebenenversorgung, und einen Sparvorgang für die Rentenversorgung, für die eigene Altersvorsorge, verbindet. In Spanien werden diese beiden Teile, die ja eigentlich auch gar nichts miteinander zu tun haben, getrennt. Zum einen wird die

Sterbeversicherung angeboten, zum anderen die Rentenversicherung als extra Vertrag.

Dies ist schon deshalb sinnvoll, weil nicht jeder, der seine Rente für das Alter aufstocken will, auch eine Todesfallentschädigung braucht und umgekehrt. Zumindest haben diese beiden Versicherungen sowohl von der Summenhöhe, als besonders von der Laufzeit her sowenig miteinander zu tun, das sich eine Trennung lohnt.

Oft werden Todesfallversicherungen relativ kurzzeitig benötigt, zum Beispiel zur Absicherung einer Hypothek, oder zur Absicherung der Familie in den ersten Jahren der Berufstätigkeit. Rentenversicherungen laufen dagegen bis zur geplanten Rente, also meist bis zum 58. oder 60. Lebensjahr. Weiterhin werden wir über Rentenversicherungen berichten, die erst mit dem Zeitpunkt der Rente beginnen.

Hohe Rentabilität und Sicherheit

Wenn wir von einem Sparvorgang für die Rente sprechen, ist das Thema der Rentabilität natürlich, neben der Sicherheit der Anlagen, der wichtigste Punkt.

Aufgrund der staatlich kontrollierten Sicherheit ist die Rentenversicherung ein, wenn nicht gar der wichtigste, Pfeiler der Altersvorsorge, zumindest als Grundversorgung neben Anlagen in Fonds, Aktien oder Sachwerten.

Anders als in Deutschland, wo die Lebensversicherung mit recht geringer Verzinsung arbeitet und in erster Linie mit der Sicherheit argumentiert, ist die Rentabilität in Spanien recht gut und muss sich vor anderen Anlageformen nicht verstecken.

Um nicht die Versprechungen der Gesellschaften, sondern deren Leistungen zu vergleichen, sollten Sie sich die erwirtschafteten Zahlen der letzten Jahre nachweisen lassen.

Die durchschnittliche Verzinsung lag bei den renommierten Gesellschaften für den 10-Jahres-Zeitraum bei rund neun Prozent jährlich. Wegen – oder trotz – der Niedrigzinsphase der letzten Jahre lag die Rentabilität der letzten fünf Jahre bei jährlich etwa acht Prozent.

Die üblichen Geldanlagen der Banken, wie Sparbuch, Festgeld usw. sind also wesentlich geringer verzinst, und somit keine Alternative. Selbst Fonds und Aktien liegen im Durchschnitt nicht wesentlich über den Renditen der viel sichereren Rentenversicherung.

Grundversorgung der Berufstätigen

Die Sozialversicherung in Spanien stellt nur eine minimale Sozialleistung als Rente zur Verfügung, die Ihnen im Normalfall nicht ausreichen wird.

Das Sozialversicherungssystem in Spanien soll eine untere, soziale Grundabsicherung sein. Dafür sind die monatlichen Kosten von rund 306,78 Euro pro Monat für einen Normalangestellten im

Gegensatz zu rund 1022,58 Euro in Deutschland (jeweils für alle Sozialversicherungen) wesentlich geringer.

Besonders betroffen sind hiervon die Selbstständigen, die besonders geringe Leistungen erhalten, in der Regel aber auch nur knapp über 180,30 Euro pro Monat für Renten-, Kranken-, Berufsunfall und Arbeitslosenversicherung zahlen. Der Beitragsanteil für die Rente ist daher so gering, dass eine vernünftige Altersvorsorge damit nicht gewährleistet werden kann.

Eine Aufstockung ist für Berufstätige daher von Nöten. Unabhängig von der Risikobereitschaft des Einzelnen ist es sicher nicht sinnvoll, nur durch Sachwerte, Aktien oder Fonds die Altersvorsorge zu finanzieren, da niemand die Entwicklung vorhersehen kann.

In der Regel sprechen wir bei Berufstätigen von recht langen Zeiträumen bis zur Rente, so dass zumindest eine sichere Grundversorgung durch eine Rentenversicherung abgesichert sein sollte. Der Risikobereitere kann dann den Rest sicher gut durch andere Anlageformen ergänzen.

Wichtig ist es, die eigene Rentenversicherung an die Preisentwicklung anzupassen. Die Versicherung sollte daher dynamisch sein, das heißt sich an den steigenden Lebenshaltungskosten anpassen.

Lassen Sie sich von einem qualifizierten Versicherungsfachmann beraten, der in der Lage ist Ihnen genau aufzuzeigen, wie viel Rente Sie exakt – nach derzeitigem Stand – aus der etwaigen deutschen Rentenversicherung erhalten, und wie viel aus der

spanischen Sozialversicherung. Nur mit diesem Wissen können Sie Ihre noch nötige private Zusatzversorgung herausfinden. Ein Fachmann wird auch eventuell vorhandene Sachwerte oder andere Anlageformen in der Beratung mit berücksichtigen.

Aus Kapital wird Rente

Eine besondere Form der Rentenversicherung ist die sogenannte Rentenversicherung mit Einmalzahlung. Viele Rentner in Spanien haben einen größeren Geldbetrag – zum Beispiel aus einer Lebensversicherung – erhalten. Wer diesen Betrag für eine laufende Rente benötigt, kann schwerlich das Geld auf einem Sparbuch oder in Festgeld anlegen. Zum einen ist die Rentabilität recht niedrig, zum anderen können nur die Zinsen verbraucht werden, nicht das Kapital. Man weiß ja nicht, wie lange man noch zu leben hat und will nicht irgendwann ohne etwas dastehen.

Für diese Problematik gibt es die Versicherung mit Einmalzahlung. Sie zahlen einen Betrag in die Versicherung ein und erhalten später eine monatliche oder ¼-jährliche Rente. Der Betrag wird verzinst wie eine normale Rentenversicherung und zusätzlich wird das Kapital verbraucht. Sie erhalten also mehr, als nur die Zinsen. Die Versicherer errechnen einfach die durchschnittliche Lebenserwartung und wissen so, wie viel Ihnen an Rente gezahlt werden kann. Auch wenn Sie deutlich älter als der Durchschnitt werden, erhalten Sie immer eine gleiche Rente.

Mit freundlicher Genehmigung des Autors: Michael Wilfert,

Diplomversicherungsbetriebswirt/Versicherungsmakler, Jalon, Spanien.

3.2.2 Sterbeversicherung

Die Sterbeversicherung (Risiko-Lebensversicherung) ist sicher für viele Residenten von Interesse.

Es gibt die Sterbeversicherung in Spanien in zwei Ausprägungen:

- analog der deutschen Risikoversicherung oder Sterbekasse: Ein vereinbarter Betrag wird im Todesfall ausgezahlt (Erläuterungen am Ende des Berichtes)
- Sterbeversicherung mit persönlicher Assistenz: die Kosten werden nicht nur übernommen, sondern die gesamte Abwicklung wird durch den Versicherer erledigt.

Für Personen, die beabsichtigen, in Spanien beerdigt zu werden, ist sicher gerade die zweite Variante von besonderem Interesse.

Im Todesfall sind die Angehörigen in ihrer Trauer oft nicht in der Lage, ohne große Mühe die Modalitäten und den „Papierkram“ zu erledigen:

- Bescheinigung des Standesamtes
- Abmeldung der Sozialversicherung und im Familienbuch
- Testamentsangelegenheiten
- Taufschein usw.
- Ärztliche Sterbeurkunde
- Überführungen
- Kauf von Sarg und Zubehör

- Bestellung der Kirchendienste
- Beerdigungsformalitäten
- und vieles mehr.

Gerade Residenten oder Angehörige des Verstorbenen, die die Sprache nicht gut beherrschen, oder die mit den Modalitäten in Spanien nicht sehr vertraut sind, werden froh sein, sich mit der Abwicklung nicht beschäftigen zu müssen.

Eine Sterbeversicherung in Deutschland, oder eine reine Sterbeversicherung der ersten Ausprägung zahlt jedoch nur einen Geldbetrag. Das eigentliche Problem ist Ihnen aber nicht abgenommen.

Ein umfassendes Leistungspaket

Die Versicherungen mit persönlicher Assistenz ersetzen zum einen auch alle Kosten der Bestattung, inklusive Beerdigung oder Verbrennung des Toten. Sogar Seebestattungen werden auf Wunsch durchgeführt.

Die Leistungen werden im Vertrag genau beschrieben, von der Qualität des Sarges und der Innenauskleidung, sowie des gekühlten Aufbahrungsschaukastens, über Blumenschmuck und Todesanzeigen, bis hin zu Transport zur Beerdigung und Rücktransport der Angehörigen nach Hause.

Weiterhin übernehmen die Versicherungsangestellten die persönliche Betreuung zur Durchführung der Bestattungsformalitäten und Abwicklung der oben genannten amtlichen Vorgänge und Besorgung der nötigen Papiere.

Mitversichert sind auch die folgenden Kosten und Hilfestellungen:

- Überführungen in Spanien und aus dem Ausland nach Spanien zu einem beliebigen Friedhof
- Rückführung im Krankheitsfall oder bei Unfall mit vom Spezialarzt vorgeschlagenem Transportmittel
- Reisekosten der Begleitperson bei Todesfall (Hin- und Rückflug) zur Begleitung des Versicherten bei der Überführung
- Reisekosten der Begleitperson bei Krankenhausaufenthalt im Ausland
- Kosten für verlängerten Aufenthalt des Erkrankten Versicherten im Hotel im Ausland

sichern, da dann, gegen gering höheren Beitrag, sowohl Unfälle, als auch Krankheiten versichert sind.

Von Tagegeld wird gesprochen, wenn nach einem Unfall nicht nur bei Krankenhausaufenthalt, sondern auch bei Arbeitsunfähigkeit (also auch zu Hause) bezahlt wird. Auch hier ist oft die Mitversicherung über die Krankenversicherung sinnvoller.

Günstige Grundversorgung für alle?

Mit geringen Summen und in geringem Maß ist die Versicherung sicher für jeden sinnvoll. Nach einem Unfall werden Kosten fällig durch Pflegeaufwand, Hilfsmittel, eventuell Umzug oder Umbau des Hauses, Mehrkosten durch Krankenhausaufenthalt, Reha, oder Überführungen und Beerdigung bei Tod usw. Alle, die eine Insassenunfallversicherung haben, sollten diese ohnehin auf eine normale Unfallversicherung umstellen, da diese weltweit und rund um die Uhr gilt und nicht nur bei Autofahrten.

Wer benötigt eine spezielle Versicherung?

Einige spanische Krankenversicherungen schließen Unfälle, zum Beispiel mit dem Auto oder im Beruf, aus. Wenn Sie bei einer dieser Gesellschaften versichert sind, ist es notwendig eine Unfallversicherung abzuschließen und darauf zu achten, dass Arzt- und Krankenhauskosten mitgedeckt sind. In diesen Fällen sollte auch ein Krankenhaustagegeld eingeschlossen werden.

Besonders wichtig ist die Unfallversicherung natürlich, wenn Sie besonders gefährlicher Arbeit nachgehen, oder zum Beispiel Motorradfahrer sind. Wichtig ist dabei darauf zu achten, dass das Motorrad- und Mopedrisiko mitversichert wird. Fast alle Gesellschaften versichern dies nur zu gesondertem Beitrag als Extrarisiko; im Normalschutz sind Zweiradfahrten meist nicht gedeckt.

Besonders wichtig ist die Versicherung....

...zunächst für Hausfrauen, die gar keinen Schutz durch die Sozialversicherung haben. Die arbeitende Bevölkerung, die nur eine niedrige Grundversorgung durch die Sozialversicherung in Spanien hat, muss sicher auch an eine Aufstockung denken. Weiterhin sind alle jungen Leute und Ernährer von Familien, sowie Personen mit finanziellen Verpflichtungen (Hypotheken usw.) auf eine solide finanzielle Basis, auch nach einem Unfall, angewiesen.
Die oben beschriebene Grundversorgung reicht hier normalerweise wegen der geringen Invaliditätssumme nicht aus. Die Summen müssen ausreichend hoch gewählt sein, um aus der Verzinsung des Kapitals den Verlust ausgleichen zu können. Für

alle diese Gruppen reicht aber oft eine Absicherung ausschließlich des Invaliditätsrisikos, was die Versicherungskosten gering hält.

Sofern eine Risiko-Lebensversicherung besteht kann das Invaliditätsrisiko günstiger über diesen Vertrag mitversichert werden.

Verdienstausfallversicherung

Gerade für die letztgenannte Personengruppe ist es aber oft nicht ausreichend, nur die Unfälle zu versichern, da die gleichen finanziellen Probleme auch bei Krankheit vorhanden sind. Dies gilt vor allem bei dauerhafter Arbeitsunfähigkeit, wie nach Herzinfarkt, Schlaganfall, oder schweren chronischen Krankheiten. Wer also mit den geringen Mitteln der Sozialversicherung bei einer Berufsunfähigkeit nicht auskommt und den Krankheitsfall auch berücksichtigen will, sollte sich die Beiträge für die Unfallversicherung sparen und gegen etwas höheren Beitrag eine Verdienstausfall- oder Berufsunfähigkeitsversicherung abschließen, die bei Unfall und Krankheit zahlt.

Generell wird man eine Zeit von ein, zwei oder vier Wochen auch ohne zusätzliche Unterstützung auskommen. Einen solchen Zeitraum kann man als Selbstbeteiligung vereinbaren, was die Kosten der Versicherung erheblich senkt.

Nach dem Zeitraum der Selbstbeteiligung wird danach ein vorher vereinbartes Tagegeld gezahlt für den restlichen Zeitraum der Arbeitsunfähigkeit, normalerweise maximal zwei Jahre. Längere Zeiträume sind aber auch nur bei einer Invalidität zu erwarten, die man mit der o.gen. günstigen Grundversorgung, dann aus Preisgründen ohne Krankenhaustagegeld usw., abdecken kann.

Der Preis dieser Versicherungen ist altersabhängig, mit einer vernünftigen Selbstbeteiligung aber nicht viel höher als eine ausreichende Unfallversicherung.

Mit freundlicher Genehmigung des Autors: Michael Wilfert,

Diplomversicherungsbetriebswirt/Versicherungsmakler, Jalon, Spanien.

3.2.4 Krankenversicherung

Das Thema der Krankenversicherungen in Spanien ist sehr komplex und bedarf wegen der Wichtigkeit der Versicherung und der Langfristigkeit der Verträge der eingehenden Erläuterung. Zur Desorientierung der Verbraucher tragen die oft verwirrenden und auch falschen Werbeaussagen bei. Angesprochen auf eine besonders krasse Falschaussage in einer Anzeige, antwortete ein deutscher Vermittler, dass dies nun einmal nur Werbung sei, in dessen Rahmen nicht alles wahr sein kann. Schon deshalb ist eine eingehende Abhandlung des Themas für den Residenten und den Langzeiturlauber wichtig.

- Systeme der Krankenversicherung
- Angebote deutscher Versicherer
- Angebote spanischer Versicherer
- Zahnversicherung
- Kündigung der deutschen Versicherung

Das System der Krankenversorgung

Um die Systematik der Krankenversicherung bewerten zu können, muss zunächst auf das System der Krankenversorgung in Spanien eingegangen werden:

Die spanische Sozialversicherung stellt eine soziale Grundversorgung zur Verfügung, die nicht mit der Qualität der deutschen Versorgung zu vergleichen ist. Die Beiträge der Sozialversicherung sind sehr viel geringer als in Deutschland. Dafür wird allen eine gewisse Grundversorgung, die sich auf bestimmte Sozialversicherungsärzte und Sozialversicherungskrankenhäuser bezieht, geboten. Wenngleich die Ärzte in den Kliniken sehr engagiert sind, schon um zu weiterführenden Aufgaben in Privatkliniken berufen zu werden, sind Ausstattung, Zimmer usw. nicht mit deutschem Standart vergleichbar. Auch die meisten Spanier haben aus diesem Grund zusätzlich eine private Krankenversicherung.

Neben den Sozialversicherungsärzten gibt es ein umfangreiches Angebot an Privatärzten, die Verträge mit den privaten Krankenversicherern haben. Diese Ärzte sind mit den normalen deutschen Kassenärzten vergleichbar. Die Privatkliniken sind meist im Besitz von Ärztegemeinschaften oder (die größeren und besser ausgestatteten) im Besitz von Versicherungsgesellschaften. Diese Hospitäler sind weit besser ausgerüstet als die normale deutsche Klinik, vor allem was die Zimmer und den Service betrifft. Einzelzimmer, Beistellbett für den Angehörigen, Sitzecken für Bekannte, Bad, Fernseher und Telefon sind hier normaler Standart. Täglich mehrfache Arztvisite und intensive persönliche Betreuung durch den Arzt sind in Spanien normal.

Weiterhin gibt es auch hier reine Privatärzte, wie in Deutschland, die nur gegen Privatrechnung behandeln, die deutlich über den normalen Behandlungskosten liegen, und denen die Gebührensätze der Versicherer nicht genügen.

Die Masse der Ärzte, die befähigt genug sind Privatarzt zu werden, aber auch nicht nur einige Privatpatienten behandeln wollen, fallen somit in der Regel in die mittlere Gruppe, von einigen ganz besonderen Kapazitäten abgesehen, die dann privat verrechnen.

Systeme der Krankenversicherungen

In Spanien unterscheiden sich die Versicherungsangebote erheblich in den Deckungen und nicht nur, wie in Deutschland, durch Beitrag und einige Zusatzeinschlüsse.

Vergleichen Sie unbedingt die Versicherer **nicht** anhand von Anzeigen oder Aussagen in Prospekten, da jeder Agent einer Gesellschaft natürlich nur die positiven Seiten seines Angebots herausstellt und nicht die Nachteile aufzeigt. Vergleichen Sie die Versicherungsbedingungen, die Ihnen vor Vertragsabschluss ausgehändigt werden sollten (viele bieten auch deutsche Bedingungen an), oder fragen Sie gezielt und lassen Sie sich die Antworten am besten schriftlich bestätigen. Dazu dient die Liste im gesonderten Kästchen.

Die deutschen Versicherungen sind in einem Punkt nicht auf das hiesige Klinikangebot abgestellt. Keine Gesellschaft hat bisher schriftlich bestätigt, dass das Beistellbett für den Angehörigen und dessen Versorgung vertraglich mitversichert gilt. Dies ist aber der Normalfall in den Krankenhäusern. In den meisten Fällen wird dieser Punkt der Rechnung zwar nicht auffallen und damit gezahlt werden, aber ein Anspruch besteht, außer bei Begleitung von Kindern, nicht.

Vergleichspunkte/ Auswahlkriterien für private Krankenversicherung:

- Besteht freie Arztwahl/Krankenhauswahl?
- Höhe der Selbstbeteiligung bei Arzt / Krankenhaus
- Ausschlüsse (vor allem: Dialyse, AIDS, Transplantationen)
- Gibt es Wartezeiten?
- Gibt es eine Höchstentschädigung pro Jahr?
- Leistungsdauer im Krankenhaus oder Intensivstation eingeschränkt?
- Sind Kfz-/Berufsunfälle mitversichert?
- Auslandsreiseversicherung eingeschlossen?
- Vorsorgeuntersuchungen mitversichert?
- Jahresbeitrag
- Gibt es einen Zuschuss vom Rentenversicherer?
- Auch wichtig, wenn erst später die Rente beantragt werden kann.

Angebote deutscher Versicherer

Langjährig angeboten werden die Reise-Krankenversicherungen - bekannt als 135-Mark-Policen- bei denen es sich nicht um einen gesetzlichen oder privaten Vollversicherungsschutz handelt. Der Versicherer hat in der CBN Nr. 876 vom 29.9.2000 diese Policen erläutert:

Es handelt sich um eine Versicherung für AKUTE Erkrankungen. Der Versicherer weist ausdrücklich darauf hin, dass es nicht zu empfehlen ist, eine bestehende private oder gesetzliche Versicherung zu kündigen.

Ein CBN-Leser war enttäuscht, dass eine Polypen-Operation nicht erstattet wurde, was jedoch - da keine akute Erkrankung – folgerichtig und korrekt ist. Eine gesetzliche oder private Vollversicherung wäre für diese Operation zuständig.

In dieser Reiseversicherung sind nur Personen versicherbar, die Ihren ständigen Wohnsitz in Deutschland aufgegeben haben. Ein Zuschuss durch den Rentenversicherer wird nicht gezahlt, was aber auch unnötig ist, da man ja eine Vollversicherung auch abschließen oder aufrechterhalten muss, für die dann der Zuschuss gezahlt wird.

Auch in einigen anderen Punkten entspricht die Werbung nicht den Vorschriften der Versicherungsbedingungen:

Nicht für alle Maßnahmen gibt es eine 100%-Erstattung. Zum Beispiel werden Massagen nur bis zu 127 Euro erstattet (§4/1d),

Zahnersatz (30 Euro/Monat) nur zu 80% und bis zu 1278 Euro pro Jahr (§3/1) und Sehhilfen bis 77 Euro ersetzt. Keine Entschädigung gibt es z.B. für Reha-Maßnahmen, Psychotherapie, Entbindungen, AIDS.

Außerdem geht nach §5 der Anspruch aus einem privaten oder gesetzlichen Vertrag dem Anspruch gegen den Reiseversicherer vor. D.h. der Anspruch ist erst dem Hauptversicherer, der ja nötig ist, zu melden. Die Kosten, die über deren Erstattung hinausgehen zahlt dann die Reiseversicherung.

Kündigungsschutz gibt es für die einzelnen Mitglieder des Gruppenvertrages. Dieser gesamte Vertrag des Vereins aber kann nach §3/Abs.4 von dem Versicherer zum Jahresende gekündigt werden, was nach Aussage des Vorsitzenden des Vereins nur aus wichtigem Grund (unseriöses Verhalten o.ä.) geschehen kann.

Sinnvoll ist diese Versicherung somit für Personen, die ständig hier leben und den deutschen Sozialversicherungsvertrag aufrecht erhalten wollen oder müssen, aber für die Kosten, die über den Erstattungen der deutschen Versicherer liegen, eine Zusatzabsicherung erhalten wollen.

Sofern einem die privaten Kassenärzte in Spanien ausreichen, ist man deutlich günstiger über die spanische Vollversicherung oder eine deutsche Vollversicherung nach neuer Art (siehe unten) abgedeckt. Darüber hinaus sind einige spanische Versicherungen und die deutsche Vollversicherung neuer Art von den Rententrägern anerkannt, so dass die Hälfte der Beiträge übernommen werden, wenn man auf die Sozialversicherung in Deutschland verzichtet.

Bestehende deutsche Privatversicherungen übernehmen ohnehin die hiesigen Kosten voll, sind jedoch sehr teuer.

Neue deutsche Vollversicherung für Residenten und Langzeiturlauber

Neuerdings wird eine deutsche Vollversicherung angeboten für Euro 69 (Männer bis 54 Jahre), bzw. 124 Euro (Frauen jeden Alters und Männer ab 55). Es liegt freie Arztwahl zugrunde mit 100%-Erstattung, auch im stationären Bereich und für Medikamente. Die Kosten werden in Spanien als Privatpatient, in den übrigen Ländern inklusive dem Heimatland nach der Bundespflegesatz-Verordnung übernommen, bzw. die Aufwendungen der 3. Pflegeklasse. Rücktransport und Überführungskosten sind auch versichert. Zahnbehandlungen werden bis zu 306 Euro ersetzt, Zahnersatz zu 60% bis zu Euro 1022 pro Jahr.

Die Versicherung ist eine günstige Alternative zur normalen deutschen Privatversicherung. Da dieses Angebot sehr neu ist, können Erfahrungen zu Beitragsentwicklung oder Abwicklung im Krankenhausfall nicht gemacht werden. Die Beiträge sind deutlich höher als bei spanischen Versicherungen, dafür werden auch Medikamente ersetzt und es gibt keine Selbstbeteiligung, was sonst bei Nichtvertragsärzten zu zahlen wäre.

Nicht der Wahrheit entsprechen einige Aussagen über die Mitbewerber in den ganzseitigen Anzeigen des Vermittlers. Die dort erwähnte Selbstbeteiligung von 20 bis 40% bei freier Arztwahl und im Krankenhaus, sowie beim Zahnarzt ist völlig übertrieben und müssen hier richtig gestellt werden. Die Selbstbeteiligungen betragen in der Regel 15 bis 20% beim Arzt, der nicht in der Empfehlungsliste steht und 10% bis 15% im Nicht-Vertrags-Krankenhaus. Die Selbstbeteiligungen im Zahnbereich (dann aber, anders als bei der deutschen Versicherung ohne oberes Limit) betragen zwischen 18 und 180 Euro je nach Arztleistung.

Die Angebote der spanischen Versicherer

Das Angebot der spanischen Versicherer ist im Umfang sehr unterschiedlich. Schon wegen der wesentlich geringeren Beiträge loht es aber, sich damit zu beschäftigen.

Die spanischen Vollversicherungen sind meist günstiger als deutsche Zusatzversicherungen. Besonders für Personen, die mit Kassenärzten zufrieden sind oder die Geld sparen wollen lohnt daher ein Umstieg, sogar ohne Zuschuss der Rentenversicherung, wenn auf eine Gesellschaft geachtet wird, die keine Einschränkungen oder Ausschlüsse hat. Besonders wenn die deutsche Versicherung gekündigt wird, um den Zuschuss der Rentenversicherung zu erhalten, sollten Sie darauf achten eine Gesellschaft zu wählen, die kein Kündigungsrecht hat oder darauf verzichtet, damit Sie nicht später ohne Versicherungsschutz dastehen. Außerdem fordert die Rentenversicherung diesen Kündigungsschutz, damit ein Zuschuss gewährt wird.

Immer ausgeschlossen sind Medikamente, es sei denn sie werden im Krankenhaus oder beim Arzt verabreicht. Einige wenige Gesellschaften zahlen auch für Brillen und Hörgeräte dazu.

Die spanischen Versicherungen schließen die Auslandsreiseversicherung (teilweise auf 60 Tage begrenzt) mit ein, so dass bei Urlaub, auch in Deutschland, für akute Erkrankungen oder Unfälle Schutz besteht inklusive Rücktransport, Begleitung des Angehörigen usw.

Es werden zwei verschiedene Systeme angeboten:

1. Die Versicherung mit Vertragsärzten und zusätzlich freier Arztwahl
2. Die Versicherung nur mit Wahl zwischen den Vertragsärzten

Bei beiden Systemen ist die Regeldeckung im Krankenhaus auf die Privatkliniken abgestellt, also Einbettzimmer, Chefarzt, Beistellbett für den Angehörigen usw.

Beispielhafte Durchschnittsprämien siehe gesonderte Aufstellung.

Durchschnittliche Jahresbeiträge einer spanischen Krankenversicherung Mit Vertragsärzten / mit freier Arztwahl				
Alter:	bis 44	534	/	810
	bis 49	597	/	895
	bis 54	645	/	999
	bis 59	723	/	1.120
	bis 65	1.019	/	1.580
	bis 70	1.103	/	1.709
	bis 75	1.283	/	-------
	ab 76	1.509	/	-------
Ein Zuschuss vom Rentenversicherer ist noch nicht berücksichtigt				

Die Versicherung mit freier Arztwahl bietet Vertragsärzte an, bei denen keine Selbstbeteiligungen zu zahlen sind. Wenn ich einen anderen Arzt aufsuche werden die oben genannten Selbstbeteiligungen (15 bis 20% beim Arzt / 10 bis 15% im Krankenhaus) fällig.

Aber Achtung:
Viele dieser Gesellschaften begrenzen ihre Leistung in der Höhe. Es wird eine Jahreshöchstentschädigung (z.B. 60.101 Euro oder 360.000 Euro pro Jahr) vereinbart. Die Vermittler begründen dies gern mit dem Argument, dass ohnehin kein Schaden oberhalb dieser Grenze denkbar ist. Dieses Argument ist natürlich nicht schlüssig. Wenn Krankenhauskosten nicht diesen Betrag überschreiten könnten, bräuchte der Versicherer diese Einschränkung ja nicht zu machen.

Auch wichtig:
Das gleiche gilt für Einschränkungen in der Dauer des Krankenhausaufenthaltes oder für die Intensivstation. Nur, wenn Sie die spanische Versicherung als Zusatzversorgung neben einer deutschen Versicherung sehen, sollten Sie eine Gesellschaft mit solchen Einschränkungen wählen.

Die Gesellschaften mit Vertragsärzten bieten - je nach Größe der Gesellschaft unterschiedlich viele- Vertragsärzte an. Eine Gesellschaft hat beispielsweise 69 Ärzte in Dénia oder 31 Ärzte in Torrevieja. Die Anzahl der Ärzte ist also sicher ausreichend. Die Entscheidung zugunsten der einen oder anderen Gesellschaft sollte daher getroffen werden nach den Auswahlkriterien (siehe gesonderter Kasten oben) und dem von Ihnen bevorzugtem nächstgelegenem Krankenhaus. Ist dieses Krankenhaus z.B. im Eigentum einer Versicherungsgesellschaft, bietet sich natürlich die

Versicherung bei dieser Gesellschaft an. Ist das Krankenhaus in Ärztebesitz sollten Sie fragen, welche Kassen von den wichtigen Ärzten akzeptiert werden. In manchen Kliniken gibt es durchaus Kassenärzte und andere Ärzte, die nur privat verrechnen.

Dieses System ist mit dem deutschen Krankenkassenarztsystem vergleichbar. Bei Vertragsärzten ist keine Zahlung nötig, sondern es wird mit einer Karte oder Krankenschein direkt abgerechnet.

Zahnversicherung

Im Zahnversicherungsbereich gibt es ebenfalls verschiedene Angebote. Einige Gesellschaften haben kostenlos die Behandlung durch den Zahnarzt und Kontrollen mitversichert. Immer extra zu versichern ist der Zahnersatz. Die Zahnpolice kann auch gesondert abgeschlossen werden, z.B. wenn man den Beitrag der teureren Zahnversicherung der deutschen Krankenversicherung sparen will, oder als Ergänzung zur bestehenden Versicherung. Der Beitrag ist auch hier deutlich unter den deutschen Beiträgen bei fünf bis sieben Euro pro Monat.

In den Dentalpolicen ist, anders als in Deutschland, meist keine Höchstgrenze festgelegt. Wie in Deutschland gibt es auch hier eine Selbstbeteiligung, jedoch nicht in Prozent der Kosten (z.B. Ersatz nur 60%), sondern in Euro. So ist z.B. bei einer Füllung 18 Euro zu zahlen, bei einer Jacketkrone 36 Euro oder einer Metallkrone mit Kunststoff 120 Euro.

Kündigung der deutschen Versicherung

Wenn Sie nach den oben genannten Vorgaben die Krankenversicherung sorgfältig gewählt haben, stellt sich die Frage, ob der deutsche Versicherungsschutz überhaupt noch sinnvoll und nötig ist.

Bei den normalen spanischen Versicherungen oder der deutschen Vollversicherung nach neuer Art ist der Versicherungsschutz ausreichend und übertrifft die deutsche Sozialversicherung. Auf die bestehende Krankenversicherung sollte aber nur verzichtet werden, wenn keine Vorerkrankungen bestehen, da diese in der Regel nicht im neuen Vertrag mitversichert sind.

Außerdem sollte die Krankenversicherung nicht gekündigt werden, wenn man nach Deutschland zurückkehren möchte. In diesem Fall bietet sich an, die Versicherung ruhen zu lassen (sofern die Gesellschaft dies akzeptiert), oder eine sogenannte Anwartschaftsversicherung abzuschließen. Mit einem solchen Vertrag sind Sie in der Lage jederzeit zum alten Beitrittsalter die Versicherung aufleben zu lassen.

3.2.5 Pflegeversicherung

Leistungen und Pflegestufen

So unterschiedlich wie die Pflegebedürftigen sind im Prinzip auch die Leistungsangebote der Pflegeversicherung. Der Versicherte kann sich im Heimatland im Rahmen seines Anspruchs ein individuelles Pflegepaket zusammenstellen. Ob Pflegesachleistungen, Pflegegeld, eine Kombination von Geld- und Sachleistungen, Tages- und Nachtpflege, Kurzzeitpflege, vollstationäre Pflege oder Pflegehilfsmittel und technische Hilfen, das Angebot ist äußerst umfangreich. Leider nicht für die Versicherten an der Costa Blanca. Zur Zeit haben diese nur Anspruch auf Pflegegeld, nicht aber auf Sachleistungen.

Die Einstufung des Pflegegrades wird nach dem ausführlichen Bericht des MDK von der Pflegeversicherung vorgenommen. Dabei wird die Pflegeperson je nach Grad der Pflegebedürftigkeit einer der drei nachfolgenden aufgeführten Pflegestufen zugeordnet.

Pflegestufe I

(erheblich Pflegebedürftige)

Personen, die mindestens einmal täglich bei Körperpflege, Essen oder Bewegen Hilfe benötigen und zusätzlich mehrmals in der Woche bei der hauswirtschaftlichen Versorgung unterstützt werden müssen. Der Pflegeaufwand beträgt mindestes 1,5 Stunden täglich.

Pflegestufe II

(Schwerpflegebedürftige)

Pflegebedürftige, die mindestens dreimal täglich zu unterschiedlichen Tageszeiten Hilfe benötigen und zusätzlich mehrmals in der Woche bei der hauswirtschaftlichen Versorgung unterstützt werden müssen. Der Pflegeaufwand beträgt mindestens drei Stunden täglich.

Pflegestufe III

(Schwerstpflegebedürftige)

Alle Personen, die täglich rund um die Uhr Hilfe bei Körperpflege, Essen und Bewegen benötigen und zusätzlich mehrfach in der Woche Unterstützung bei der hauswirtschaftlichen Versorgung. Der Pflegeaufwand beträgt mindestens fünf Stunden pro Tag. Noch stehen die Strukturen zur Feststellung und Einstufung der Pflege in Spanien lediglich auf der Baleareninsel Mallorca.

Allerdings exportiert die Pflegeversicherung ins EU-Ausland nur Pflegegeld und keine Sachleistungen, wie sie zum Beispiel von Pflegekräften eines ambulanten Dienstes freier Wahl erbracht werden. Bei Sachleistungen erhält der Pflegebedürftige selbst kein Geld. Der Pflegedienst rechnet direkt mit der Pflegeversicherung des Versicherten ab. Es wird aber sicherlich nicht lange dauern, bis wieder Betroffene den Europäischen Gerichtshof anrufen und auch ihr Recht auf Sachleistungen im EU-Ausland einklagen.

Infoservice Pflegeversicherung

Wer weitere Informationen über die Pflegeversicherung im EU-Ausland benötigt, kann sich unter den nachfolgenden Servicenummern informieren.

- AOK-Versicherte:
  AOK Beratungsstelle Mallorca, montags bis freitags von 9 bis 17 Uhr, Telefon 971714 172 oder 971 710436.

- Ersatzkassen-Versicherte:
  Keine eigene Infoline. Versicherte können sich mit ihrer zuständigen Krankenkasse in Verbindung setzen.

- Versicherte der Betriebskrankenkassen:
  Keine eigene Infoline. Versicherte können sich mit ihrer zuständigen Betriebskrankenkasse in Verbindung setzen.

- Bürgertelefon für Pflegeversicherung des Bundesministeriums für Gesundheit (BINIG): Es gibt eine kostenlose Rufnummer innerhalb der Bundesrepublik Deutschland (0800 19 19 19 0), die aus dem Ausland leider nicht erreichbar ist. Wer sich aus Spanien beim BMG informieren möchte, der kann das über die Rufnummer 0049 228 9410. Von dort wird der Anrufer mit der entsprechenden Abteilung verbunden.

3.2.6 Hausversicherung

Hausversicherung in Spanien

»Seguro de Hogar« alles in einer Police. Unterversicherung vermeiden.

Für wen ist eine Versicherung sinnvoll? Worauf ist bei Abschluss und Preisvergleich zu achten? Diese und andere Fragen beschäftigen viele Leute. Deshalb stellen wir den spanischen Versicherungsschutz ausführlich sowohl für Residenten als auch für reine Ferienobjektbesitzer vor.

Besitzer und Mieter

Der Erste Teil befasst sich mit der Versicherung, die nicht nur für Besitzer einer Wohnung oder eines Hauses, sondern auch für Mieter - mit Ausnahme des Gewerbeversicherungsbereiches - wichtig ist: die Hausversicherung (Seguro de Hogar).

Die in Deutschland oder der Schweiz bekannten Versicherungen sind den spanischen sehr ähnlich. Allerdings sind die für einen Privathaushalt notwendigen Versicherungen hierzulande in einer Police gebündelt, also Gebäude-, Hausrat-, Haftpflicht- und Rechtsschutzversicherung in einem.

Die Bündelung hat zahlreiche Vorteile:

1. Die Beiträge sind deutlich günstiger.

2. Es gibt keine Abgrenzungsschwierigkeiten und Unklarheiten bezüglich der Frage, wann der Hausratversicherer und wann der Gebäudeversicherer zuständig ist (zum Beispiel bei Dingen wie Einbauküche oder Teppichböden).

3. Der Umfang des Versicherungsschutzes übersteigt den der deutschen Policen bei weitem. Der "Papierkrieg" wird auf ein Minimum reduziert und somit die Übersichtlichkeit erhöht. Alle Versicherungen sind aus einer Hand, dass heißt, man hat mit nur einem Ansprechpartner zu tun.

Die meisten Gesellschaften bieten einen vorgegebenen Umfang an Deckung, die in der Regel auf fast alle Haushalte zutrifft. Diese Regeldeckung kann um einige wenige Zusatzeinschlüsse erweitert werden.

Abgestufte Modelle

Einige Gesellschaften haben abgestufte Deckungsmodelle, etwa eine Basisdeckung, eine Standarddeckung und eine Komfortdeckung. In diesen Fällen ist die Basisdeckung ein Minimalversicherungsschutz, der sich nur für Leute eignet, die einen großen Teil der Risiken selbst tragen wollen. Der etwas geringere Beitrag wiegt die Unterschiede der Deckung meist nicht auf. Der Standardtarif deckt sich im großen und ganzen etwa mit dem normalen Umfang der anderen Versicherer. Die Komfortdeckungen (»Hogar total«, oder ähnlich genannt) erweitern die Hausversicherung um eigentlich artfremde Policen wie Unfalldeckung oder Arztkosten, die aber meist sinnvoller über eine spezielle Police extra abgedeckt werden.

Für alle Fälle

Nach meinen Recherchen ist die Mapfre die einzige Versicherungsgesellschaft, die eine Allgefahrenversicherung anbietet. Gegen zirka 20 bis 25% Beitragszuschlag sind wirklich alle Schäden im Haushalt versichert, also auch zum Beispiel, wenn das eigene Kind in der Wohnung etwas beschädigt oder, wenn man aus Versehen seinen eigenen Fernseher beim Staubsaugen beschädigt. Für alle Fälle dieser Art gilt eine Selbstbeteiligung von ca. 60 Euro.

Laufzeit

Die Laufzeit der spanischen Versicherungsverträge beträgt ein Jahr. Danach verlängert sich die Police, wenn nicht vorher gekündigt wurde, von Jahr zu Jahr. Zehnjahresverträge wie in Deutschland - zum Schutz der Vertreterprovisionen - gibt es in Spanien nicht.

In der Praxis wird in immer mehr Fällen die Versicherung nicht gekündigt, sondern bei Vorlage der neuen Rechnung nur nicht bezahlt. Da fast alle Gesellschaften davon absehen, Mahnungen zu schreiben und stattdessen auf das Recht an der Weiterversicherung verzichten, ist der Vertrag auch auf diese Weise aufgehoben. Man sollte sich aber doch vielleicht fragen, ob es der faire Umgang miteinander gebietet, sich die kleine Mühe einer kurzen Kündigungsmitteilung zu machen.

Tarife

Die Höhe der Beiträge richtet sich nach der Art der Gefährdung des Objektes. Ferienhäuser und Wohnungen sind also teurer zu versichern als ständig bewohnte Gebäude. Und ein Dorfhaus im Ort ist billiger in der Versicherung als ein Haus in einer Urbanisation oder gar auf dem freien Land. Die Unterschiede sind jedoch in Spanien nicht sehr groß.

Manche Gesellschaften unterscheiden nur zwischen ständig bewohnten Häusern und Ferienobjekten, nicht aber nach der Lage des Objektes. Die Eigentümer von Häusern in Urbanisationen oder außerhalb der Wohngebiete versichern sich also bei diesen Gesellschaften generell deutlich günstiger.

Vorsicht vor Tricks

Einige Vermittler machen hier im Antrag falsche Eintragungen, wohl aus Angst, mit einem höheren Beitrag den Kunden zu verschrecken oder um einen Mitbewerber unterbieten zu können. Umgekehrt glauben diesbezüglich auch immer wieder Versicherungsnehmer, die Gesellschaft austricksen zu können. Im Schadenfall kann dies sehr nachteilige Auswirkungen haben, denn die tatsächliche Lage wird dem Schadensachverständigen dann sicher nicht entgehen. Und die geringe Beitragsersparnis rechnet sich dann schon beim ersten Versicherungsfall nicht mehr. Der bekannte Grundsatz "Besser gar nicht versichert, als falsch versichert" gilt für diese Problematik ganz sicher.

Ferienhäuser haben die Klassifizierung "no habitual" oder "Residencia secundaria". Außerhalb des direkten Stadtgebietes ist die Lage in bebauten Gegenden mit "Urbanisación" zu deklarieren. Außerhalb dieser Gebiete wird die Lage als "Despoblado" bezeichnet.

Was genau ist versichert?

Als grobe Einteilung kann man sagen, dass im Bereich der Gebäudeversicherung das gesamte Haus mit seinen Bestandteilen und Fundamenten versichert ist. Der Bereich des Hausrates bezieht sich auf alle Dinge im Haus, wie Möbel, Kleidung, Bücher, Geräte und so weiter. Diese Unterscheidung ist aus zwei Gründen wichtig.

1. Der Beitrag für die Hausgegenstände ist höher als der für das Haus

2. Das Haus ist im Gegensatz zum Inhalt natürlich nicht gegen Diebstahl versichert

Bestandteile

Die Gesellschaften sehen im allgemeinen alle Dinge als Gebäudebestandteile an, die normalerweise auch durch ein Bauunternehmen erstellt werden, also auch Einbauschränke, Einbauküche und dergleichen. Diese Dinge über die Gebäudedeckung zu versichern ist ohnehin vernünftig, da sie bei Einbruch normalerweise nicht betroffen sind. Bei einigen Dingen ist die Abgrenzung manchmal so nicht leicht, oder es erscheint auch sinnvoller, eine Sache der Gebäudeversicherung zuzuordnen, da Einbruchschutz nicht nötig ist, bei technischen Anlagen wie Pumpen oder Solartechnik zum Beispiel. Eine wichtige Empfehlung ist daher, diese Abgrenzung im Antrag zu treffen, denn besser bei Vertragsabschluss einen kurzen Hinweis aufgenommen, als zuviel zu bezahlen oder im Schadenfall Unannehmlichkeiten zu erleben.

Vermerk

Hier ein Beispiel für einen solchen Vermerk:

> Continente: casa 120 qm, proche 20 qm, garaje 25 qm, piscina 8 m x 4 m incl. Las Bombas, instalacion solar incl. Tecnica.

Diese sehr kleine Mühe spart einiges an Prämie ein (im Verhältnis zur Mitversicherung als Hausratbestandteil) und wird in einer gesonderten Klausel von der Gesellschaft in der Police dokumentiert. Was im Hausratbereich genau versichert ist, geht aus der Liste der Garantien hervor, wo die versicherten Sachen mit ihrer Entschädigungsgrenze aufgeführt sind. Angemerkt sei an dieser Stelle, dass auch Glas mitversichert ist darüber hinaus sogar Sanitärartikel (Waschbecken, Badewanne u.s.w.) und Missbrauch von Kreditkarten. Die Glasversicherung ersetzt zerbrochene Scheiben, Spiegel und ähnliche flache Gläser, egal durch welche Ursache sie beschädigt wurden (natürlich nicht bei absichtlicher/ vorsätzlicher Beschädigung).

Versicherungsort

Der Versicherungsort bezieht sich in erster Linie natürlich auf das eigene Haus oder die Wohnung. Für bestimmte Fälle besteht aber auch außerhalb des Hauses Versicherungsschutz. Im Garten sind umgestürzte Bäume, Pfähle und dergleichen versichert, ebenso das Wiederanlegen des Gartens nach einem Brand, Abstellräume und Garagen außerhalb des Grundstückes bei Diebstahl (zur Sicherheit sollte man solche Nebenräume aber unbedingt im

Antrag vermerken). Auch in Hotels, Mietwohnungen und ähnlichem ist man gegen Einbruchsdiebstahl und auf der Straße gegen Überfall versichert, zum Beispiel im Urlaub.

3.2.7 Kraftfahrzeugversicherung

Wie in Deutschland auch müssen alle Kraftfahrzeuge versichert werden, denn auch hier gibt es eine Versicherungspflicht. Diese wird aber nicht über das Verkehrsamt kontrolliert; es gibt also keine Doppelkarten. Wird ein Fahrer aber von der Polizei ohne gültige Police angetroffen, drohen sehr empfindliche Strafen.

Die Versicherungspolice und die letzte Beitragsrechnung führen Sie daher unbedingt im Fahrzeug mit, zusammen mit dem Führerschein, Fahrzeugpapieren und der Steuerbescheinigung.

Eine spanische Versicherung abzuschließen ist dann möglich, wenn ein Fahrzeug eine spanische Zulassung und Nummernschild hat. Fahrzeuge mit deutschem Nummernschild müssen in Deutschland gemäß dem Pflichtversicherungsgesetz versichert werden. Außer der gesetzlichen Vorschrift, dass Fahrzeuge die dauerhaft in Spanien fahren, auf spanische Zulassungen umzumelden sind, ist es sicher auch einfacher für die meisten Halter, diese Ummeldung vorzunehmen. Danach muss das Fahrzeug nicht mehr dem deutschen TÜV vorgeführt werden und auch bei einem Unfall ist die Schadenabwicklung leichter.

Allgemein ist, anders als bei der Kfz-Steuer und allen anderen Versicherungen, für viele Modelle die Kfz-Versicherung in Spanien teurer als in Deutschland. Dies hängt auch mit dem großen Versicherungsumfang zusammen. Vor allem Zweiräder und junge Fahrzeugführer sind deutlich teurer in der Versicherung, was sicher jedem Verkehrsteilnehmer bei der zum Teil abenteuerlichen Fahrweise dieser Personengruppe einleuchten wird.

Was ist versichert?

- unbegrenzte Haftpflichtversicherung
- gerichtliche Verteidigung
- Schadenersatzforderungen gegen andere Versicherer
- Unfallversicherung des Fahrers
- Reiseassistenz für Personen und Fahrer (ähnlich deutschem Schutzbrief)
- Verteidigung bei Geldstrafen und Führerscheinentzug
- Versicherung über das Konsortium gegen außergewöhnliche Schäden, wie Erdbeben,
- Überschwemmung, Terrorismus usw. (siehe Hausversicherung)

Zusätzlich können versichert werden:

- Insassenunfallversicherung für die Mitfahrer
- Feuer- und Raubversicherung
- Vollkaskoversicherung
- Glasbruch

Die Abwicklung von Schäden wird durch die Versicherungsbündelung erleichtert

Neben der unbegrenzten Haftpflichtversicherung sind die Bereiche der gerichtlichen Verteidigung und der Schadenersatzansprüche sicher die wichtigste Ergänzung, gerade für Ausländer. Diese gelten nicht nur in Spanien, sondern in ganz Europa und den Mittelmeeranliegerstaaten.

Die Gesellschaft übernimmt die Verteidigung inklusive der Anwalts- und Gerichtskosten zur Abwehr von unberechtigten Ansprüchen und bei Führerschein- und Bußgeldangelegenheiten. Darüber hinaus ist Ihre eigene Gesellschaft auch Ansprechpartner, wenn Sie von einer anderen Person oder Versicherungsgesellschaft Entschädigungen verlangen. Sie brauchen sich also nicht mit einer anderen Gesellschaft auseinander zu setzen, wenn der Unfallgegner die Schuld hat, sondern übergeben einfach Ihrer Versicherung die Sache zur Erledigung. Der Schaden an Ihrem Fahrzeug wird auch bei Verschulden des Gegners von den Sachverständigen Ihrer eigenen Versicherung geschätzt.

Welche Zusatzversicherungen lohnen sich für mich?

Der Abschluss einer Insassenunfallversicherung ist sicher in den wenigsten Fällen sinnvoll. Bei Eigenverschulden zahlt ihre Haftpflichtversicherung für die Ansprüche von Mitfahrern, bei Verschulden des Unfallgegners dessen Haftpflichtversicherung. Für Familienangehörige (Ehepartner und eigene Kinder) ist eine Haftung zwar nicht gegeben, aber wenn bei einem Unfall eine Invaliditäts- oder Todesfallentschädigung von Ihnen als notwendig erachtet wird, ist diese Notwendigkeit sicher nicht nur bei Kfz-Unfällen gegeben, sondern auch bei allen anderen Unfällen, z.B. im Haus oder in der Freizeit. Somit ist der Abschluss einer separaten, allgemeinen Unfallversicherung dann die bessere Lösung und nicht viel teurer.

Die Teilkaskoversicherung bezieht sich in Spanien nur auf die Bereiche Feuer und Diebstahl, nicht Wildschäden usw. Die Diebstahlversicherung ersetzt neben Diebstählen des gesamten Fahrzeugs auch Diebstähle von fest verbundenen Teilen und – meist nur zu 80% – auch von Radio und Kommunikationsgeräten. Die Glasversicherung ist extra zu vereinbaren.

Die Vollkaskoversicherung ist mit der deutschen fast identisch. Auch hier können Versicherungen ohne oder mit einer Selbstbeteiligung abgeschlossen werden. Die Feuer und Diebstahlversicherung ist dann – ohne Selbstbeteiligung – mitversichert.

Wichtig für Neuwagenbesitzer

Die Gesellschaften bezahlen meist bei Teil- und Vollkaskoversicherung nur im ersten Jahr den vollen Neuwert, danach den Zeitwert.

- in den ersten zwei Jahren 100% vom Neuwert
- im dritten Jahr 80% vom Neuwert, danach der Zeitwert

Da die Wahrscheinlichkeit eines Diebstahls in den ersten Jahren am größten ist und ein Unfall an dem noch fast neuen Fahrzeug besonders schmerzt, ist der Abschluss einer solchen Deckung anzuraten, zumal der Wertverlust nach den Gebrauchtwagenpreislisten in den ersten Jahren doch recht erheblich ist. Bei Neukauf käme also eine recht hohe Zuzahlung für Sie zum tragen.

Wegen der großen Prämienunterschiede lohnt ein Vergleich der Versicherungen. Die Tarife in Spanien sind in der Kfz-Versicherung sehr unterschiedlich; die Beiträge differieren in sehr großem Maße.

Es ist nicht möglich, eine Aufstellung von günstigen oder teuren Versicherungen zu machen und daher sind auch alle Prämienvergleiche, die in Zeitungen teilweise veröffentlicht werden, überhaupt nicht aussagekräftig. Eine Gesellschaft kann bei einem Fahrzeugmodell 30% teurer sein als eine andere und bei einem anderen Kfz wieder 20% günstiger. Außerdem ist eine Gesellschaft bei der Vollkaskoversicherung eventuell extrem teuer und bei der Teilkaskoversicherung aber wiederum eine der preiswertesten. Es bleibt Ihnen also nur die Möglichkeit bei jedem Fahrzeugwechsel wieder genau nachzufragen und zu vergleichen. Der Lohn sind Beitragsersparnisse von bis zu 40%, teilweise mehr!

3 aktuelle Praxis-Beispiele des Beitragsunterschieds zweier Gesellschaften:

	Versicherer A	Versicherer B
Fahrzeug: BMW Z3		
älterer Fahrer, langjährig Führerschein, ohne Schadenfreiheitsrabatt		
Mit Teilkasko	588 Euro	813 Euro
Mit Vollkasko (600 Euro SB)	1405 Euro	1134 Euro
Fahrzeug: Audi A6		
30 % Schadenfreiheitsrabatt, älterer Fahrer		
Mit Teilkasko	461 Euro	637 Euro
Mit Vollkasko (600 Euro SB)	1116 Euro	996 Euro
Fahrzeug: Wohnmobil Mercedes 609 / Gesellschaft A gibt für diese Fahrzeuge keinen Rabatt, Gesellschaft B bis zu 30%		
Nur Basisversicherung	836 Euro	402 Euro

Wichtig ist noch anzumerken, dass die Höhe des Schadenfreiheitsrabattes von Gesellschaft zu Gesellschaft unterschiedlich anerkannt wird. Manche Gesellschaften gewähren nur 30%, manche bis zu 50%. Das heißt aber nicht, dass eine Gesellschaft bei 50% Schadenfreiheitsrabatt unter dem Stich auch wirklich günstiger ist. Gerade die teuren Gesellschaften locken gern mit hohen Rabatten, sind aber dann trotzdem noch teurer als die günstigere Gesellschaft bei geringerem Rabatt.

Versicherung von Zweirädern oder jungen Leuten

Fast alle Gesellschaften versichern keine Mopeds mehr oder junge Leute unter 25 Jahren oder Personen mit weniger als zwei Jahren Führerscheinbesitz, sowie bestimmte Motorräder. Die wenigen Gesellschaften, die diese hohen Risiken noch übernehmen fordern verständlicherweise, dass auch die anderen Versicherungen (Haus, Auto vom Vater usw.) ebenfalls mit abgeschlossen werden.

Wenn Sie solche Versicherungen – eventuell auch erst in Zukunft – benötigen, sollten Sie schon heute daran denken und Ihr gesamtes Versicherungspaket entsprechend platzieren.

Bei der Autoversicherung achten Sie auf entsprechende Regelungen, falls Sie Kinder haben, die das Fahrzeug auch gelegentlich benutzen. Bei einigen Gesellschaften sind die Kinder nicht mitversichert oder es muss – mit Beitragszuschlag – extra angegeben werden.

Was tun im Schadenfall?

- Auf keinen Fall dürfen Sie ein Schuldanerkenntnis unterschreiben oder auch nur abgeben! Das kann den Versicherungsschutz gefährden!

- Sofern die Schwere der Verletzungen es gebietet, rufen Sie die Hilfskräfte und die Polizei.

- Notieren Sie sich Namen, Anschrift und Tel.-Nr. der Verletzten, bevor diese aufbrechen.

Wenn es nur Materialschäden gab:

- Zeigen Sie unaufgefordert die Versicherungspolice und Führerschein und lassen Sie sich auch diese Unterlagen vom Unfallgegner zeigen

- Füllen Sie in Ruhe den Unfall-Fragebogen mit dem anderen Fahrer zusammen aus

- Wenn der laufende Verkehr behindert wird, schreibt das Gesetz vor, die Fahrzeuge so schnell wie möglich zur Seite zu räumen

- Rufen Sie die Polizei, wenn Sie glauben, dass es in Ihrem Interesse sein würde und auf jeden Fall, wenn der andere Fahrer die Zusammenarbeit , zum Beispiel beim Fragebogen, verweigert

- Einige Fotos sind immer nützlich.

System der Schadenabwicklung

Völlig anders als in Deutschland übernimmt Ihre eigene Gesellschaft die Abwicklung des Schaden, unabhängig von der Schuldfrage. Auch bei Schuld des Gegners wird also Ihre Gesellschaft den Sachverständigen schicken, der den Schaden schätzt. Die Behebung eines Schadens wird in Spanien in der günstigsten Form gemacht: Bei einer Beule am Kotflügel wird dieser also nicht ersetzt, sondern ausgebeult. Einen Anspruch auf Neuteile gibt es nicht.

Auch bei Fremdverschulden bezahlt Ihre Gesellschaft den gesamten Schaden. Von der Gesellschaft des Unfallschuldigen erhält Sie über eine zentrale Abwicklungsstelle – unabhängig von der Schadenhöhe – 420 Euro ersetzt. Das heißt bei einem Schaden von zum Beispiel 1202 Euro zahlt Ihre Gesellschaft 781 Euro, der Versicherer des Schuldigen 420 Euro Aber auch wenn der Schaden nur 120 Euro beträgt, werden 420 Euro erstattet.

Wenn Sie keine Schuld hatten wird Ihr Schadenfreiheitsrabatt nicht gekürzt, auch wenn_Ihre Gesellschaft einen Teil zuzahlen musste.

Wie fülle ich den Unfallfragebogen aus?

Am Unfallort:

Äußern Sie keine Anerkenntnis der Haftung oder der Schuld, aber füllen Sie den Fragebogen genau aus (jeder Fahrer eine Spalte – A oder B). Die Ankreuzfragen beantwortet jeder aus seiner Sicht;

diskutieren Sie also nicht über diese Punkte, allenfalls machen Sie eine Bemerkung unter dem Punkt 14 in Ihrer Spalte.
Verwenden Sie einen Fragebogen, wenn nur zwei Kfz betroffen sind (zwei für drei Kfz usw.). Es ist unwichtig, wer ausfüllt und wer nur Informationen liefert. Benutzen Sie aber einen Kugelschreiber und drücken Sie fest auf. Sofern ein Fahrer ein deutsches, gleiches Formular hat, können Sie dies als Übersetzungshilfe nutzen.

Vergessen Sie auf keinen Fall die wichtigen Punkte:

Ziffern	6	(Versicherungsnehmer)
	8	(Versicherung)
	9	(Fahrer und Führerschein)
	10	(Punkt des Aufpralls)
	12	(Ankreuzen der zutreffenden Punkte und Summe der Kreuze eintragen)
	13	(Skizze), evtl. Zeugen, sowie Unterschrift beider Fahrer.

Ein Exemplar behalten Sie, das andere erhält der Unfallgegner.

Im Haus:

- Vervollständigen Sie alle wichtigen Daten durch Ausfüllen der Rückseite des Fragebogens. Da diese Arbeit in Ruhe und mit Hilfe des Vertreters gemacht werden kann, verzichten wir an dieser Stelle auf Erläuterungen.
- Nicht vergessen anzugeben, wo sich das Kfz befindet, damit der Sachverständige den Schaden begutachten kann

- Verändern Sie auf keinen Fall nachträglich Angaben auf der Vorderseite!
- Senden Sie das Dokument unverzüglich an Ihrer Versicherer
- Übersetzung des spanischen Fragebogens: Ausdrucken und zu Ihren Fahrzeugpapieren legen. Die Punkte im Fragebogen sind fortlaufend nummeriert.
  - Unfalltag + Uhrzeit
  - Unfallort, Straße, Kilometerstein usw.
  - Unfallverletzte (auch Leichtverletzte) ja/nein
  - andere Sachschäden, als an der Kfz A oder B ja/nein
  - Zeugen mit Anschrift und Angabe, ob es Mitfahrer von A oder B waren
  - Versicherter laut Police: Name, Anschrift
  - Fahrzeug: Marke, Modell, Nummernschild
  - Versicherer: Name, Policennummer, Agentur, evtl. grüne Versicherungskarte mit Nummer, Angabe ob eine Vollkaskoversicherung besteht
  - Fahrer: Name, Anschrift, Führerscheinnummer mit Klasse, Ausstellungsort und -datum, Gültigkeit des Führerscheins
  - Markieren Sie mit einem Pfeil den Aufprallpunkt
  - geschätzter Schaden
  - 12) siehe unten
  - Skizze mit Straßennamen, Verkehrszeichen, Position im Moment des Zusammenpralls
  - Bemerkungen
  - *Unterschrift der beiden Fahrer*

- Ankreuzfragen Punkt 12: jeder für seine Seite ankreuzen, was auf den Unfall zutrifft
  - das Fahrzeug war abgestellt
  - ich fuhr aus dem Stillstand an
  - ich hielt an
  - ich fuhr aus einem Parkplatz, Gründstück, Feldweg heraus
  - ich fuhr auf einen Parkplatz, Gründstück, Feldweg hinein
  - ich fuhr in einen Kreisverkehr ein
  - ich fuhr in einem Kreisverkehr
  - ich fuhr auf ein anderes Fahrzeug hinten auf, dass in der gleichen Richtung und Fahrspur fuhr
  - ich fuhr in die gleiche Richtung auf einer anderen Fahrspur
  - ich wechselte die Fahrspur
  - ich überholte
  - ich bog nach rechts ab
  - ich fuhr rückwärts
  - ich fuhr auf die Gegenfahrbahn
  - ich kam von rechts (an einer Kreuzung)
  - ich beachtete ein Vorfahrtszeichen nicht

Mit freundlicher Genehmigung des Autors: Michael Wilfert,

Diplomversicherungsbetriebswirt/Versicherungsmakler, Jalon, Spanien.

3.2.8 Geschäftsversicherung

Gebündelte Geschäftsversicherung

Die Versicherung für den Büro-, Handels-, Gewerbe- und Produktionsbetrieb hat viele Ähnlichkeiten mit der oben beschriebenen Haus- und Hausratversicherung, die Definitionen der versicherten Gefahren und die Ein- und Ausschlüsse sind weitgehend gleich, aber auf die betrieblichen Belange bezogen. Bezüglich dieser Definitionen sei daher auf den Abschnitt der Hausversicherung verwiesen.

Die betrieblichen Versicherungen haben, anders als die Hausversicherung, keinen vorgegebenen Deckungsumfang, sondern können individuell im Baukastensystem selbst kombiniert werden. An eine festgelegte Grundversicherung (Basisversicherung), die den wichtigsten und für jeden Betrieb nötigen Mindestschutz abdeckt, können die anderen gewünschten Gefahren individuell gekoppelt werden.

Die Gesellschaften unterscheiden, sowohl im Hinblick auf die Prämien, als auch in Bezug auf den Versicherungsumfang, zwischen:

- Bürobetriebe: reine administrative Tätigkeiten
- z.B. Rechtsanwalt, Übersetzungsbüro, Steuerberater, Immobilienmakler
- Handel und Gewerbe: Handelsbetriebe ohne Produktion, Lagerbetriebe z.B. Glaser, Elektrohandel, Bekleidung, Restaurant, Buchhandel, Friseur

- Produktionsbetriebe - Herstellung von Waren oder Materialien z.B. Markisenfabrik, Tischler, Fensterbau, auch Klinik, Großgaststätten

Alle Gesellschaften haben etwas andere Selbstbeteiligungen oder Deckungen. In diesem Bericht ist von den meist anzutreffenden Deckungen ausgegangen.

Basisversicherung

Der Deckungsumfang der Basisversicherung des Bereiches 1 (Bürobetriebe) ist am umfangreichsten. In den Bereichen 2 und vor allem 3 sind viele Deckungen der Basisversicherung des Bereiches 1 extra zu versichern gegen Prämienzuschlag.

Die Basisversicherung umfasst im Bereich 3 (Produktion):

- Feuer, Explosion und Blitz
- Rauch *
- Autounfall und Flugzeugabsturz *
- Schallwellen *
- Vandalismus und Tumulte *
- Regen, Sturm, Hagel, Schnee, Überschwemmung *
- Sprinklerleckage *
- Kosten für Retten, Bergen, Löschen, Abbruch
- Wiederherstellen von Akten, Modellen und Archiven
- Außergewöhnliche Risiken über das Konsortium (Terror, Vulkan, Erdbeben....)

* Bei diesen Risiken trägt der Versicherte im Schadenfall eine Selbstbeteiligung, in der Regel von 300,51 Euro selbst.

Die Versicherung ersetzt jeweils den Neuwert und ist dynamisch, d.h. die Summe wird jährlich den Preissteigerungen angepasst. Die Gesellschaften gewähren eine Vorsorgeversicherung von 10%, haften also bis zu 10% über die vereinbarte Versicherungssumme hinaus.

Im Bereich 2 (Handel) ist neben den Gefahren der Gruppe 3 auch als Basisversicherung versichert:

- Elektrische Schäden
- Schönheitsreparaturen
- Mietverlust/Anmietung gleichwertiger Räumlichkeiten
- Zwangsräumung

Außerdem sollte bei den Handelsbetrieben die Selbstbeteiligung von 300,- Euro nicht gelten.

Im Bereich 1 gilt normalerweise zusätzlich gedeckt:

- Glasbruch
- Wasserschäden inklusive Suchkosten und Rohrreparatur
- Haftpflicht und gerichtliche Verteidigung

Wahldeckungen

Für die Büroversicherungen ist die Deckung schon sehr komplex. Versicherbar ist aber auch hier, wie in den beiden anderen Bereichen, die Versicherung gegen Einbruchdiebstahl und Raub, die Elektronikversicherung für Computer und elektrische Geräte, sowie die entgangenen Gewinne bei Betriebsausfall.

Bei Handel und Produktion besteht die Wahlmöglichkeit zusätzlich zu versichern:

- Alle fehlenden Risiken aus der Basisversicherung der Bürodeckung
- Alle Ergänzungsmöglichkeiten der Bürodeckung
- Schadenersatzforderungen
- Ware in Kühlräumen und Kühltruhen / -Inseln
- Maschinenbruchversicherung
- Transportversicherung der Waren
- Bei Produktion: Produkthaftpflichtversicherung

Im Rahmen der Versicherungen von Handel und Produktion sind die Tarife flexibler gestaltet.

Im Rahmen der Einbruchversicherung wird ermöglicht, nicht den gesamten Wert gegen Diebstahl zu versichern, sondern nur einen bestimmten Bruchteil. Geht man davon aus, dass beispielsweise in einem Textilgeschäft nicht alle Einrichtung und Ware gestohlen werden kann, sondern maximal 20 Prozent, so kann dieser Bruchteil von 20 Prozent der Versicherungssumme als Höchstentschädigung vereinbart werden, gegen 25 Prozent Beitragsnachlass.

Weiterhin gibt es einen Beitragsnachlass für hohe Versicherungssummen und, wenn wegen des hohen Risikos nicht von der Gesellschaft sowieso vorgeschrieben, für Alarmanlagen.

Nicht erläutert sind im Abschnitt der Hausversicherung die Deckungen der Elektronik-, Maschinenbruch-, Transport- und Betriebsunterbrechungsversicherung.

Alle anderen Erklärungen finden Sie dort und werden daher an dieser Stelle nicht noch einmal wiederholt.

Betriebsunterbrechungsversicherung

Eine der wichtigsten Deckungen des Betriebes ist die Betriebsunterbrechungsversicherung, auch Unfallversicherung des Betriebes genannt.

Ihr Geschäft wurde von Ihnen sicher vorrangig eröffnet, um Gewinne zu machen. Wenn bei einem Feuer beispielsweise die Ware verbrennt, ist diese über die Basisversicherung gedeckt. Das meist größere Problem ist aber, das der Betrieb erst einmal geschlossen ist, bis die Untersuchungen der Polizei abgeschlossen, die Ware neugekauft und der Laden renoviert ist. In dieser Zeit laufen die Kosten zum Großteil weiter (Miete, Löhne, Finanzierungen ....) und ein Gewinn, von dem ja leben möchte, wird auch nicht erwirtschaftet. Oft führt daher ein solcher Schaden, trotz der Entschädigung des Sachschadens, zu Liquiditätsproblemen, bis hin zur Insolvenz.

Mit der Betriebsunterbrechungsversicherung sichere ich die Ertragskraft des Unternehmens, da die Fixkosten und Gewinne weiter gezahlt werden. Der Beitrag ist in Spanien relativ gering und richtet sich danach, wie lange Zeit eine Betriebsunterbrechung versichert ist, und wie hoch die Tagesentschädigung sein soll.

Bei einem Monat zahlen Sie 40%, bei zwei Monaten 60%, bei drei Monaten 80% der Versicherungssumme (Tagesentschädigung). Anders gesagt sind sie gegen Betriebsausfälle bis drei Monate versichert mit der Zahlung von 80% eines Tagesbruttoverdienstes (Einnahme abzüglich Warenkosten und variable Kosten).

Produktionsbetriebe können Unterbrechungen bis zu einem Jahr versichern.

Elektronik-, Maschinen- und Transportversicherung

Die Elektronikversicherung für Computer und auf Wunsch auch andere elektrische Geräte (Kassen, Kopierer, Büroelektronik usw.) ist wie die Versicherung der Maschinen eine sogenannte Allgefahrendeckung.

Natürlich wird ein normaler Verschleiß nicht entschädigt, aber alle Art unerwarteter Schäden, wie der alte Begriff Maschinenbruch schon aussagt. Egal ob eine Tasse Kaffe umkippt und der Kaffe den Computer beschädigt oder ob eine Maschine durch ein querliegendes Werkstück beschädigt wird: Jeder unnatürlich entstandene Schaden ist versichert, auch bei eigener Fahrlässigkeit (nicht eigene grobe Fahrlässigkeit).

In diesen Bereichen ist von jedem Schaden eine Selbstbeteiligung von 10%, mindestens 90, 15 Euro, maximal 901, 52 Euro selbst zu tragen.

In der Transportversicherung sind die Waren auf allen Transporten zum Betrieb und auch zum Kunden versichert. Auch hier sprechen wir von einer Allgefahrendeckung, z.B. für Schäden durch Fahrzeugunfall, Aufbruch und Diebstahl, Feuer oder anderes. Nicht versichert sind Schäden durch Verrutschen durch eigenverschuldete mangelnde Befestigung u.ä.

Prämien der Geschäftsversicherung

Die Beiträge variieren bei den unterschiedlichen Gesellschaften stark. In diesem Bereich ganz besonders wichtig ist die ausführliche Beratung und die Fachkompetenz des Vertreters, der das richtige Versicherungspaket zusammenstellen muss.

Die Prämien für die Feuerversicherung richten sich nach der Brandgefahr durch den Betrieb, also ist ein Tischler natürlich teurer versichert als ein Geschäft für Modeschmuck. In der Einbruchversicherung richtet sich der Beitrag nach der Begehrlichkeit der Waren. Hier ist der Tischler viel günstiger versichert als das Geschäft für Modeschmuck.

Als Anhalt für die Zusatzversicherungen (mittleres Niveau) gelten folgende Beiträge:

- Glasversicherung: Versicherungssumme 601 Euro bei 34,86 Euro pro Jahr
- Versicherungssumme 3005 Euro bei 57,10 Euro pro Jahr
- Wasserschäden: Prämie 0,2% der Versicherungssumme Gebäude und Inhalt
- Haftpflicht/gerichtliche Verteidigung: 33 bis 39 Euro pro Jahr

- Kühlgut in Kühlräumen: 15% des Wertes der Waren
- Kühlgut in Kühlschranken und -inseln: 30% des Wertes der Waren
- Maschinenbruch: 10% der vereinbarten Versicherungssumme
- Elektronik: 3,5 bis 6% der vereinbarten Versicherungssumme, je nach Umfang des Gesamtwertes
- Transportversicherung: 10% der vereinbarten Versicherungssumme

3.2.9 Rechtsschutzversicherung

Rechtschutz im Verkehr - Die Wahrnehmung Ihrer rechtlichen Interessen

Vielfalt in Sachen Rechtsschutz im Verkehr

Das eigene Recht vor Gericht durchzusetzen, kann teuer werden: Bei einem Streitwert von zum Beispiel 300 Euro können die Anwalts- und Gerichtskosten in erster Instanz beim rund gleichen Betrag und in zweiter Instanz können sogar noch darüber liegen. Die hohen Kosten und der Wunsch, sich wehren zu können, sind die häufigsten Gründe dafür, eine Rechtsschutz-Versicherung in Erwägung zu ziehen.

Aber: Die Rechtsschutzversicherung ist kein „Rundum-Sorglos-Paket“. Vor Abschluss sollte Ihnen deshalb klar sein, welchen Bereich Sie abgesichert wissen wollen. Danach sollten Sie prüfen, ob die Versicherung die Kosten des persönlichen Prozessrisikos überhaupt absichert.

Verkehrs-Rechtsschutz: Höchste Prozesswahrscheinlichkeit

Statistiken der deutschen Versicherungswirtschaft belegen, dass die Prozesswahrscheinlichkeit im kleinen Segment des Verkehrsrechtsschutzes am höchsten überhaupt liegt. Ob das nun an der ausgeprägten Affinität der Deutschen und Schweizer zum Auto liegt oder reiner Zufall ist, sei dahingestellt. Auf jeden Fall gehen wir für Spanien davon aus, dass die Zahlen bezogen auf den deutschsprachigen Markt nicht deutlich anders aussehen. Wer sich nicht nur auf den passiven Verkehrsrechtsschutz verlassen möchte, der in der Regel durch KfZ-Versicherungen abgedeckt ist, baut auf die aktive Zusatzversicherung Verkehrsrechtsschutz. Das heißt mehr als nur Pannenhilfe.

Wählen Sie am besten eine kombinierte Pannendienst / Verkehrsrechtsschutz-Versicherung (wie zum Beispiel von der AIRBAG CapARAG angeboten). Achten Sie darauf, eine Versicherung abzuschließen, die nicht nur deutschsprachig ist, sondern auch deutsche Vertragstexte anbietet. Oder zumindest Ihr Agent deutschsprachiger Herkunft ist. Es lässt sich einfacher auch über komplizierte Zusammenhänge sprechen.

Neben der gängigen Verkehrsrechtsschutz werden auch Nischen für spezielle Versicherungsanforderungen genannt. Es handelt sich dabei um die Fahrer- und Fahrzeugrechtsschutzversicherung. Prüfen Sie, welcher Versicherungstypus am besten zu Ihnen passt.

Vielfalt in Sachen Rechtsschutz im Verkehr: Die Verkehrsrechtsschutz-Versicherung

Prüfen Sie, welcher Versicherungstypus am besten zu Ihnen passt. Sollten keine besonderer Bedarf bestehen, ist in der Regel der Verkehrsrechtsschutz die Versicherung Ihrer Wahl. Sie erhält dafür einen besonderen Raum in der Darstellung.

Typus I: Fahrzeug-Rechtsschutz

Im Unterschied zur Verkehrsrechtsschutz existiert der Fahrzeugrechtsschutz. Das Risiko des Teilnehmers am Straßenverkehr ist versichert, allerdings ausschließlich für das jeweils im Versicherungsschein bezeichnete Fahrzeug. Es ist eine Kennzeichenangabe erforderlich.

Die Versicherung gilt bezogen auf diese Fahrzeuge für

- Eigentümer, Halter, Fahrer
- Mieter oder Entleiher

Der Versicherungsnehmer ist außerdem versichert als

- Fußgänger, Radfahrer oder Fahrgast

Gegenüber dem Verkehrs-Rechtsschutz eignet sich diese Versicherungsform dann, wenn der Versicherungsnehmer eine Vielzahl von Fahrzeugen besitzt, aber nicht alle Fahrzeuge versichert werden sollen.

Wer ist versichert?

Versichert ist der Versicherungsnehmer und alle Personen als berechtigte Fahrer und berechtigte Insassen des im Versicherungsschein bezeichneten Fahrzeuges.

Typus II: Fahrer-Rechtsschutz

Auch hier ist das Risiko des Teilnehmers am Straßenverkehr versichert. Allerdings ist der Versicherungsnehmer nur versichert als Fahrer fremder, nicht auf den Versicherungsnehmer zugelassener Fahrzeuge oder als Fußgänger, Radfahrer und Fahrgast. Versichert ist ausschließlich der Versicherungsnehmer.

Typus III: Verkehrs-Rechtsschutz

Wohl die wichtigste Versicherung der drei genannten. Hier ist das Risiko des Teilnehmers am Straßenverkehr versichert. Die Versicherung gilt für

- Eigentümer, Halter, Fahrer oder Insasse aller bei Vertragsabschluß und während der Vertragsdauer auf ihn zugelassenen oder der auf seinen Namen versicherten Landfahrzeuge
- Erwerber von Landfahrzeugen
- Mieter eines vorübergehend gemieteten Mitfahrer - Vermietfahrzeuges
- Fahrer fremder, nicht auf ihn zugelassenen Fahrzeuge
- Fußgänger (auch Inline-Skater gelten als Fußgänger), Radfahrer und Fahrgast

Wer ist alles versichert?

- Der Versicherungsnehmer
- Dessen Ehegatte oder
- Der im Versicherungsschein genannte nichteheliche Lebenspartner
- Die minderjährigen Kinder sowie
- Die unverheirateten, volljährigen Kinder, allerdings längstens bis zu dem Zeitpunkt, in dem diese erstmalig eine auf Dauer angelegte berufliche Tätigkeit ausüben oder hierfür ein leistungs- bezogenes Entgelt erhalten.

Was bedeutet das im Schadensfall?

Sie haben Anspruch auf verschiedene Leistungen die sich im Fachjargon wie folgt nennen: Schadenersatz-Rechtsschutz, Rechtsschutz im Vertrags- und Sachenrecht, Steuer-Rechtsschutz vor Gericht, Verwaltungs-Rechtsschutz in Verkehrssachen, Straf-Rechtsschutz und Ordnungswidrigkeiten-Rechtsschutz.

Wichtig: eine Reihe von Anbietern haben den Baustein Strafrecht nicht im Programm. Ihm kommt allerdings eine sehr hohe Bedeutung zu. Darunter fallen zum Beispiel: unterlassene Hilfeleistung, Fahren unter Drogen und Alkohol, Ihr Kind fährt ohne Führerschein Ihren Wagen und verursacht einen Unfall. Oder Veränderungen oder Umbauten am Wagen verursachen einen Schaden. Sie selber verursachen Schäden mit Dingen, die sich im Wagen befinden.

Ein Beispiel aus der Praxis:

> Frau W. aus Benidorm wird beschuldigt, sie habe sich beim Passieren einer Unfallstelle nicht um einen offensichtlich Verletzten gekümmert. Vom Rechtsanwalt Frau B.s´ wird nachgewiesen, dass andere Verkehrsteilnehmer die Stelle vor ihr kreuzten und ebenfalls keine Hilfe leisteten. Die drohende Strafe von 5 Jahren Gefängnis und zehn Jahren Führerscheinentzug konnte mit Hilfe des Bausteins Straffrecht abgewehrt werden.

Welche Kosten werden genau ersetzt?

Die gesetzlichen Gebühren eines Rechtsanwalts, die Gerichtskosten, die Kosten für Zeugen und Sachverständige, die Kosten für das Gutachten, die Kosten der Gegenseite, die Strafkaution, die Kosten eines Korrespondenzanwalts, die Kosten eines Schieds- oder Schlichtungsverfahrens, die Kosten eines Verwaltungsverfahrens, die Kosten eines Notars, die Kosten eines Angehörigen der steuerberatenden Berufe, die Kosten der Zwangsvollstreckung, die Kosten für einen hier ansässigen Sachverständigen, die Kosten für die Übersetzung, die Kosten für einen Bevollmächtigten, die Reisekosten.

Achten Sie darauf, dass diese Punkte in der Police genannt sind. Kosten sollten zu 100% über einen Vertragsanwalt übernommen werden oder es ist ein Limit von ca. 3000 bis 6000 Euro eingetragen, um Ihnen freie Anwaltswahl zu gewährleisten.

Welche Rechtsangelegenheiten umfasst der Rechtsschutz in Zusammenhang mit Fahrzeugen ausdrücklich nicht?

Liegt auf der Hand: In Ordnungswidrigkeiten- und Verwaltungsverfahren wegen des Vorwurfs eines Halt- oder Parkverstoßes. Gerichte sind heute schon und würden dann in Zukunft noch mehr überlaufen – und zwar mit aus meiner Sicht reinen Bagatellfällen. Sie haben allerdings die Möglichkeit, Einspruch gegen Bußgelder oder Strafen zu erheben. Die wiederum nur von den Behörden wieder aufgehoben werden können.

Alle Vergehen und Straftaten, die vorsätzlich begangen werden, sind ebenfalls nicht versichert bzw. versicherbar.

Dazu ein Beispiel aus der Praxis:

> Das drohende Urteil für Herrn B. aus Jávea: 4 Jahre Haft Er meinte eine Abkürzung gefunden zu haben, die sich allerdings im Nachhinein als Einbahnstraße herausstellte – die er in diesem Fall in der falschen Fahrtrichtung benutzte. Ein entgegenkommendes Mofa konnte Herrn B. nicht ausweichen und es kam zu einem schweren Unfall mit (Danos corporales). Der Staatsanwalt fordert wegen böswilliger und grobfahrlässiger Handlung eine Strafe von vier Jahren. Doppelt Pech. Denn zum Personen- und Sachschaden (Danos materiales) kommt die „Böswilligkeit" hinzu. Sie würde eine Übernahme der Kosten durch die Versicherung ausschließen. Die Rechtsanwälte jedoch konnten den Richter von der vorsätzlichen Absicht abbringen und die Strafe wurde zur Bewährung ausgesetzt. Glück im Unglück.

Last but not least zählen Schäden dazu, die durch Materialien verursacht werden, die nicht ordnungsgemäß transportiert werden. Achtung: hier geht es ausdrücklich um Gegenstände im Fahrzeug. Eine unsachgemäß auf dem Dach des Fahrzeugs vertäute Matratze, die sich auf dem Weg löst und eventuell Schäden verursacht versichert und vertritt niemand pauschal.

Was nicht alles passieren kann

Manchmal ist einem nur nicht die Begriffsdefinition ganz klar, das nächste Mal liegt eine konkrete Frage zu einem Leistungsfall zugrunde. Lassen Sie uns auf ein paar wichtige Details genauer eingehen.

Thema Alkohol am Steuer: Wie verhält sich die Versicherung?

Keine Frage, Alkohol am Steuer ist verboten und wird im Falle von leichten oder schweren Fahrfehlern mit bis zu 600 Euro bestraft (vor Ort). Außerdem droht ein Arrest von acht bis zwölf Wochenenden und ca. 72.000 Euro (gemäß Strafrechtsbuch) sowie ein bis vier Jahre Führerscheinentzug. Ist der Alkoholkonsum nachgewiesen, tritt die Versicherung nicht ein. Wird das Gutachten (berechtigt) angezweifelt, tritt die Versicherung zur Klärung ein.

Wieso Kaution?

Kautionen und Hinterlegungen sind wichtig, will man sich nicht übermäßig lange in Gewahrsam befinden. Die Kaution ist ein Mittel des Strafrechts. Der von Ihnen verursachte Schaden soll mit dieser Hilfe gedeckt sein – bevor Sie in der Sache überhaupt prozessieren. Der Schock eines Unfalls ist groß genug. Eine ansonsten notwendige Zwangspfändung ihres Eigentums kann durch die Hinterlegung der Kaution durch Ihre Versicherung abgewendet werden. Die Deckung für Kautionen sollte angemessen sein. Achten Sie auf eine Höhe von ca. 30.000 Euro.

Beispiel: Eigener Personenschaden (»danos corporales«)

> Der Sohn Frau M. ´s wird durch einen wilden Autofahrer mit seinem Moped von der Straße gedrängt und prallt an einen Laternenmast. Die gegnerische Versicherung erkennt die Schuld des Verursachers – ihres Klienten – nicht an. Ihre Versicherung sollte in der Lage sein, medizinische Berichte, Gutachten und alles was notwendig ist, um entstandenen Schaden und auch die Folgekonsequenzen festzustellen. Die Betonung liegt auf dem zweiten Teil des Satzes. Künftige Einschränkungen und eventuelle Invalidität sind nicht leicht zu bemessen. Daneben ist es selbstverständlich, dass die daraus resultierenden Rechte durchgesetzt werden. Egal ob durch ein Schuldanerkenntnis oder eine gerichtliches Verfahren. Im Fall des Sohns von Frau M. wurde per Gericht eine Entschädigung von 48.000 Euro eingeklagt.

Was heißt da Sachschaden (danos materiales)?

Nehmen wir an, Sie verursachen einen Autounfall bei dem Wertgegenstände, die sich im gegnerischen Auto befanden zerstört werden. Oder Ihr Fahrzeug verursacht einen Schaden ohne Verkehrsunfall. Oder Ihr Wagen wird zum Beispiel auf dem Gelände eines Einkaufszentrums beschädigt. Ihre Versicherung sollte sich kümmern um

- die gerichtliche Klärung
- Schadensersatzansprüche und

natürlich um die Schäden an dem auf Sie zugelassenen Wagen

- Neuwert und Zeitwert

Die beiden Begriffe wurden bereits im Zusammenhang mit der Gebäude- und Hausratversicherung erläutert. Anders jedoch als bei der Gebäude- und Hausratversicherung gehen Versicherungen im Bereich KfZ immer vom Zeitwert eines Fahrzeugs aus (gemessen ab dem Tag der Erstzulassung bis zum Unfalltag, abhängig von Modell und Marke, einzusehen in den offiziellen Liste wie z.B. Schwacke-Eurotax).
Ausnahme: Ihr Wagen ist nicht älter als zwei Jahr; in diesem Fall wird vom sogenannten Neuwert ausgegangen, also der Preis, den Sie bei der Anschaffung des Wagens bezahlt haben.

Was passiert wenn mein Unfallgegner nicht versichert ist?

Kommt in Spanien häufig vor. Eine Versicherung ist nicht Pflicht, werden Sie jedoch ohne Versicherungskarte von der Polizei angehalten, wird Ihnen ein Bußgeld auferlegt An sich unlogisch, jedoch spanischer Alltag. In Spanien sind allein mehr als eine Millionen Fahrzeuge ohne Versicherungsschutz unterwegs. Umso häufiger tritt der Fall ein, dass der Unfallgegner – vor allem wenn er schuldig ist – zahlungsunfähig wird. Haben Sie sich nicht versehen, bleiben Sie auf allen verursachten Kosten sitzen. Achten Sie darauf in Ihrer Police, sprechen Sie mit Ihrem Agenten, ob ein solcher Fall durch die Versicherung abgedeckt ist. Er läuft unter dem Stichwort Insolvenz (Insolvencia). Sie sollten eine Deckung haben in der Höhe von ca. 12.000 Euro.

Kostenübernahme um jeden Preis?

Ihre Versicherung sollte Kosten übernehmen für die Sie in Vorleistung gegangen sind. Insbesondere gilt das für Fälle, wo die gegnerische Versicherung die Zahlungen verschleppt, Sie aber zum Beispiel in der Werkstatt in Vorleistung gehen müssen. Eine Deckung von ca. 6.000 Euro sollte ausreichen.

Gutachter ist nicht gleich Gutachter

Gutachter (»peritos«) der gegnerischen Versicherung versuchen durch Zusammenlegen von kleineren Einzelschäden die beispielsweise bei einem Verkehrsunfall an Ihrem Auto verursacht wurden den Gesamtschaden zu mindern und somit den

Auszahlungsbetrag so tief wie möglich zu halten. Achten Sie darauf, dass Ihre Versicherung in diesem Fall einen unabhängigen Gutachter bezahlt, um die gegnerische Aufstellung zu prüfen und gegebenenfalls zu korrigieren. Kosten (»gastos de peritaje«) sollten dafür in einer Höhe von ca. 300 Euro gedeckt sein.

Ab wann gibt's einen Mietwagen?

Sollte eine Reparatur nicht innerhalb von 15 Stunden durchgeführt werden können, sollte Ihre Versicherung einen Mietwagen abdecken (»Gastos de locomoción«). Dieser Zeitraum gilt nicht für Raub oder Diebstahl – hier werden 24 Stunden nach einer offiziellen Anzeige angesetzt. Einfach deshalb, weil hier noch immer eine Chance besteht, den Wagen zurückzuerhalten.

Pannendienst inklusive?

Viele Versicherungen bieten in Ihrem Rechtschutzpaket den Pannendienst nicht mit an. Achten Sie aber darauf – einfach deshalb weil beides die Verkehrsrechtsschutz und der Pannendienst eine sinnvolle Ergänzung sind.

Folgende Punkte sollten beim Pannendienst abgedeckt sein: Eilreparatur auf der Straße, Abschleppkosten, Bergungskosten, Kostenvorschuss für medizinische Notfälle, Ambulanz / Krankenwagen, Rückführung im Todesfall (auch in Ihrer Krankenversicherung enthalten?) Kautionen, Mietwagen, Fahrtkosten Medizinische Assistenz, Zahnbehandlungen nach Unfall, Rückflug im Ambulanzflugzeug inkl. einer Begleitperson, Besuchskosten durch ein Familienmitglied vorausgesetzt der Krankenhausaufenthalt dauert länger als 10 Tage, Genesungskosten bei Aufenthalt im Hotel bis ca. 10 Tage. Taxikosten, Lieferkosten (für Ersatzteile), Hotelkosten bei einer Panne und Reisekosten zum Zielort oder Ausgangspunkt, Reisegepäckhaftpflicht.

Im Falle eines Falles:

- Grüne Karte mitnehmen, auch dorthin, wo sie nicht Vorschrift ist
- Niemals Schuld zugeben. Vermeiden Sie am Unfallort Streit und Diskussionen
- Stellen Sie Ihr Fahrzeug unmittelbar, aber sicher am Unfallort ab, ohne den Verkehr zu gefährden oder zu blockieren
- Suchen Sie sofort nach Zeugen oder Fußgängern und notieren Sie deren persönliche Daten
- Nehmen Sie die Daten des Unfallgegners auf

Mit freundlicher Genehmigung der Autorin:

Jessica Heinz

3.2.10 Sozialversicherung

Rechtsquellen

Die grundlegenden Regelungen der spanischen Sozialversicherung finden sich nun im neuen allgemeinen Sozialversicherungsgesetz, welches am 1. September 1994 in Kraft getreten ist. Zahlreiche Detailbestimmungen finden sich jedoch noch immer in älteren Gesetzen oder Dekreten. Außerdem werden die Höhe der Sozialversicherungsbeiträge und auch der Renten jährlich neu im Haushaltsgesetz geregelt.

Grundzüge des spanischen Sozialversicherungssystems

Die spanische Sozialversicherung kann in zwei große Systeme unterteilt werden. Am wichtigsten ist das allgemeine System, das "régimen general", in dem vornehmlich Arbeitnehmer versichert sind. Daneben bestehen besondere Systeme, "régimenes especiales", für Personen mit beruflichen Aktivitäten, die aufgrund ihrer Natur, ihrer Arbeitsbedingungen oder ähnlicher Umstände nach Ansicht des spanischen Gesetzgebers eine besondere Regel verlangen. So bestehen beispielsweise spezielle Systeme Selbstständige und Freiberufler, für in der Landwirtschaft Beschäftigte, für Seeleute und für Studenten.

Im allgemeinen System gibt es auch einige Sondergruppen, die aber nur in den Bereichen Anmeldung und Beitragswesen Besonderheiten aufweisen. Daneben bestehen auch einige Unterschiede für Arbeitnehmern gleichgestellte Personen.

Schließlich ist zu erwähnen, dass es im allgemeinen System neben den hier behandelten Leistungen für Beitragszahler auch Leistungen für Nichtbeitragszahler gibt, die jedoch nicht weit erörtert werden können.

Allgemeines System der Sozialversicherung

Anwendungsbereich

Im allgemeinen System der Sozialversicherung sind alle Arbeitnehmer sowie diesen gleichgestellte Personen in Spanien pflichtversichert. Darunter werden Spanier, die mindestens 16 Jahre alt sind, in Spanien ihren ständigen Wohnsitz haben und dort unselbstständige Tätigkeiten oder gleichgestellte Tätigkeiten ausüben, verstanden. Auch in Spanien wohnende und arbeitende Ausländer unterfallen diesem System, sofern das in internationalen Verträgen vorgesehen ist, was faktisch für fast alle Ausländer der Fall ist. Der Begriff des unselbstständig Beschäftigten im spanischen Sozialversicherungsrecht geht weit über den Begriff des Arbeitnehmers im Arbeitsrecht hinaus und umfasst auch leitende Angestellte, die nicht dem allgemeinen Arbeitsrecht unterliegen zeitweilig oder unregelmäßig beschäftigte Personen, Heimarbeiter sowie andere Personengruppen wie z.B. den unselbstständigen Handelsvertreter, die durch gesetzliche Regelung den unselbstständig Beschäftigten gleichgestellt werden.

Nicht versicherungspflichtig sind im Betrieb des Arbeitgeber; beschäftigte Ehegatten, Eltern, Kinder und weitere Angehörige bis zum zweiten Verwandtschafts- oder Schwägerschaftsgrad, wenn sie in dem Haushalt des Arbeitgebers wohnen und von ihm unterhalten werden. Sie gelten nicht als Lohnempfänger. Diese gesetzliche Vermutung kann jedoch im Einzelfall von den betreffenden Personen widerlegt werden. Unter das allgemeine System fallen auch nicht Personen, die gelegentliche Arbeiten im Rahmen von Freundschaftsdiensten oder Nachbarschaftshilfe leisten. Personen, die Arbeiten verrichten, die zu einer Einschreibung in besondere Systeme der Sozialversicherung führen, werden ebenfalls nicht vom allgemeinen System erfasst.

Als Arbeitgeber im Sinne des Sozialversicherungsrechts gilt jede natürliche oder juristische Person, die versicherungspflichtige Personen beschäftigt, ohne Rücksicht darauf, ob ihre Tätigkeit auf Gewinnerzielung ausgerichtet ist oder nicht.

Allgemeine Vorschriften

Allgemeine Pflichten des Arbeitgebers

Die allgemeinen Pflichten des Arbeitgebers ergeben sich aus dem neuen Sozialversicherungsgesetz sowie einem weitergeltenden Königlichen Dekret aus 1996 (RDL 84/1996).

Bevor ein Arbeitgeber seine Tätigkeit aufnimmt, muss er sich in das allgemeine System der Sozialversicherung eintragen. Der Antrag auf Einschreibung ist mit einem offiziellen Formular bei der "Dirección General de la Seguridad Social" oder bei anderen Stellen, den "agencias" oder "administraciones" der Sozialversicherung zu stellen. Örtlich zuständig sind die Stellen in der Provinz, in der der Arbeitgeber seinen Sitz hat. Bei der Einschreibung muss der Arbeitgeber angeben, welche Art der Arbeitsunfall- und Berufskrankheitenversicherung er für sein Unternehmen gewählt hat. Der Arbeitgeber kann nämlich den Bereich Arbeitsunfälle und Berufskrankheiten sowohl durch die staatliche Sozialversicherung als auch durch "Mutuas de Accidentes de Trabajo y Enfermedades Profesionales", vergleichbar den Versicherungsvereinen auf Gegenseitigkeit in Deutschland, abdecken lassen. Diesen mutuas, die mit der Sozialversicherung zusammenarbeiten, können die Arbeitgeber beitreten müssen dann aber alle ihre Arbeitnehmer dort versichern.

Zur Einschreibung benötigt der Arbeitgeber, wenn es sich um eine natürliche Person handelt, Reisepass oder Personalausweis und einen Nachweis über die erfolgte Anmeldung zur spanischen Form der Gewerbesteuer "Impuesto sobre Actividades Económicas". Ist der Arbeitgeber eine juristische Person, müssen die Gründungsurkunde oder ein Handelsregisterauszug, die steuerliche Identifikationsnummer sowie ein Personaldokument der natürlichen Person, die die Einschreibung beantragt, vorgelegt werden. Auch eine ausländische juristische Person kann sich unter Vorlage der sie im Ausland (Einschreibung in das ausländische Handelsregister, Vollmachten, Apostille, Übersetzung) und im Inland (Steueridentifkationsnummer) ausweisenden Unterlagen bei der Sozialversicherung eintragen lassen und demnach in Spanien Arbeitnehmer anstellen, ohne dass es der Gründung einer spanischen Gesellschaft oder einer im Handelsregister eintragungspflichtigen unselbstständigen Niederlassung bedarf.

Die Aufgabe des Unternehmens sowie Veränderungen der gemeldeten Daten müssen ebenfalls angezeigt werden, und zwar grundsätzlich innerhalb von fünf Tagen nach Eintritt der Änderung. Nur der Wechsel der Arbeitsunfallversicherung muss bereits 10 Tage vor Eintritt der Änderung angekündigt werden. Bei der Einschreibung muss außerdem die Eröffnung eines Beitragskontos beantragt werden.

Die Arbeitgeber sind weiterhin verpflichtet, die bei ihnen beschäftigten Arbeitnehmer, die noch nicht bei der Sozialversicherung angemeldet sind, innerhalb von fünf Tagen nach Arbeitsaufnahme dort anzumelden. Die Anmeldung ist bei den oben genannten Stellen vorzunehmen. Dem Arbeitnehmer wird eine Sozialversicherungsnummer zugeteilt, die lebenslang gilt. Der Arbeitgeber erhält ein Dokument über die Anmeldung, welches er dem Arbeitnehmer auszuhändigen hat. Kommt der Arbeitgeber der Anmeldepflicht nicht nach, kann sich der Arbeitnehmer selbst anmelden oder die Sozialversicherung kann dies von Amts wegen durchführen. Bei Beendigung des Beschäftigungsverhältnisses besteht für die Arbeitgeber die Verpflichtung, den oben bezeichneten Stellen diese Tatsache innerhalb von fünf Tagen anzuzeigen.

Die Arbeitgeber sind verpflichtet, ein Personalbuch, das "Libro de Matricula del Personal" zu führen, in dem alle bei ihnen beschäftigten Arbeitnehmer ab dem Beschäftigungsbeginn eingetragen sein müssen. Das vorgeschriebene Modell ist bei den "Inspecciones Provinciales de Trabajo y Seguridad Social" erhältlich. Bei Inspektionen der Arbeitsverwaltung im Betrieb ist tunlichst darauf zu achten, dass die anwesenden Beschäftigten dort auch eingetragen sind.

Beginn und Ende der Beitragspflicht

Die Beitragspflicht entsteht mit dem Beginn der tatsächlichen Beschäftigung, wozu auch der Beginn einer Probezeit zählt, und jedenfalls auch mit Stellung des Antrags auf Anmeldung in der Sozialversicherung, bzw. mit Anzeige des Beschäftigungsbeginns. Sie besteht solange, wie der Arbeitnehmer seine Leistungen erbringt, bzw. solange seine Beschäftigung angezeigt ist. Sie endet erst mit der Anzeige des Beschäftigungsendes, es sei denn der Arbeitnehmer erbringt tatsächlich weiter seine Arbeitsleistung. Während Streiks und Aussperrungen wird die Beitragspflicht unterbrochen.

Beitragsschuldner und Abführung der Beiträge

Die Beiträge zur Sozialversicherung bestehen ebenso wie in Deutschland aus zwei Teilen, von denen der eine vom Arbeitgeber, der andere vom Arbeitnehmer getragen wird. Nur die Beiträge bezüglich der Absicherung gegen Arbeitsunfälle und Berufskrankheiten werden ebenso wie in Deutschland ausschließlich vom Arbeitgeber getragen.

Der Arbeitgeber ist verantwortlich für die Zahlung der gesamten Beiträge. Bei der Entgeltzahlung an seine Beschäftigten behält er den jeweiligen Arbeitnehmeranteil ein, um ihn sodann an die Sozialversicherung abzuführen. Die Zahlung beider Anteile hat innerhalb eines Monats nach Auszahlung des Entgeltes auf ein Konto der "Tesoreria General de la Seguridad Social", der Schatzmeisterei der Sozialversicherung, bei Banken und Sparkassen zu erfolgen. Bei verspäteter Zahlung oder verspäteter Vorlage der notwendigen Dokumente werden Verspätungszuschläge fällig, die abhängig von der Dauer zwischen 5 und 35% der fälligen Beiträge ausmachen können. Bei vorübergehenden Zahlungsschwierigkeiten können auf Antrag Fristverlängerungen und die Möglichkeit von Teilzahlungen gewährt werden.

Berechnung der Beiträge

Zu Anfang eines jeden Jahres wird ein Prozentsatz für jede Art der Versicherung, die von der Sozialversicherung umfasst ist, festgesetzt. Dieser Satz ist auf die Beitragsbemessungsgrundlage, die sich auf den jeweiligen Arbeitnehmer bezieht, anzuwenden. So erhält man den Betrag des abzuführenden Beitrags.

Beitragssätze

Die Beitragssätze werden jährlich neu geregelt im Haushaltsgesetz und der dazu im ersten Monat des Jahres ergehenden Durchführungsverordnung.

Von der Verteilung her zeigt sich hier eine deutlich höhere Belastung des Arbeitgebers als in Deutschland, wo Beiträge zur Sozialversicherung zwischen Arbeitgeber und Arbeitnehmer grundsätzlich hälftig getragen werden. Jedoch liegt die Beitragsbemessungsgrenze in Spanien deutlich niedriger. Dem Arbeitgeber obliegen in Spanien zudem ebenso wie in Deutschland die Beiträge zur Versicherung gegen die Folgen von Arbeitsunfällen und Berufskrankheiten.

Die Vergütung für geleistete Überstunden, die auf höherer Gewalt beruhen oder strukturell bedingt sind, wird mit einem Sonderbeitrag belegt. Strukturell bedingt sind Überstunden z.B. aufgrund von unvorhergesehenen Aufträgen, Produktionsspitzen oder unvorhergesehener Abwesenheit.

Die Höhe der Beitragssätze in der Arbeitsunfallversicherung variiert je nach Gefährlichkeit der verschiedenen Branchen. Im Haushaltsgesetz für das Jahr 2000 wird bestimmt, dass die 1980 (Königliches Gesetzesdekret 2930/1979) unverändert Sätze um 10% zu kürzen sind. Für die Arbeit in Munitionsfabriken sind daher 12,5% und für reine Büroarbeiten 1,19 Beiträgen zu entrichten. Darüber hinaus können Zusatzbeiträge von Unternehmen erhoben werden, bei denen ein erhöhtes Berufskrankheitsrisiko besteht. Die Höhe orientiert sich am dem Risiko und den getroffenen Vorbeugungsmaßnahmen. Schließlich ist vorgesehen, dass die

Beiträge um bis zu 10% ermäßigt werden können für Unternehmen, die durch besondere Schutzmaßnahmen auffallen. Ebenso können Zuschläge bis 10%, im Wiederholungsfall bis zu 20%, erhoben werden, wenn Unternehmen gegen die Vorschriften über Hygiene Sicherheit am Arbeitsplatz verstoßen.

Bemerkenswert ist die Möglichkeit, dass spanische Arbeitgeber die Höhe der Beitragssätze beeinflussen können, indem Leistungen der Sozialversicherung bei der vorübergehe Arbeitsunfähigkeit und der medizinischen Versorgung selbst übernehmen oder einem Versicherungsunternehmen überlassen und insofern die Sozialversicherung entlasten. Übernimmt Arbeitgeber oder eine von ihm kontrahierte Versicherung Arztkosten und das gesamte Krankengeld, ermäßigt sich Beitragssatz für die Kranken- und Rentenversicherung. So z.B. der Beitrag um 5,5%, wenn die Arbeitgeber nur Geldleistungen während der vorübergehenden Arbeitsfähigkeit übernehmen.

Bemessungsgrundlagen

Die Bemessungsgrundlage für alle genannten Versicherungsarten errechnet sich aus der Summe aller monatlichen Vergütung sowie außerordentlichen Zahlungen und Gewinnbeteiligung die gleichmäßig auf zwölf Monate umgelegt werden. Nicht Bemessungsgrundlage gehören Reise- und Fahrtkostenentwertungen, Entfernungszulagen und Zuschüsse für die Benutzer des öffentlichen Nahverkehrs, Entschädigungen im Todesfall Umzug, anlässlich Entlassung und Aufhebung des Arbeitsverhältnisses, Zahlungen zum Ausgleich von Währungsverlust der Abnutzung von Werkzeugen und für den Kauf Arbeitskleidung, freiwillige Sachleistungen, Zuwendungen Anlass der Eheschließung, Leistungen der Sozialversicherung sowie Überstundenvergütungen. Letztere werden jedoch bei Berechnung der Bemessungsgrundlage für die Arbeitsunfallsicherung hinzugerechnet.

Im Haushaltsgesetz und der Durchführungsverordnung werden für verschiedene Gruppen von Arbeitnehmern jeweils Mindest- und eine Höchstbemessungsgrundlage für den gesamten Bereich der Sozialversicherung außer der Arbeitsunfallversicherung festgelegt. Hier sollen zur Verdeutlichung der unterschiedlichen Bemessungsgrenzen nur zwei Gruppen beispielhaft herausgegriffen werden. Für Ingenieure und andere Hochschulabgänger sind 740 Euro als Mindestbemessungsgrenze sowie 2451 Euro als Höchstbemessungsgrenze vorgesehen. Für Bürohilfskräfte hingegen liegt die Mindestbemessungsgrenze bei 496 Euro, die Höchstbemessungsgrenze bei 2.223 Euro.

Für die Arbeitsunfallversicherung gelten ebenfalls die Höchstwerte. Die Mindestwerte ergeben sich aus dem geltenden gesetzlichen Mindestlohn, der um den Prorata-Betrag der Vergütungen, die nicht monatlich fällig sind, erhöht wird. Es dürfen jedoch für Arbeitnehmer, die älter als 18 Jahre sind, 467 Euro und für jüngere Arbeitnehmer 416 Euro nicht unterschritten werden. Für den Lohngarantiefonds und die Berufsbildungsabgabe gelten die allgemeinen Bernessungsgrundlagen.

Beitragsermäßigungen und -befreiungen

Das spanische Sozialversicherungsrecht kennt zahlreiche Ausnahmevorschriften über Beitragsermäßigungen oder -befreiungen, die den Arbeitgeberanteil zum Teil deutlich senken. Diese Vergünstigungen sollen generell einen Arbeitgeber belohnen, der bestimmte Personen einstellt, die sonst nur schwer eine Anstellung finden. So ist für Ausbildungsverträge geregelt, dass für einen Auszubildenden nur die Arbeitsunfallversicherung, die medizinische Versorgung, Geldleistungen während des Mutterschaftsurlaubs, Renten und der Lohngarantiefonds abgedeckt sind. Gemäß der Durchführungsverfügung zum Haushaltsgesetz 2000 ist der Sozialversicherungsbeitrag für alle Auszubildenden auf monatlich 29 Euro festgesetzt, wovon der Arbeitgeber 24 Euro zu tragen hat. Für den Lohngarantiefonds müssen zusätzlich monatlich 1,83 Euro vom Arbeitgeber gezahlt werden. Wenn als Auszubildende Behinderte eingestellt werden, ermäßigt sich der Arbeitgeberanteil um 50%. Dieselbe Ermäßigung wird für die Einstellung Behinderter im Rahmen eines Praktikantenvertrags gewährt.

Bei Teilzeitarbeitsverträgen bestimmt sich die Bemessungsgrundlage nach den tatsächlich für die gearbeiteten Stunden erhaltenen Vergütungen. Jede weitere Arbeitsstunde, die über die vereinbarte Stundenzahl hinaus gearbeitet wird, gilt als Überstunde. Arbeitskräfte, die weniger als 12 Stunden pro Woche oder 48 Stunden pro Monat arbeiten, haben nur Ansprüche auf Leistungen bei Arbeitsunfällen und Berufkrankheiten, medizinische Versorgung und Geldleistungen während des Mutterschaftsurlaubs.

Das Königliche Gesetzdekret 9/1997, geändert durch das Gesetz 64/1997 sieht als Maßnahme zur Förderung unbefristeter Arbeitsverhältnisse eine Reihe von Ermäßigungen vor, wenn arbeitslos gemeldete Personen der nachfolgend genannten Gruppen mit unbefristeten Arbeitsverträgen eingestellt werden. Zur ersten Gruppe gehören jugendliche Arbeitnehmer, die das 30, Lebensjahr noch nicht vollendet haben, sowie Langzeitarbeitslose. Unternehmen, die diese Arbeitnehmer unbefristet einstellen, erhalten in den ersten beiden Beschäftigungsjahren eine Ermäßigung von 40% auf den Arbeitgeberanteil der Beiträge zur Kranken- und Rentenversicherung. Zur zweiten Gruppe zählen langzeitarbeitslose Frauen, die in Berufen tätig werden wollen, in denen Frauen unterrepräsentiert sind, Unternehmen erhalten bei der Einstellung dieser Arbeitnehmerinnen in den ersten zwei Beschäftigungsjahren der Beschäftigung eine Ermäßigung von 60% auf den Arbeitgeberanteil der Beträge zur Kranken- und Rentenersicherung. Die dritte Gruppe besteht aus älteren Arbeitnehmern über 45 Jahren. Hier beträgt die Ermäßigung 60% in den ersten beiden Beschäftigungsjahren und 50% während der restlichen Beschäftigungsdauer. Die vierte Gruppe erfasst Langzeitarbeitslose Jugendliche bis zum vollendeten 30. Lebensjahr sowie ältere Arbeitnehmer über 45 Jahren, die spätestens zum 17. Mai 1998 mit einem Zeitarbeitsvertrag eingestellt worden sind, und deren Zeitvertrag in einen unbefristeten Vertrag umgewandelt wird. Die Unternehmen erhalten für die Umwandlung dieser Verträge eine Ermäßigung in Höhe von 50%.

Weitere Ermäßigungen in Höhe von 70% erhalten Unternehmen, die behinderte Arbeitnehmer unbefristet einstellen, soweit der behinderte Arbeitnehmer noch keine 45 Jahre alt ist, bzw. von 90% soweit er älter als 45 Jahre ist.

Ordnungswidrigkeiten und Sanktionen

Verletzt der Arbeitgeber die oben ausgeführten Melde- oder Anzeigepflichten oder Beitragszahlungs- bzw. Abführungsverpflichtungen gegenüber den Sozialversicherungsbehörden, kann ihm auferlegt werden, der Sozialversicherung dem Arbeitnehmer gegenüber erbrachte Leistungen zu ersetzen. Die Sanktionen für weitere Pflichtverstöße sind in den Gesetzen 8/88 und RDL 1/95 geregelt. Die Verstöße sind in leichte, schwere und besonders schwere unterteilt, für die Bußgelder zwischen 30 Euro und 90.152 Euro vorgesehen sind.

Einzelne Versicherungszweige

Die Sozialversicherung umfasst Sachleistungen bei der medizinischen Versorgung

- die Wiedereingliederung in das Berufsleben
- Geldleistungen bei vorübergehender Arbeitsunfähigkeit oder Invalidität
- Geldleistungen bei Arbeitslosigkeit
- Geldleistungen im Todesfall
- Altersrente
- Hinterbliebenenhilfe
- Unterstützungen für den Kindesunterhalt
- Teilbereiche der Sozialhilfe.

Wie im folgenden näher dargelegt werden wird, sind die Leistungen teils deutlich geringer als in Deutschland.

Krankenversicherung

Medizinische Versorgung

Einen Anspruch auf medizinische Versorgung haben neben den bei der Sozialversicherung angemeldeten Arbeitnehmern auch die Familienangehörigen, die mit dem Arbeitnehmer zusammenleben und von ihm unterhalten werden. Wenn sie selbst einer bezahlten Beschäftigung nachgehen, verlieren sie diesen Anspruch. Die ärztliche Versorgung wird durch Ärzte der Sozialversicherung geleistet, und zwar in Behandlungszentren der Sozialversicherung, den sogenannten ambulatorios, in Krankenhäusern oder bei Bedarf in der Wohnung des Versicherten. Diese Leistungen sind kostenlos. Bei Arznei-, Heil- und Hilfsmitteln, die vom Arzt der Sozialversicherung verschrieben wurden, zahlt der Patient in der Abgabestelle einen Anteil von 40%, den Restbetrag liquidiert der Verkäufer bei der Sozialversicherung. Hervorzuheben ist, dass diese Mittel regelmäßig deutlich billiger als in Deutschland zu erwerben sind.

Krankengeld

Bei vorübergehender Arbeitsunfähigkeit aufgrund einer allgemeinen Krankheit inklusive von Unfällen, die keine Arbeitsunfälle sind, ist der Arbeitgeber seit 1994 während der ersten drei Tage gesetzlich nicht mehr zur Lohnfortzahlung verpflichtet, wobei die Tarifverträge und die Gewohnheit in vielen Unternehmen eine Lohnfortzahlung vorsehen. Im Falle eines betrieblichen Unfalles übernimmt die Unfallversicherung ab dem auf den Unfall folgenden Tag die Lohnfortzahlung in Höhe von 75% der Beitragsbemessungsgrundlage zur Sozialversicherung. Im Falle von Krankheit hat der Versicherte Anspruch auf Lohnfortzahlung seitens des Arbeitgebers vom 4. Tag bis zum 15. Tag, sodann auf Leistung von Krankengeld durch die Sozialversicherung. Um eine allgemeine Krankheit handelt es sich bei Gesundheitsbeeinträchtigungen, die weder Arbeitsunfälle noch Berufskrankheiten sind. Als vorübergehende Arbeitsunfähigkeit werden Krankheitszeiten angesehen, in denen der Arbeitnehmer medizinische Versorgung in Anspruch nimmt. Die Höchstdauer ist auf 12 Monate festgelegt. Sie ist um bis zu sechs Monate verlängerbar, wenn erwartet wird, dass er in dieser Zeit für arbeitsfähig erklärt wird.

Die Zahlung des Krankengeldes durch den Arbeitgeber setzt am vierten Tag nach der Arbeitsunfähigkeitserklärung ein und dauert einschließlich bis zum 15. Tag an. Ab dem 16. Tag wird die Zahlung durch die Sozialversicherung geleistet. Berechtigt sind die Arbeitnehmer, die in den fünf Jahren, die den Beiträgen zur Krankheit vorangehen, mindestens 180 Tage lang Beiträge Sozialversicherung entrichtet haben. Bei Unfällen ist keine Mindestbeitragszeit vorgesehen. Bei Streik oder Aussperrung besteht kein Recht auf Leistung. Als Krankengeld erhält der Versicherte nach den gesetzlichen Tagen 60%, ab dem vierten bis zum zwanzigsten Tag 60% Beitragsbemessungsgrundlage und vom 21. Tag bis zum Ende der Leistungspflicht 75% dieser Grundlage. In zahlreichen Tarifverträgen wird für viele Branchen bestimmt, dass der Arbeitgeber 40% bzw. 25% der Bemessungsgrundlage zusätzlich lieb zahlt. Der Versicherte erreicht daher häufig ein Krankengeld, das seiner Beitragsbemessungsgrundlage entspricht. Bezieht C jedoch ein Entgelt, das über der im Vergleich mit deutschen Verhältnissen relativ niedrigen Höchstbemessungsgrundlage liegt, entsteht ihm jedoch eine Mindereinnahme.

Mutterschaft und Adoption

Zur vorübergehenden Arbeitsunfähigkeit zählt auch der gesetzlich vorgesehene Mutterschaftsurlaub von 16 Wochen nach Gesetz 39/1999, der 16 Wochen und ab dem 2. Kind 18 Wochen beträgt. Voraussetzung für den Erhalt der Geldleistung ist, dass die Mutter vor der Niederkunft mindestens neun Monate lang bei der Sozialversicherung angemeldet war und in dem der Geburt unmittelbar vorangehenden Jahr mindestens 180 Tage Beiträge entrichtet hat. Die Mutter erhält seit 1995 in dieser Zeit eine Geldleistung in Höhe von 100% anstelle früher 75% der Bemessungsgrundlage. Die Vorschriften sind auch auf Väter anwendbar.

Ebenfalls zählt zur vorübergehenden Arbeitsunfähigkeit der Urlaub, der gesetzlich für Fälle der Adoption eines Kindes, das jünger als fünf Jahre ist, vorgesehen ist. Dies sind acht Wochen, wenn das Kind jünger als neun Monate ist, ansonsten sechs Wochen. In dieser Zeit können entweder der Vater oder die Mutter die oben genannte Geldleistung erhalten, wenn sie die oben genannten Voraussetzungen erfüllen; anstelle des Niederkunftszeitpunktes ist bei Adoption der Zeitpunkt der Entscheidung, die die Adoption genehmigt, maßgeblich.

Invalidität

Unter Invalidität wird eine ständige Gesundheitsbeschädigung, die den Betroffenen völlig oder teilweise hindert, einen Beruf auszuüben, verstanden. Das Gesetz unterscheidet zwischen vorübergehender und dauernder Invalidität.

Unter vorübergehender Invalidität wird eine Situation verstanden, in der der Arbeitnehmer nach Ablauf der Höchstdauer der vorübergehenden Arbeitsunfähigkeit weiterhin behandelt werden muss und seine Arbeit noch nicht wieder aufnehmen kann. Voraussetzung für die Qualifizierung als vorübergehende Invalidität ist, dass eine positive Prognose über den Krankheitsverlauf gestellt wird. Die Leistungen für vorübergehende Invalidität können längstens 18 Monate gewährt werden. Ist bis dahin eine endgültige Heilung nicht erfolgt, muss eine dauernde Invalidität festgestellt werden. Die Geldleistungen betragen in dieser Zeit im Fall von Invalidität wegen allgemeiner Krankheit oder nicht arbeitsbedingten Unfalls 60% (4.- 20. Tag) bzw. 75% (ab 21. Tag der Bemessungsgrundlage, im Fall eines arbeitsbedingten Unfall oder einer Berufskrankheit 75% ab Entstehen des Leistungsanspruchs.

Unter einer dauernden Invalidität werden nach dem Gesetz Fälle verstanden, in denen Versicherte nach abgeschlossener medizinischer Behandlung andauernde gesundheitliche Defekte aufweisen, die die Arbeitsfähigkeit herabsetzen oder völlig ausschließen. Außerdem liegt eine dauernde Invalidität vor in Fällen, in denen nach Ablauf der Höchstdauer für die vorübergehende Invalidität die Invalidität fortdauert und in Fällen, in denen der Arbeitnehmer nach Ablauf der Höchstdauer der vorübergehenden Arbeitsunfähigkeit weiterhin der Behandlung bedarf und nicht arbeitsfähig ist, wobei prognostiziert wird, dass dies ein Dauerzustand sein wird.

Bei dauernder Invalidität wird zwischen mehreren Invaliditätsgraden unterschieden. Die teilweise Unfähigkeit für die ausgeübte Beschäftigung, vergleichbar einer Abstufung der deutschen Berufsunfähigkeit, liegt bei mindestens 33% Einschränkung der normalen

Leistungsfähigkeit vor. Die Leistung der Sozialversicherung besteht in diesem Fall in der Zahlung eines Pauschalbetrages, der das 24-fache der Bemessungsgrundlage zur Bestimmung der Leistung bei vorübergehender Arbeitsunfähigkeit ausmacht. Voraussetzung für die Zahlung ist, dass die Betroffenen bei der Sozialversicherung angemeldet und für invalide erklärt sind. Außerdem müssen die Versicherten eine Mindestbeitragszeit von 1.800 Tagen in den zehn Jahren, die dem Ende der vorübergehenden Arbeitsunfähigkeit vorausgehen, zurückgelegt haben. Die Mindestbeitragszeit ist keine Bedingung, wenn die Invalidität Folge eines allgemeinen Unfalles ist. Die Verrichtung der gewöhnlichen Beschäftigung steht dem Bezug dieser Rente nicht entgegen.

Ist der Versicherte aus gesundheitlichen Gründen auf unabsehbare Zeit vollends an der Ausübung seiner ehemals ausgeübten Tätigkeit gehindert, liegt eine sogenannte vollständige Unfähigkeit für die ausgeübte Beschäftigung vor. Diese ist der Berufsunfähigkeit im deutschen Sinne vergleichbar. Die Leistung der Sozialversicherung besteht in diesem Fall in einer Rente auf Lebenszeit, die sich auf 55% der Berechnungsgrundlage für Renten beläuft. Der Leistungsbetrag kann sich um 20% erhöhen, wenn aufgrund des Alters, der fehlenden Ausbildung oder sonstiger Gründe angenommen werden muss, dass auch eine andere Arbeitsstelle nicht gefunden werden kann. Anstelle der Rente kann ausnahmsweise eine pauschale Entschädigung gewährt werden, wenn der Berechtigte das sechzigste Lebensjahr noch nicht vollendet hat. Eine vollständige Unfähigkeit schließt die Verrichtung der gewöhnlichen Arbeit aus. Das Arbeitsverhältnis ist demnach aufzulösen.

Voraussetzung für die Leistung sind bei Personen, die noch keine 26 Jahre alt sind, eine Mindestbeitragszeit, die der Hälfte des Zeitraumes zwischen der Vollendung des 16. Lebensjahres und dem die Rente auslösenden Zeitpunkt darstellt. Bei Personen, die 26 Jahre alt oder älter sind, entspricht sie einem Viertel des Zeitraumes zwischen der Vollendung des 20. Lebensjahres und dem die Rente auslösenden Zeitpunkt, mindestens jedoch fünf Jahre. Ein Fünftel der Beitragszeit muss in den letzten zehn Jahren vor dem auslösenden Zeitpunkt liegen. Bei Invalidität als Folge von allgemeinen Unfällen ist keine Mindestbeitragszeit erforderlich.

Bei Erwerbsunfähigkeit, der absoluten Unfähigkeit für jedwede Art von beruflicher Tätigkeit, besteht die Leistung der Sozialversicherung in einer Rente auf Lebenszeit in Höhe von 100% der Bemessungsgrundlage. Die Voraussetzungen für die Leistung entsprechen denen der vollständigen Berufsunfähigkeit.

Das spanische Sozialversicherungsrecht kennt darüber hinaus noch die sogenannte totale Invalidität ("gran invalidez"). Sie liegt vor, wenn der Versicherte über die Erwerbsunfähigkeit hinaus der ständigen Pflege und Fürsorge bedarf. Die Leistung besteht in diesem Fall in einer Rente auf Lebenszeit in Höhe von 100% der Bemessungsgrundlage, erhöht um 50%, damit der Betroffene eine Pflegekraft beschäftigen kann. Die Voraussetzungen für die Leistung entsprechen ebenfalls denen der vollständigen Berufsunfähigkeit.

Alljährlich wird durch königliches Gesetzesdekret die Höchstrente für beide Formen der Berufsunfähigkeit festgelegt, die nicht überschritten werden kann. Für das Jahr 2000 etwa bestimmte das Dekret 2064/1999, dass diese maximal 1827 Euro pro Monat unbeschadet maximal zweier weiterer Monatszahlungen beträgt. Dadurch ergibt sich ein Jahresmaximum von 25.576 Euro Im Fall der totalen Invalidität wird der Betrag um die erwähnten 50% erhöht. Für den Fall der Erwerbsunfähigkeit ist eine Pension in der Höhe von 100% der vorgesehenen Bemessungsgrundlage vorgesehen, im Fall von Berufskrankheit oder Arbeitsunfall ist das etwa das Jahresgehalt des Vorjahres, in den anderen Fällen (allgemeine Krankheit, nicht betriebsbedingter Unfall) wird auf das Einkommen einer näher definierten Vorperiode ein Abschlag von rund 15% vorgenommen. Die Renten werden jährlich an die prognostizierte Inflationsrate angepasst.

Berufliche Wiedereingliederung

Die in der Sozialversicherung versicherten Personen haben das Recht auf Maßnahmen der beruflichen Wiedereingliederung, sobald eine solche für erforderlich gehalten wird. Die Leistungen des Wiedereingliederungsprogramms können eine spezielle Rehabilitationsbehandlung, Berufsorientierung, berufliche Ausbildung zur Anpassung an den früheren Arbeitsplatz und/oder Umschulung beinhalten. Diejenigen Personen, die die genannten Leistungen erhalten, erhalten als Geldleistung eine Wiedereingliederungshilfe in Form einer Rente. Diese kann sowohl allein als auch zusätzlich zu einer anderen Rente gezahlt werden.

Versicherung gegen Arbeitsunfälle und Berufskrankheiten

Nach Artikel 115 des Sozialversicherungsgesetzes liegt ein Arbeitsunfall vor, wenn ein Arbeitnehmer eine körperliche

Verletzung bei oder infolge der unselbstständigen Arbeit erleidet. Es wird vermutet, dass Verletzungen, die der Arbeitnehmer am Beschäftigungsort während der Arbeitszeit erleidet, von einem Arbeitsunfall herrühren. Diese Vermutung besteht, solange nicht das Gegenteil bewiesen ist. Das Gesetz bestimmt sodann Fälle, die ebenfalls als Arbeitsunfälle gelten, nämlich die Wegeunfälle, die der Arbeitnehmer auf dem Weg zur oder von der Arbeitsstelle erleidet, Unfälle, die der Arbeitnehmer bei oder infolge der Wahrnehmung von Gewerkschaftsmandaten oder auf dem Weg von oder zu dem Ausübungsort erleidet, sowie Unfälle, die der Arbeitnehmer bei der Ausübung einer ihm vom Arbeitgeber zugewiesenen Tätigkeit erleidet, auch wenn sie mit seinem eigentlichen Beruf nichts zu tun hat. Dasselbe gilt für Tätigkeiten, die er spontan im Interesse eines reibungslosen Betriebsablaufes ausübt. In Unterscheidung vom deutschen Recht sind Unfälle, die sich bei Rettungsmaßnahmen und ähnlichen Tätigkeiten ereignen, nur dann vom Katalog der Arbeitsunfälle umfasst, sofern ein Zusammenhang mit dem Arbeitsverhältnis besteht.

Der Versicherungsschutz erstreckt sich auch auf Unfallfolgen, die sich aufgrund von hinzukommenden Komplikationen entwickeln, sofern diese Komplikationen ihren Grund in dem Unfall selbst oder in schädlichen Einwirkungen am Behandlungsort haben. Bei der Qualifizierung eines Unfalls als Arbeitsunfall hindert es nicht, wenn er auf leichte, als normal anzusehende, Unaufmerksamkeit bei der gewohnten Arbeitsausübung oder auf ein Mitverschulden einer anderen Person zurückzuführen ist. Nicht als Arbeitsunfälle werden Unfälle aufgrund von höherer Gewalt, ohne Verbindung zur Arbeit, angesehen. Zu dieser höheren Gewalt zählen jedoch nicht die Natureffekte wie Sonneneinstrahlung, Blitze oder ähnliche.

Als Berufskrankheiten (Art. 116 des Sozialversicherungsgesetzes) werden Krankheiten angesehen, die sich der Arbeitnehmer im Rahmen des Beschäftigungsverhältnisses bei bestimmten Tätigkeiten durch die Wirkung von bestimmten Substanzen zuzieht. Die Tätigkeiten und Substanzen werden für die verschiedenen Berufskrankheiten in den Anwendungs- und Durchführungsvorschriften zum Sozialversicherungsgesetz festgelegt werden. Der Versicherte hat gegebenenfalls zu beweisen, dass er sich die Krankheit bei seiner Arbeit zugezogen hat. Auch bei Arbeitsunfällen und Berufskrankheiten hat der Betroffene selbstverständlich einen Anspruch auf medizinische Behandlung. Die vorübergehende Berufsunfähigkeit umfasst bei Berufskrankheiten auch die Beobachtungsphasen, die zu Studium und Diagnose der Krankheit dienen, falls noch keine endgültige Diagnose gestellt werden kann. Diese Phasen können längstens sechs Monate dauern, sind allerdings verlängerbar bis um weitere sechs Monate. Das Krankengeld wird ab dem ersten Tag nach der Arbeitsunfähigkeitserklärung gezahlt. Es beträgt 75 OX der Bemessungsgrundlage. Die Bemessungsgrundlage entspricht der allgemeinen Beitragsbemessungsgrundlage, jedoch erhöht um den mittleren geleisteten Monatsbeitrag für Überstunden in den vorhergehenden 12 Monaten. Eine Mindestbeitragszeit ist nicht Voraussetzung für den Erhalt des Krankengeldes.

In den Fällen der Invalidität (Art. 1231 des Sozialversicherungsgesetzes) erhalten die Betroffenen dieselben Leistungen wie bei Invalidität infolge allgemeiner Krankheiten oder Unfälle, ohne dass jedoch eine Mindestbeitragszeit Voraussetzung wäre. Alle Geldleistungen werden um 30-50% angehoben, wenn der Unfall/die Krankheit Folge einer Verletzung ist, die durch Maschinen oder in Einrichtungen oder Arbeitsorten, deren Sicherheitseinrichtungen nicht den Vorschriften entsprechen, verursacht wurde oder allgemein die Vorschriften über Sicherheit und Hygiene am Arbeitsplatz nicht beachtet wurden bzw. die grundsätzlichen Maßnahmen zum Schutz der Gesundheit oder zur Vereinbarkeit der Arbeit mit den Fähigkeiten und Eigenschaften wie Alter, Geschlecht o.ä. des Arbeitnehmers nicht beachtet wurden. Der Aufschlag auf die Geldleistung muss direkt vom Arbeitgeber getragen werden. Dieses Risiko darf nicht durch eine Versicherung abgedeckt werden. Auch einer Abwälzung des Risikos auf Subunternehmer ist ein Riegel vorgeschoben worden. Das Gesetz sieht eine subsidiäre Haftung des Unternehmens für Arbeitsunfälle vor, die Arbeitnehmer von Subunternehmern erleiden, sofern sich der Unfall im Verantwortungsbereich des Unternehmens ereignet hat.

Für bleibende Verletzungen und andere irreparable Körperschäden, die durch Arbeitsunfall oder Berufskrankheit verursacht wurden, werden einmalige Entschädigungen gezahlt, wenn keiner der oben genannten Invaliditätsgrade gegeben ist. Die Schäden, für die eine Entschädigung gezahlt wird, und die Beträge werden in einer Liste im Anhang zu den Durchführungsbestimmungen des Sozialversicherungsgesetzes aufgezählt.

Ruhestand und Hinterbliebenenversorgung

Altersrente

Arbeitnehmer beiderlei Geschlechts, die das 65. Lebensjahr vollendet haben, haben Anspruch auf eine Altersrente auf Lebenszeit, wenn während einer Mindestzeit Beiträge gezahlt wurden. Die Mindestbeitragszeit beläuft sich auf 15 Jahre, wobei zwei Beitragsjahre in den acht Jahren vor Beantragung der Altersrente liegen müssen. Für bestimmte Berufsgruppen mit besonders gefährlichen oder ungesunden Beschäftigungen kann das Rentenalter gesenkt werden. Die Höhe der Altersrente bestimmt sich nach einem Prozentsatz der Berechnungsgrundlage für die Altersrente, der genauso bestimmt wird wie für die Invaliditätsrenten. Der Prozentsatz ist um so höher, je höher die Zahl der Beitragsjahre ist. Um den Prozentsatz 100% zu erreichen, sind 35 Beitragsjahre erforderlich. Grundsätzlich darf ein Rentner nicht einer bezahlten Beschäftigung nachgehen.

Zu Beginn eines jeden Jahres erfolgt im Zusammenhang, mit dem Haushaltsgesetz eine Anpassung der Renten an die erwartete Inflationsrate.

Was die Regelung des vorzeitigen Ruhestandes angeht, gilt, dass jene, die vor dem 1. Januar 1967 bereits versichert waren, sich mit 60 Jahren in den Ruhestand versetzen lassen können, wobei ein Abschlag von 40% der Rente vorgenommen wird, die mit 65 Jahren gezahlt werden würde. Jedes zusätzlich gearbeitete Jahr über 60 Jahre hinaus bis zum 65. Lebensjahr impliziert einen Zuwachs der Rente um 8%.

Teilweiser Ruhestand

Eine Sonderform stellt der teilweise Ruhestand in Verbindung mit einem Altersteilzeitvertrag dar, der im bereits erwähnten Beschäftigungsförderungsgesetz 10/94 geregelt ist. Diese Sonderform ist aber nur noch gültig für Verträge, die bis zum 31. Dezember 1994 abgeschlossen wurden. Dieser Teilzeitvertrag, der durch eine Halbierung der bisherigen Arbeitszeit und des Entgeltes gekennzeichnet ist, kann von denjenigen Arbeitnehmern geschlossen werden, die bis auf das Alter alle Voraussetzung der Altersrente erfüllen. Ein solcher Vertrag kann jedoch frühestens im Alter von 60 Jahren bzw. fünf Jahre vor Erreichen des reduzierten Mindestalters geschlossen werden. Weitere Voraussetzungen für einen solchen Vertrag ist, dass sein Arbeitgeber einen als arbeitslos Gemeldeten einstellt, der mindestens die zur Hälfte freigewordene Stelle für die Zeit zwischen Teilruhestand und Ruhestand besetzt. Der Arbeitnehmer bzw. Versicherte mit einem Altersteilzeitvertrag hat neben seinem hälftigen Arbeitsentgelt einen Anspruch auf die Zahlung einer Teilaltersrente in Höhe von 50% der vollen Rente.

Hinterbliebenenversorgung

Die Hinterbliebenenversorgung umfasst Sterbegeld, lebenslange Witwen- und Witwerrente, eine befristete Waisenrente und lebenslange Rente oder zeitweise Unterstützung für sonstige Familienangehörige. Falls der Tod durch einen Arbeitsunfall oder eine Berufskrankheit verursacht wurde, wird außerdem eine pauschale Entschädigung gewährt. Wenn der Verstorbene eine Rente wegen dauernder Erwerbsunfähigkeit oder totaler Invalidität eines Arbeitsunfalls oder einer Berufskrankheit erhielt, wird vermutet, dass der Tod auf diesen Unfall oder diese Krankheit zurückzuführen ist. Ansonsten muss die Kausalität nachgewiesen werden. Die Versorgung wird gewährt, wenn der Verstorbene ein bei der Soziabersicherung geführter Arbeitnehmer oder ein Alters- oder Invaliditätsrentner war.

Nach dem Todesfall wird an die Person, die die Beerdigungskosten übernimmt, ein symbolisches und seit Jahren unverändert belassenes Sterbegeld in Höhe von 30,50 Euro gezahlt.

Bei der Witwen- oder Witwerrente handelt es sich um eine grundsätzlich lebenslängliche Rente für den überlebenden Ehegatten. Wenn der Verstorbene Arbeitnehmer war, ist im Falle des Todes aufgrund einer allgemeinen Krankheit eine Mindestbeitragszeit von 500 Tagen in den letzten fünf Jahren erforderlich. Ansonsten ist keine Mindestbeitragszeit vorgesehen. Im Falle von Trennung und Scheidung gibt es eine anteilsmäßige Rente im Verhältnis zur Dauer des Zusammenlebens. Die Höhe der Rente entspricht 45% der Rentenberechnungsgrundlage des Verstorbenen. Es bestehen keine Beschränkungen in Bezug auf die Ausübung einer bezahlten Arbeit oder den Bezug einer anderen Rente durch den Ehegatten des Verstorbenen.

Anspruch auf Waisenrente haben die ehelichen und nichtehelichen Kinder des Verstorbenen, wenn sie jünger als 18 Jahre oder arbeitsunfähig sind. Auch Adoptivkinder haben unter bestimmten Bedingungen Anspruch auf diese Rente. Die Voraussetzungen in Bezug auf Mindestbeitragszeiten sind dieselben wie bei der Witwen- und Witwerrente. Die Höhe der Rente entspricht für jeden Waisen 20% der Rentenberechnungsgrundlage des Verstorbenen.

Allerdings dürfen Waisenrenten und Witwer-/Witwenrente zusammen nicht mehr als 100% der Grundlage ausmachen, so dass die Waisenrente gegebenenfalls anteilsmäßig gekürzt wird. Die Waisenrente erlischt grundsätzlich, wenn der Empfänger 18 Jahre alt wird bzw. seine Arbeitsfähigkeit (wieder-)erlangt. Auch sonstige Familienangehörige können unter Umständen eine Rente erhalten, wenn sie wirtschaftlich von dem Verstorbenen abhängig und von ihm unterhalten worden waren.

Bei Todesfällen infolge von Arbeitsunfällen oder Berufskrankheiten haben der Ehepartner und die Kinder des Verstorbenen Anspruch auf eine pauschale Entschädigungszahlung.

Unterstützungen für den Kinderhaushalt

Neben den Geldleistungen, die im nächsten Absatz beschrieben werden, umfasst die Unterstützung der Familie aufgrund eines Kindes auch die Berücksichtigung des ersten Erziehungsjahres, nach dessen Ablauf Arbeitnehmer ein Rückkehrrecht auf ihren Arbeitsplatz haben. Geldleistungen für den Kindesunterhalt liegen in Spanien weit unter den vergleichbaren deutschen Leistungen und werden vornehmlich nur Personen mit geringem Einkommen bzw. für den Unterhalt behinderter Kinder gewährt. Arbeitnehmer, die dem allgemeinen System der Sozialversicherung angehören, erhalten für jedes Kind unter 18 Jahren Kinderunterhalt, wenn sie nicht über jährliche Einkünfte verfügen, die etwa im Jahre 2000, 7440 Euro übersteigen

Ab dem zweiten Kind steigt bei jedem weiteren Kind die Einkommensgrenze um je 15%. Diese Einkommensgrenze wird jährlich im Haushaltsgesetz neu festgesetzt, und zwar wird sie mindestens um den Prozentsatz erhöht, der für die Rentenanpassung gewählt wurde. Kindergeld erhalten neben den Arbeitnehmern auch die Rentner und Empfänger von Geldleistungen aufgrund vorübergehender Invalidität. Dieselbe Beihilfe erhalten die Berechtigten für Kinder ohne Altersbeschränkung, die einen Behinderungsgrad von mindestens 65% aufweisen. Der Kinderunterhalt beträgt ab 1. Januar 2000 gemäß des königlichen Dekrets 2064/1999 in Verbindung mit der Ausführungsverordnung aus dem Jahre 2000 bei nicht behinderten Kindern 291 Euro im Jahr, bei Kindern mit einer Behinderung von mindestens 33%, beträgt es 582 Euro im Jahr. Die Zahlungen werden halbjährlich durch die Schatzmeisterei der Sozialversicherung vorgenommen. Die Höhe der Beihilfe für behinderte Kinder ab 18 Jahren betrug

2000 bei einer Behinderung von mindestens 65%, 2793 Euro jährlich. Wenn die Behinderung 75% übersteigt und der Behinderte ständiger Fürsorge bedarf, erhöht sich der Betrag auf 4226 Euro jährlich. In diesen beiden Fällen werden die Zahlungen monatlich geleistet.

Arbeitslosenversicherung

Der Schutzbereich der Arbeitslosenversicherung umfasst Versicherte, die obwohl sie arbeiten können und wollen, ihren Arbeitsplatz verlieren oder bei reduziertem Entgelt weniger arbeiten müssen. Das Sozialversicherungsgesetz unterscheidet zwischen Arbeitslosigkeit, dem "desempleo total", und der Kurzarbeit, dem "desempleo parcial". Kurzarbeit liegt vor, wenn eine Einschränkung der Arbeitszeit und des Lohns um mindestens 33% gegeben sind. Die Leistungen für Arbeitnehmer, die im allgemeinen System der Sozialversicherung geführt werden, sind die Zahlung von Arbeitslosengeld und Arbeitslosenhilfe.

Arbeitslosen- und Kurzarbeitergeld

Anspruch auf die Zahlung von Arbeitslosengeld haben grundsätzlich die Arbeitnehmer, die unfreiwillig ihre Arbeit verlieren. Der Anspruch besteht aber auch bei Ablauf des Zeitvertrages und bei Kündigung durch den Arbeitnehmer gemäß den Bestimmungen zu unzumutbarer Versetzung, unzumutbarer Änderung der Arbeitsbedingungen, Nichtzahlung des Gehaltes durch den Arbeitgeber und, allgemein, schweren Verstoßes des Arbeitgebers gegen die ihm obliegenden Pflichten (vgl. Artikel 40, 41.3 und 50 des

Arbeiterstatuts). Kein Anspruch besteht zum Beispiel bei arbeitgeberseitiger Kündigung, gegen die nicht gerichtlich vorgegangen wird und bei nicht erfolgter Wiederaufnahme der Tätigkeit nach erfolgreichem Kündigungsschutzprozess. Weitere Voraussetzung für den Anspruch ist eine Mindestbeitragszeit von 360 Tagen in den letzten sechs Jahren vor Eintritt der Arbeitslosigkeit.

Die Leistungsdauer ist von der Zeit abhängig, in der bisher Beiträge gezahlt wurden. Die Mindestdauer beträgt beispielsweise bei 360 bis 539 Beitragstagen 120 Tage. Die Höchstdauer, die ab 2.160 Beitragstagen erreicht wird, beläuft sich auf 720 Tage. Die Leistungen werden unter bestimmten Voraussetzungen einige Zeit unterbrochen, so etwa wenn der Empfänger seinen Wehrdienst ableistet oder eine Arbeit für die Dauer von weniger als 12 Monaten annimmt. Die Höhe des Arbeitslosengeldes erreicht während der ersten 180 Leistungstage 70%, dann 60% der mittleren Beitragsbemessungsgrundlage für Sozialversicherung während der letzten sechs Monate vor Ende der Arbeitslosigkeit. Das Gesetz sieht außerdem einige Höchst- und Mindestgrenzen vor. Der Leistungsanspruch erlischt unter anderem durch Ablauf der Leistungszeit, durch Ablehnung einer angemessenen Arbeitsstelle, durch Erreichen des Rentenalter oder durch Beginn einer Arbeit mit einem Vertrag von mindestens 12 Monaten Dauer. Während der Leistungszeit werden Sozialversicherungsbeiträge von der betreffenden Stelle der Sozialversicherung gezahlt, jedoch ohne den Anteil für Arbeitslosenversicherung, Arbeitsunfälle und Berufskrankheiten, Lohngarantiefonds und Berufsbildungsabgabe.

Arbeitslosenhilfe

Anspruch auf Arbeitslosenhilfe haben unter anderem die arbeitslos Gemeldeten, die gegenüber Familienmitgliedern unterhaltspflichtig sind und bei denen die Leistungszeit für das Arbeitslosengeld abgelaufen ist, außerdem ohne Vorliegen einer Unterhaltspflicht diejenigen, bei denen eine Leistungszeit von mindestens 360 Tagen für das Arbeitslosengeld abgelaufen ist und die älter als 45 Jahre sind, sowie diejenigen, die keinen Anspruch auf Arbeitslosengeld haben, weil sie das Kriterium der Mindestbeitragszeit nicht erfüllen, wenn sie wenigstens sechs bzw. bei Vorliegen von Unterhaltspflichten mindestens drei Monate Beiträge gezahlt haben. Ebenfalls berechtigt sind Arbeitslose, die älter als 52 Jahre sind, mindestens sechs Jahre lang Beiträge zur Arbeitslosenversicherung geleistet haben und alle Voraussetzungen bis auf das Alter für den Erhalt einer Altersrente erfüllen.

Grundsätzlich beläuft sich die Dauer der Arbeitslosenhilfe auf sechs Monate, die zweimal um weitere sechs Monate verlängert werden können, mithin maximal 18 Monate. In Ausnahmefällen kann sich die Gesamtdauer auf bis zu 24 Monate erhöhen. Die Arbeitslosenhilfe beträgt grundsätzlich 75% des gesetzlichen Mindestlohnes. Der Mindestlohn wird jährlich neu bestimmt.

Lohngarantiefonds

Im Falle des Konkurses oder der gerichtlich angeordneten Zahlungseinstellung des Arbeitgebers übernimmt der Lohngarantiefonds, der "Fondo de Garantia Salarial" gemäß Königliches Gesetzesdekret 505/1985, alle offenen Lohnforderungen oder Entschädigungszahlungen anlässlich einer Kündigung oder sonstigen Vertragsauflösung. Bei Lohnforderungen sind die Zahlungen beschränkt auf den gesetzlichen Mindesttageslohn, multipliziert mit 120 Tagen, bei Entschädigungszahlungen auf den doppelten Mindesttageslohn, multipliziert mit 360 Tagen. Die Beträge liegen damit bei längerer Beschäftigungsdauer deutlich unter den Abfindungsansprüchen von Arbeitnehmern.

Soziale Sicherung von Selbstständigen und Freiberuflern

In Spanien unterfallen auch Selbstständige und Freiberufler der Sozialversicherungspflicht. Jedoch gehören sie nicht zu dem bisher behandelten allgemeinen System, sondern zu einem speziellen System, dem "régimen especial", welches nur ihre Gruppe umfasst. Grundlegend geregelt ist das spezielle System der Selbstständigen in einem schon betagten Dekret aus 1970 und der dazu ergangenen Durchführungsverordnung. Diese Regelungen wurden allerdings in der Folge häufig geändert. Auf die Änderungen wird bei den einzelnen Punkten eingegangen.

Als Selbstständiger wird angesehen, wer eine wirtschaftliche Tätigkeit in persönlicher, direkter und gewohnheitsmäßiger Weise mit dem Ziel der Gewinnerzielung in Unabhängigkeit und ohne eine Unterordnungsverhältnisse gegenüber einem Dritten bei der

Ausübung seiner Tätigkeit ausübt, wobei er selbst die Funktionsweise seines Betriebes organisiert und die notwendigen Anordnungen gibt. Der Selbstständige wird nicht nur als Einzelperson verstanden, er kann auch abhängige Arbeitnehmer beschäftigen.

Auch in dieses besondere System fallen die Freiberufler, die nicht als Angestellte arbeiten und nicht zwangsweise einer Berufs- oder Standesorganisation, einem "colegio profesionat" angehören, wie es z.B. für Betriebs- und Volkswirte, Ingenieure, Immobilien- und Versicherungsmakler oder Rechtsanwälte vorgeschrieben ist.

In dem besonderen System werden außer den Selbstständigen auch dessen Familienangehörige, soweit sie im Familienbetrieb mitarbeiten, versichert, wenn sie nicht Angestellte sind. Alle Gesellschafter einer offenen Handelsgesellschaft, der "compañia colectiva" und die haftenden Gesellschafter einer Kommanditgesellschaft, der "compañia comanditaria", die in dem Betrieb der Gesellschaft gegen Entgelt gewohnheitsmäßig mitarbeiten, unterliegen ebenfalls der Sozialversicherungspflicht in dem besonderen System für Selbstständige.

Anmeldung und Beitragswesen

Zu Beginn ihrer Tätigkeit müssen sich die Selbstständigen bei der Sozialversicherung anmelden, sofern sie nicht schon angemeldet waren und den Tätigkeitsbeginn anzeigen. Die Frist beträgt 30 Tage vor Beginn der Beschäftigung. Bei Ende der Tätigkeit muss dies der Sozialversicherung innerhalb von 15 Tagen gemeldet werden.

Der Selbstständige selbst ist beitragspflichtig. Im Haushaltsgesetz für 2000 sind 28,3% der Bernessungsgrundlage als Beitragssatz für alle abgedeckten Risiken festgelegt worden. Falls der Selbstständige gewählt hat, nicht gegen vorübergehende Arbeitsunfähigkeit versichert zu sein, ermäßigt sich der Satz auf 26,5%. Eine der Besonderheiten im speziellen System ist, dass die Selbstständigen ihre Beitragsbemessungsgrundlage wählen dürfen. Allerdings wurde eine Untergrenze in Höhe von 698 Euro und eine Obergrenze in Höhe von 246 Euro pro Monat für 2000 festgelegt. Der gewählte Zwischenbetrag muss durch 3000 teilbar sein. Für Selbstständige, die älter als 50 Jahre sind, gilt eine andere Obergrenze, nämlich 1316 Euro pro Monat. Falls der Selbstständige jedoch früher schon eine höhere Grundlage gewählt hatte, kann er diese beibehalten.

Die Beiträge müssen monatlich entrichtet werden. Zur Zahlung werden von der Schatzmeisterei der Sozialversicherung automatisch die notwendigen Unterlagen an die Selbstständigen versandt.

Verwaltungsräte einer Gesellschaft, die mehr als 50% des Kapitals halten, sind, auch wenn sie pro forma "Angestellte" der Gesellschaft sind, verpflichtet, sich im Spezialsystem für Selbstständige zu versichern.

Leistungen

Zu den Definitionen der verschiedenen abgedeckten Risiken wird auf die Darstellung des allgemeinen Systems verwiesen. In Bezug auf die medizinische Versorgung besteht keine Abweichung zum allgemeinen System.

Die Geldleistung im Fall der vorübergehenden Arbeitsunfähigkeit beläuft sich auf 75% der monatlichen Bemessungsgrundlage. Sie wird gezahlt ab dem 15. Tag der Arbeitsunfähigkeit. Im Falle der Mutterschaft werden 100% der Bemessungsgrundlage ab dem ersten Tag des "Mutterschaftsurlaubs" der Selbstständigen gezahlt. Im besonderen System der Selbstständigen ist nur die dauernde Invalidität, nicht jedoch die vorübergehende Invalidität, geschützt. Auch nicht abgedeckt sind sonstige bleibende Verletzungen. Die Leistungen und die Mindestbeitragszeiten im speziellen System entsprechen denen im allgemeinen System mit den Abweichungen, dass es bei teilweiser Berufsunfähigkeit keine Leistungen gibt, und bei vollständiger Berufsunfähigkeit eine Rente auf Lebenszeit in Höhe von 55% der Bemessungsgrundlage oder eine Pauschale in Höhe von 40 Monatsbeiträgen gezahlt wird. Eine Altersrente wird ab dem 65. Lebensjahr bezahlt. Für den Erhalt der Rente ist es nicht notwendig, dass der Berechtigte auf die Inhaberschaft seines Betriebes/Geschäfts und die damit notwendig verbundenen Funktionen verzichtet. Im Rahmen der Hinterbliebenenversorgung gibt es seit 1991 keine Unterschiede mehr zum allgemeinen System. Auch die Unterstützungen für den Kindesunterhalt entsprechen denen des allgemeinen Systems.

Besonderheiten bei Handelsvertretern

Bei Handelsvertretern muss zwischen selbstständigen Vertretern, die dem Begriff des Handelsvertreters im deutschen Handelsrecht entsprechen und unselbstständigen Handelsvertretern, die Arbeitnehmern gleichgestellt sind, unterschieden werden.

Selbstständige Handelsvertreter, die "agentes comerciales", die ihre Vermittlungstätigkeit unabhängig und mit eigener Büroorganisation durchführen, sind im besonderen System der Selbstständigen bei der Sozialversicherung versichert. Es gibt keine Besonderheiten zu dem im vorhergehenden Abschnitt Gesagten.

"Representantes de comercio" hingegen sind von den Weisungen des Unternehmers in Bezug auf die Organisation seiner Tätigkeit abhängig, also z.B. in Bezug auf Arbeitszeiten, durchzuführende Firmenbesuche etc. Diese Vertreter unterfallen nicht nur dem Arbeitsrecht, sondern auch dem allgemeinen System der Sozialversicherung, allerdings mit einigen Besonderheiten. Diese resultieren daraus, dass es sich eben nicht um typische Arbeitnehmer handelt. Diese Besonderheiten sind in einem Königlichen Dekret von 1986 festgehalten, mit dem sie von einem besonderen Sondersystem in das allgemeine System überführt wurden.

Die Besonderheiten bestehen darin, dass die Vertreter sich selbst bei der Sozialversicherung anmelden und selbst Beschäftigungsbeginn und -ende anzeigen müssen. Diese Verpflichtung besteht unabhängig von der Anzeigepflicht des vertretenen Unternehmens, die abweichend von der Meldung des Beschäftigungsverhältnisses normaler Arbeitnehmer bei der für den Sitz des Unternehmens zuständigen Niederlassung der Sozialversicherung bei der Niederlassung zu erfolgen hat, die für den Wohnort des unselbstständigen Vertreters örtlich zuständig ist. Die unselbstständigen Vertreter sind für die Beitragsleistung verantwortlich und führen sowohl den Anteil des Unternehmers/der Unternehmer, für den/die sie tätig sind, und ihren eigenen Anteil an die Sozialversicherung ab. Die jeweiligen Unternehmer sind verpflichtet, ihren Anteil an den Vertreter zu zahlen. Die Beitragsbemessungsgrenzen liegen bei maximal 1800 Euro im Monat. In Bezug auf die Arbeitsunfall-/Berufskrankheitenversicherung gilt der Satz, der im allgemeinen System für reim sende Arbeitnehmer vorgesehen ist. Bei Leistungen, für die im gemeinen System zunächst eine Zahlungspflicht für den Arbeitgeber in Vorleistung für die Sozialversicherung besteht, tritt bei unselbstständigen Handelsvertretern direkt die Sozialversicherung ein.

Sonderregeln für deutsche Arbeitnehmer in Spanien

Für den deutschen Arbeitnehmer oder Selbstständigen, der in Spanien nicht nur seinen Urlaub verbringt, sondern auch für längere Zeit beruflich tätig sein möchte, stellt sich die Frage, welchem Sozialversicherungsrecht er unterliegt.

Bestimmung der Versicherungspflicht nach EG-Recht

Seit dem Beitritt Spaniens zur Europäischen Wirtschaftsgemeinschaft zum 1. Januar 1986 stellen Gemeinschaftsverordnungen über die soziale Sicherheit die maßgebliche Rechtsgrundlage für Fragen der Sozialversicherung von in Spanien tätigen EG-Ausländern dar. Art. 51 des EG-Vertrages vom Februar 1992 und vom 2. Oktober 1997 enthält eine Ermächtigungsnorm zugunsten der Gemeinschaft, im Wege von Verordnungen und Richtlinien ein gemeinschaftsrechtliches System der sozialen Sicherung zu schaffen, um die Freizügigkeit innerhalb der EG und damit die Mobilität der Arbeitnehmer zu stärken. Durch die Verordnungen wird die Zusammenrechnung von nach verschiedenen Rechtsordnungen erworbenen Zeiten für den Erwerb und die Aufrechterhaltung des Leistungsanspruches, sowie die Auszahlung an Personen, die nicht am Beschäftigungsort, sondern in einem anderen Mitgliedsstaat wohnen, gewährleistet. Zugleich legen die Verordnungen fest, welche jeweils innerstaatliche Rechtsordnung auf einen Fall anzuwenden ist, in dem zwei oder mehr Mitgliedstaaten betroffen sind. Dabei wird jedoch für die betroffenen Leistungsempfänger kein einheitlicher Leistungsanspruch aus den Versicherungsverhältnissen in mehreren Mitgliedstaaten geschaffen, da die Gemeinschaft selbst nicht über Sozialleistungsträger verfügt. Vielmehr sind weiterhin die jeweiligen nationalen Leistungsträger für die Feststellung des Vorliegens der Leistungsvoraussetzungen, sowie der Leistungshöhe und -gewährung zuständig.

Die Frage, ob eine von deutschen Staatsangehörigen in Spanien ausgeübte Beschäftigung den deutschen oder spanischen Rechtsvorschriften über die Versicherungspflicht unterliegt, beurteilt sich grundsätzlich nach den EG-Verordnungen Nr. 1408/71 und der dazugehörigen Durchführungsverordnung 574/72, die durch viele spätere Verordnungen abgeändert worden ist.

Geltungsbereich der Verordnungen

Mit dem Zeitpunkt des Beitritts Spaniens zur Europäischen Gemeinschaft ist das bisherige bilaterale Sozialversicherungsabkommen in dem Umfang, in dem die EG-Verordnungen Geltung beanspruchen, unanwendbar geworden. Leistungsansprüche nach den EG-Verordnungen können jedoch im Verhältnis zu Spanien erst ab dem 1. Januar 1986 begründet werden. Für den Erwerb der Leistungsansprüche, insbesondere für die Zusammenrechnung von Versicherungszeiten sind auch vor dem 1. Januar 1986 erworbene Zeiten zu berücksichtigen. Für den Bezug von Leistungen vor dem oben genannten Stichtag ist jedoch hinsichtlich Grund und Höhe von Ansprüchen das jeweils bis zu diesem Zeitpunkt geltende Recht, also im Verhältnis zwischen Deutschland und Spanien das Deutsch-Spanische Sozialversicherungsabkommen von 1973 maßgeblich.

Die VO 1408/71 gilt für alle Rechtsvorschriften über die soziale Sicherheit, d.h. Leistungen bei Krankheit und Mutterschaft, Invalidität, Alter, Arbeitsunfall und Berufskrankheit (auch Rehabilitationsleistungen), Arbeitslosigkeit, Tod (Leistungen an Hinterbliebene und Sterbegeld) sowie Familienleistungen und -beihilfen (Kindergeld). Sie ist allerdings nicht anwendbar auf Sozialhilfeleistungen, Leistungen für Behinderte und Kriegsopfer sowie Sondersysteme der Beamten und die betriebliche Zusatzversorgung.

Die Verordnungen finden Anwendung auf Arbeitnehmer und Selbstständige, unabhängig von ihrem gewöhnlichen Aufenthaltsort, wenn sie die Staatsangehörigkeit eines Mitgliedstaates besitzen, bzw. als Flüchtlinge oder Staatenlose in einem Mitgliedstaat wohnen. Die Anwendbarkeit erstreckt sich auch auf deren Familienmitglieder und Hinterbliebene. Als Arbeitnehmer oder Selbstständiger im Sinne der EG-Verordnungen gelten alle Personen, die in einem Sozialversicherungssystem versichert sind. Darunter fallen aber nicht Freiberufler wie Ärzte, Anwälte, Wirtschaftsprüfer, Steuerberater, Seelotsen und Architekten, die in einem Sondersystem, d.h. in einem aufgrund von Landesrecht errichteten Versorgungswerk versichert sind. Unter den Arbeitnehmerbegriff fallen auch Teilzeitbeschäftigte, Geringverdienende, Arbeitsuchende und Rentner.

Versicherungspflicht für deutsche Berufstätige

Versicherungspflicht für deutsche Berufstätige in Spanien und Befreiungsregelungen

Unterliegt ein deutscher Arbeitnehmer oder Selbstständiger nach dem Dargestellten den EG-Verordnungen, so beantwortet sich die Frage, ob er nach deutschem oder spanischem Recht sozialversicherungspflichtig ist, ausschließlich nach dem Inhalt dieser Verordnungen. Diese orientieren sich an dem sogenannten Gleichstellungsprinzip. Alle Personen, auf die die Verordnungen Anwendung findet, haben, sofern sie innerhalb der Gemeinschaft wohnen, im Rahmen des Sozialrechts dieselben Rechte und Pflichten wie ein Staatsangehöriger ihres jeweiligen Wohnsitzstaates. Mit dem Gleichstellungsprinzip korrespondiert das Beschäftigungslandprinzip, nachdem der Arbeitnehmer grundsätzlich dem gesetzlichen Sozialsystem des Landes, in dem die Beschäftigung ausgeübt wird, unterliegt. Dies gilt auch dann, wenn der Wohnsitz in einem anderen Mitgliedstaat liegt oder arbeitsvertraglich, soweit zulässig, das Recht eines anderen Staates vereinbart wurde.

Der deutsche Arbeitnehmer unterliegt bei einem Wechsel des Beschäftigungsortes von Deutschland nach Spanien nacheinander dem Sozialversicherungsrecht des deutschen und des spanischen Staates. Dabei entscheidet das Recht des jeweiligen Beschäftigungsstaates autonom, ob eine Tätigkeit auch tatsächlich sozialversicherungspflichtig ist. Dies hat zur Folge, dass dem Arbeitnehmer letztlich unterschiedliche Ansprüche gegen mehrere nationale Sozialversicherungssysteme für den gleichen Versicherungszweig zustehen können: Eine Übertragung der einzelnen Anwartschaften auf einen nationalen Sozialversicherungsträger ist nicht möglich.

Es liegt auf der Hand, dass dieser "Sozialversicherungstourismus" nicht nur für die beteiligten Behörden, sondern insbesondere im Leistungsfall Schwierigkeiten mit sich bringen kann. Die Verordnung sieht daher Ausnahmen von den Prinzipien in der Gestalt vor, dass bei vorübergehender Entsendung eines Arbeitnehmers in das Ausland weiterhin die Sozialrechtsvorschriften des Entsendestaates anwendbar bleiben. Eine Entsendung aus Deutschland in einen anderen Mitgliedstaat liegt dann vor, wenn der Beschäftigungsort des Arbeitnehmers auf Veranlassung des Arbeitgebers, einem Inlandsunternehmen mit Sitz in Deutschland, in das Gebiet eines anderen Mitgliedstaates verlegt wird. Dies ist beispielsweise bei Montagen, Errichtung oder Wartung von Werks- oder Betriebseinrichtungen der Fall.

Zudem setzt das Vorliegen einer Entsendung im Sinne der EG-Verordnung voraus, dass die in einem anderen Mitgliedstaat, in diesem Fall Spanien, ausgeübte Beschäftigung voraussichtlich nicht länger als zwölf Monate dauert bzw., dass der betroffene Arbeitnehmer nicht lediglich eine andere Person ablösen soll, deren Entsendungszeit bereits abgelaufen ist. Wird wider Erwarten die vorgesehene Entsendungszeit von zwölf Monaten überschritten, so gelten die Rechtsvorschriften des Entsendestaates noch für bis zu zwölf weitere Monate, wenn die zuständige Behörde des Gastlandes dafür eine Genehmigung erteilt. Diese Genehmigung ist vor Ablauf der ersten zwölf Monate zu beantragen. Werden die zusätzlich gewährten zwölf Monate nochmals überschritten, kommt fortan zwingend das Sozialversicherungsrecht des Gastlandes zur Anwendung.

Steht von vornherein fest, dass die Entsendung voraussichtlich die Dauer von einem Jahr überschreiten wird, kann der Arbeitgeber unter Darlegung von Gründen gemäß Art. 17 der Verordnung 1408/71 eine Ausnahmevereinbarung beantragen, um sicherzustellen, dass der Arbeitnehmer weiterhin dem Sozialrecht des Entsendestaates unterliegt. Eine solche Ausnahmegenehmigung kann in Deutschland bei dem

Bundesverband der Allgemeinen Ortskrankenkassen (AOK)
Verbindungsstelle Ausland
Kortrijker Str. 1
D - 53177 Bonn
Tel.: +49 (0)228 – 843 0

beantragt werden.

Ausnahmevereinbarungen können jedoch stets nur für alle Sozialversicherungszweige gleichzeitig getroffen werden. Es ist also nicht möglich, beispielsweise die Krankenversicherung in einem und die Rentenversicherung in einem anderen Mitgliedstaat für die Zeit der Geltung der Ausnahmevereinbarung abzuschließen. Zwischen den Sozialversicherungsbehörden Deutschlands und Spaniens besteht eine Vereinbarung, die eine Entsendung bis maximal 5 Jahre möglich macht.

Besondere Vorschriften

Krankenversicherung

Grundsätzlich haben Arbeitnehmer und Selbstständige Anspruch auf Sachleistungen, d.h. ärztliche und zahnärztliche Behandlung, Medikamente, Krankenhausunterbringung usw. sowie Geldleistungen aus der Krankenversicherung gegenüber dem nationalen Träger, bei dem sie versichert sind. Dies ist unproblematisch gewährleistet, wenn sich der Versicherte in dem Land aufhält, in dem er auch die Krankenversicherung abgeschlossen hat, d.h. wenn er in Spanien lebt und arbeitet und bei einer spanischen Krankenversicherung versichert ist. Liegt dagegen eine der oben bezeichneten Ausnahmen von dem Beschäftigungslandprinzip vor, d.h. der Versicherte arbeitet und hat seinen Aufenthalt vorübergehend in einem anderen Land als demjenigen, in dem er krankenversichert ist, so hat er im Beschäftigungsland Anspruch auf Sachleistungsaushilfe. Er kann damit Sachleistungen der Krankenversicherung des Beschäftigungsstaates in Anspruch nehmen. Dabei ist jedoch der Leistungsumfang auf die sofort erforderlichen Leistungen beschränkt, d.h. wenn sein Zustand eine unverzügliche Behandlung notwendig erscheinen lässt und eine Rückkehr in den leistungspflichtigen Staat nicht möglich ist.

Zur Inanspruchnahme der Leistungen ist ein Auslandskrankenschein nötig, den man bei seinem jeweiligen nationalen Versicherungsträger erhalten kann, nähere Informationen ergeben sich aus dem Beiblatt des Auslandskrankenscheines. In Spanien kann bereits unmittelbar bei Vorlage des Auslandskrankenscheins eine Behandlung beansprucht werden. Ist ein solcher nicht vorhanden, so muss der Versicherte die Kosten der Behandlung zunächst vorstrecken, diese werden ihm dann von dem zuständigen Versicherungsträger in Deutschland ersetzt. Die Gewährung von Geldleistungen dagegen erfolgt ausschließlich durch den Versicherungsträger selbst. Dabei wird die Höhe des Anspruch nach den Rechtsvorschriften des Beschäftigungsstaates berechnet.

Die Leistungen wegen Mutterschutz, Berufskrankheiten bzw. Arbeitsunfällen erfolgen entsprechend.

Rentenversicherung

Im Rahmen der Rentenversicherung ist insbesondere der durch die Verordnungen konkretisierte Grundsatz der Zusammenrechnung von in verschiedenen Mitgliedstaaten zurückgelegten Versicherungszeiten relevant. Demnach sind die in Spanien erworbenen Versicherungszeiten, sofern sie nach den spanischen Rechtsvorschriften anspruchsbegründend wirken, durch den deutschen Versicherungsträger wie eigene zu berücksichtigen und bei der Prüfung der Anspruchsvoraussetzungen zugrunde zulegen. Dabei bestimmen sich Charakter und Umfang der Versicherungszeiten für die in Spanien zurückgelegten Zeiten nach spanischem Recht, die Anrechenbarkeit aber nach deutschen Rechtsvorschriften. Die gesamte Versicherungszeit des Arbeitnehmers oder Selbstständigen wird, obgleich sie in mehreren nationalen Systemen erworben wurde, rechnerisch als eine Einheit zusammengefasst.

Andere Versicherungsleistungen

Sterbegeld ist als einmalige Leistung von dem jeweilig zuständigen Versicherungsträger zu leisten. Leistungen wegen Arbeitslosigkeit erfolgen jeweils in dem früheren Beschäftigungsstaat, sofern der Anspruchsteller der dortigen Arbeitsverwaltung zur Verfügung steht. Dasselbe gilt im Grundsatz für Familienleistungen und -beihilfen.

Bei Invalidität erfolgen Sachleistungen entsprechend den Leistungen der Krankenversicherung, Geldleistungen je nach der nationalen Einordnung entsprechend den Leistungen bei Krankheit oder Rentenleistungen

Versicherungspflicht bei Unanwendbarkeit der EG-Verordnung

Soweit die EG-Verordnungen entsprechend des zuvor skizzierten Geltungsbereichs nicht einschlägig sind, kann auf das Deutsch-Spanische Sozialversicherungsabkommen von 1973 zurückgegriffen werden. Dieses war jedoch bereits stark an den obengenannten Verordnungen orientiert, so dass es den vorbezeichneten Regelungen weitgehend entspricht. Lediglich der Zeitraum für eine Ausnahme von der Sozialversicherungspflicht im Beschäftigungsland bei Entsendung ist anders definiert. Hier gelten die Vorschriften des Entsendestaates für bis zu 24 Monaten fort. Dieser Zeitraum kann auf Antrag und mit Zustimmung der zuständigen Behörden beliebig verlängert werden.

Alle Beiträge zur Sozialversicherung sind mit freundlicher Genehmigung dem
„Unternehmerhandbuch Spanien“ der Deutschen Handelskammer für Spanien“
3. Auflage 2001, Madrid
entnommen.

4.
Pro und Contra

4.1 Pro

4.1.1 Zehn gute Gründe, um in Spanien zu leben

Für viele ist Spanien das Land mit der höchsten Lebensqualität. Wir fanden dafür zehn schlagende Argumente:

Das Klima

Ob Costa del Sol, Costa Blanca oder Gran Canaria: Welche Region nun - wissenschaftlich gesehen - das beste Wetter der Welt hat, ist im Grunde egal. Tatsache ist, Spanien hat pro Jahr rund 1.000 Sonnenstunden mehr als Deutschland

Die Kultur

Von Barcelonas Modernismo bis zu Andalusiens Maurenpalästen, von Velasquez bis Picasso - die über tausendjährige Kulturgeschichte Spaniens ist reich an außergewöhnlichen Kunstschätzen.

Die Erreichbarkeit

Ab zum Flughafen - und schon ein paar Stunden später kann man in der Sonne liegen. Von allen deutschen Airports aus gibt es zum Billigtarif viele Direktflüge in die beliebtesten Urlaubsregionen Spaniens.

Der Euro

Spanien gehört zu den elf Euro-Staaten; Umtausch und Währungsschwankungen gibt es nicht mehr. Wie sich das neue Geld auch entwickelt - Immobilien in guten Lagen sind langfristig sicherste Anlagen.

Die Playas

Von der idyllischen Bucht an der Costa Brava bis zur imposanten Dünenlandschaft im Süden Gran Canarias: Spaniens über 7.000 Küstenkilometer bieten circa 2.000 Kilometer Strand

Der König

Juan Carlos I ist in Spanien ein Garant für Stabilität. Der beliebte Monarch ebnete den steinigen Pfad von der Diktatur zur Demokratie.

Das Essen

Auch wenn Tapas und Paella sehr lecker sind: Spaniens Speisekarten werden immer internationaler. Kulinarisch braucht man also auf nichts mehr zu verzichten

Die Lebensart

Die schönste der spanischen Traditionen ist zweifelsohne die Siesta. Die Mittagszeit gehört einem Imbiss und einem Nickerchen. Immer noch hat in Spanien aber auch Flamenco und der Stierkampf seine Anhänger.

Der Sport

Vom Skifahren bis zum Tauchen: Sportler haben in Spanien die freie Auswahl. Zu Wasser, zu Lande und in der Luft.

Das Nachtleben

Discos in Spanien - für viele die besten der Welt. Hier gilt nicht "Wer ist am coolsten?", sondern "Das Leben ist eine Fiesta". Nicht nur in den Tanzpalästen von Madrid und Barcelona ist sogar täglich bis zum frühen Morgen die Hölle los.

4.1.2 Unsere Gastgeber

In der Zeit, in der ich in Spanien lebe, hat sich mein anfänglicher Eindruck im Laufe der Jahre nur verstärkt. Die Spanier sind ein tolerantes, kosmopolitisch denkendes Volk, das nach dem Motto: "Leben und leben lassen" jeden Neuankömmling ohne Ressentiments Willkommen heißt.

Man geht höflich, zuvorkommend und freundlich miteinander um, ohne es an nötiger Distanz fehlen zu lassen.

Noch nie habe ich soviel Hilfsbereitschaft und bedingungslose Freundlichkeit, was Nachbarschaftshilfe anbelangt, erlebt wie hier an der Küste. Neid und Missgunst sind den Menschen hier offensichtlich gänzlich fremd. Niemand ist daran interessiert, was der eine oder andere hat oder nicht hat. Äußerlichkeiten, Prestigeobjekte, Dinge, die unseren früheren Alltag prägten, spielen hier einfach keine Rolle.

"Hier bin ich Mensch- hier will ich sein".
Ist das nicht auch Lebensqualität?

4.1.3 Die Siesta

Jeder Tourist in Spanien kennt die Tradition der Siesta – und trotzdem wird so mancher davon überrascht, dass alle Geschäfte (außer den Supermärkten) mittags für zwei, drei Stunden schließen. Da irrt so mancher Urlauber in den Mittagsstunden durch die überhitzten Innenstädte und sollte sich eigentlich den Gepflogenheiten der Spanier anschließen. Diese verkriechen sich in der Zeit zwischen zwei und fünf, wenn die größte Mittagshitze herrscht, in ihren Häusern und ruhen sich aus.

In Spanien wird in dieser Zeit das Geschäft geschlossen, das Büro für ein kleines Mittagessen oder ein Erholungsschläfchen verlassen und kein Spanier möchte diese Tradition missen. Stattdessen wird abends länger gearbeitet, was sich gerade im Sommer bei teilweise Temperaturen um die 36°C am Tage durchaus anbietet. Und so scheinen die Spanier vor allem auch ihre Energie beizubehalten, sich bis in die späte Nacht draußen aufzuhalten, ein Schwätzchen mit den Nachbarn zu halten und zu feiern.

Diese typisch südländische Angewohnheit sollte sich auch mancher Nordeuropäer aneignen, denn sie lockert und entspannt den Tag, man geht ausgeruhter und erfrischter zurück an die Arbeit und kann diesen nach einem kleinen Mittagsschläfchen deutlich besser genießen.

4.1.4 Die vier Jahreszeiten

Für uns Mitteleuropäer ist es oft schon Grund genug, des besseren Wetters wegen auszuwandern. Das haben Sie hier z.B. an der Costa Blanca ohne jeden Zweifel.

Was mir dennoch, Jahr für Jahr, positiv auffällt, ist der spür- und sichtbare Wechsel der Jahreszeiten. Im Laufe der Zeit habe ich viele "Insel-Flüchtlinge" kennen gelernt, die den permanenten Sonnenschein Tag für Tag, Jahr für Jahr, nicht mehr ertragen konnten. Es ist in unserem Lebensrhythmus verankert, denke ich, das Kommen und Gehen. Es ist schön, nach Monaten des Hochsommers, in dem selten ein Tropfen Regen fällt, in den Herbst überzugehen, in dem die Luft mild und warm ist, die Nächte kühler werden, das Leben langsam wieder im Haus stattfindet. Man verlagert seine Aktivitäten.

Es folgt der Winter, mit frischer klarer Luft, Sonnen- und Regentagen, die Natur und wir erholen uns. Der Frühling kommt früh zu uns an die Küste. Schon Ende Februar erleben Sie das kolossale Naturereignis der Mandelblüte. Welch ein Duft, welch eine Farbenpracht. Während Deutschland noch friert, frühstücken wir schon wieder auf der Terrasse und verlagern unser Leben tagsüber schon wieder nach Außen.

Sie werden es erleben, es ist schön die Jahreszeiten wahrnehmen zu können.

4.1.5 Die Lebenshaltungskosten

Auch heute noch lassen sich die Lebenshaltungskosten halbieren, wenn man sich den Gepflogenheiten anpasst. Wenn man natürlich beim Einkauf auf die gewohnten deutschen Produkte nicht verzichten will, zahlt man genauso viel - häufig mehr - als in Deutschland.

Der spanische Tisch ist immer reich gedeckt, und die Ausgaben für die Vielfalt der Produkte halten sich in Grenzen, wenn man nach den Gegebenheiten einkauft. Jede Jahreszeit bietet andere Obst- und Gemüsesorten und die in großer Vielfalt. Wenn Sie an der Küste leben, sind fangfrische Fische natürlich preiswerter zu haben als ein Steak, das von weither importiert werden muss.

Dieser "Einkaufskorb" lässt sich ergänzen. Hier eine kleine repräsentative Auswahl:

Arzneimittel

Sie sind immer noch um ein vielfaches preiswerter als in Deutschland.

Rund um das Auto

Ob sie einen Mittelklasse- oder Kleinwagen gebraucht kaufen, bleibt Ihrem Bedürfnis und Ihrem Geldbeutel überlassen. Auf jeden Fall kaufen Sie hier gut und günstig.

Steuer und Versicherungen

Wieder ein Segment bei dem sich hohe Einsparungen erzielen lassen.

Möbel und Einrichtung/Rund ums Haus

Qualitativ hochwertige Produkte haben hier ebenfalls ihren Preis, aber im Vergleich können Sie auch hier kräftig sparen. Die Auswahl ist groß und vielfältig. Oft ist es preiswerter, sich hier neu einzurichten als altgedientes aus der Heimat mitzunehmen.

Rund um die Schönheit

Düfte und Parfümerieartikel sind nicht mehr so günstig wie vor einigen Jahren zu haben, dennoch lohnt sich der Einkauf hier vor Ort immer noch.

Fazit

Die Lebenshaltungskosten sind unterm Strich nach wie vor um ein vielfaches niedriger als z.B. in Deutschland.

4.1.6 Die Lebensqualität

Eine Sache der Betrachtungsweise. Es kommt darauf an, welche Qualität Sie suchen. Ich höre immer wieder von lange hier lebenden Residenten oder Langzeiturlaubern ein elendes Gejammer darüber, dass man hier auf so vieles verzichten muss. Einerseits sicher richtig: Wenn es zum Alltag gehörte, dass man ständig von einer Filmpremiere zur nächsten Vernissage hetzte, keine Opernpremiere oder Neuinszenierung eines Balletts ausließ, sich den Jahreszeiten entsprechend beim Nobel-Designer einkleidete, dann bedeutet das Leben hier sicher Verzicht.

Für mich stellt sich dabei jedoch die Frage, warum leben diese Menschen hier, wenn sie nicht die Qualitäten wollen, die ihnen ihre Wahlheimat im Überfluss bietet?

Stress ist ein Wort was im spanischen Sprachgebrauch kaum Anwendung findet. Ein morgendlicher Spaziergang am Strand, um den Sonnenaufgang zu erleben, oder ein Abendspaziergang zum Sonnenuntergang - welch ein Schauspiel, welch eine Inszenierung!

Ist es nicht ebenso qualitativ hochwertig, keinem Diktat zu unterliegen, was das tägliche Outfit betrifft? Casual ist immer richtig. Warum lassen so viele nicht einfach ihre Seele baumeln und befreien sich von dem Korsett, in das sie eingepfercht waren?

Das Leben hier hat eine immens hohe Qualität - nur eben eine andere !

4.1.7 Kinder in Spanien

Die Spanier sind im Umgang mit Kindern völlig unkompliziert. Wer einmal die Mädchen und Jungen in Spanien gesehen hat, weiß, wie das zu verstehen ist. Es gibt viel weniger "Regeln" als das in Deutschland der Fall ist.

"Das ist nichts für Kinder!", bekommt man im Süden weitaus seltener zu hören. Die kleinen Geschöpfe werden nicht überbehütet und dürfen meist nach Lust und Laune herumtollen. Sie sind bei den Gesprächen von Erwachsenen dabei, dürfen ab und zu an einem Glas Wein nippen und auch mal länger aufbleiben.

Die Eltern im warmen Süden machen sich um weniger Dinge Gedanken. Sie lassen ihre Kleinen einfach spielen, bis diese müde werden. Ob das auf einem Fest ist, bei einem Sportereignis oder einem Familientreffen. Neben den Tischen, an denen sich die Erwachsenen angeregt unterhalten, stehen Kinderwagen mit schlafenden Babys. Der Nachwuchs – egal ob im Säuglings- oder Grundschulalter – steht im Mittelpunkt des Geschehens. Ihnen wird viel Beachtung geschenkt und ihre Fragen werden ernst genommen. Auch die achtzigjährigen Omis werden liebevoll von allen Seiten umsorgt und bedient. Mit vier Generationen an einem Tisch ist die Stimmung oft ausgelassen. Nun braucht man aber nicht zu denken, dass die Kinder deshalb schlechte Manieren entwickeln. Ganz im Gegenteil. Sie bekommen schon im frühen Alter viel Verantwortung übertragen und kümmern sich oft um die kleineren Geschwister. Man muss es den Kindern nur zutrauen.

4.1.8 Die Rechnung bitte…

Eine typische Situation: Man geht zusammen essen, Verschiedenes wird bestellt. José bekommt nur einen Salat serviert. Antonio ordert zur Vorsuppe und Hauptspeise sogar noch einen Kaffee und einen Aperitif. Klarer Fall. In Deutschland ist es üblich, dies alles auseinander zu klamüsern. Wenn dann nach einer halben Stunde Rechnerei noch ein Bier auf dem Kellnerblock offen bleibt, will es keiner bezahlen.

In Spanien ist so etwas undenkbar. Dort dreht man nicht jeden Cent dreimal herum. Schnell wird die ganze Rechnung durch die Anzahl aller Personen geteilt. Der Kellner kassiert anschließend den gesamten Betrag. Das erspart ihm und auch den Gästen Zeit und Nerven.

Sind es kleinere Gruppen ist es sogar oft so, dass nur Einer die komplette Rechnung übernimmt. Die Spanier geben gern und stürzen sich in Unkosten, damit Gäste und Freunde sich wohl fühlen. Es ist keine Seltenheit, dass man in dem Moment, da man bezahlen will, feststellt, dass die Rechnung schon von jemand Anderem beglichen wurde.

Es gibt sowieso ein "nächstes Mal", bei dem auch der einstig Gebende – in diesem Fall José – mal mehr verzehrt als die Anderen. Ach ja: Auch beim Trinkgeld ist man in Spanien nicht zimperlich. 10% sind üblich. Meist geben die Spanier aber mehr. Allerdings sind die Preise im Süden immer noch erschwinglicher als in Deutschland. Beispielsweise kostet ein "Café con leche", der beliebte Milchkaffee, nur 1,10 Euro und eine Cola nur 1,- Euro.

Wer dennoch eine Extrawurst-Rechnung verlangt, wird von dem ein- oder anderen Kellner böse Blicke ernten.

4.1.9 Frauenpower – Powerfrauen

Warum es so ist, vermag ich nicht zu beantworten, aber Tatsache ist, noch nirgends habe ich ein solches Potential und Ballungszentrum von agilen, risikobereiten Businessfrauen angetroffen, wie hier an der Costa Blanca.

In allen Berufssparten stehen sie ihren "Mann/Frau". Ob "Sie" eine Arzt- oder Zahnarztpraxis leiten, eine Künstleragentur erfolgreich führen, als Immobilienmaklerin oder Zeitungsverlegerin tätig sind. Sie arbeiten hier. Und haben Erfolg!

Wenn man/frau hier - wie in jedem anderen Land natürlich auch - Erfolg haben will, heißt das Arbeiten. Durch die zwei- bis dreistündige Siesta sind viele der Ansicht, dass Arbeitsleben sei ein einziger Müßiggang. Mitnichten!

Man arbeitet hier genauso viel, wenn nicht mehr. Nur zu anderen Zeiten und in fast allen Fällen auch Samstags oder Sonntags. Vor 20.30 Uhr abends, oft auch später, ist in keiner Branche Feierabend. (Aus diesem Umstand resultieren auch die späten Essenzeiten). Viele der Erfolgsfrauen haben, neben ihrem beruflichen Engagement, auch noch Familie und Kinder.

Dennoch, es macht Spaß hier zu wohnen, zu leben und zu arbeiten. Das scheint sich mittlerweile auch im kalten Mitteleuropa herumgesprochen zu haben. Immer mehr junge Leute kommen nach Spanien und starten ins Berufsleben. Immer mehr Frauen lassen geschäftliche und familiäre Zwänge hinter sich und starten hier neu durch.

4.1.10 Europäische Perspektiven

"Fremd ist der Fremde nur in der Fremde". So banal dieses satirische Zitat von Karl Valentin scheinen mag, so bringt es doch auf den Punkt, wie relativ und standortgebunden das Fremde ist.

In einem europäischen Bundesstaat mit europäischer Staatsbürgerschaft und europäischer Verfassung werden Abstammungskriterien ohnehin kaum noch eine Rolle spielen. Die multikulturelle Gesellschaft wird die Gesellschaft der Europäischen Union. Wahrscheinlich werden Historiker rückblendend einmal feststellen, dass mit der Einführung des europäischen Binnenmarktes nach 1993 und der Schaffung der Europäischen Union auf Grundlage des Maastrichter Vertrages eine Binnenwanderung innerhalb Europas begonnen hat, die den alten Kontinent verjüngen wird. Die deutschen Unternehmen werden in erheblich größerem Maße als bisher gezwungen innerhalb der europäischen Union, auch mit deutschen Mitarbeitern, Produktionsstätten und Vertriebsorganisationen aufzubauen.

Wer im EU-Inland wirtschaftlich erfolgreich sein will, muss die Sprache und Kultur, den Lebensstil und die Mentalität dieser Länder kennen. Dies gilt nicht nur für die Manager und Techniker, auch Facharbeiter und Angestellte werden europäisch denken und arbeiten müssen.

Es wird immer mehr ausgebildete und motivierte junge Menschen geben, die eine berufliche Tätigkeit in Frankreich, Italien, Spanien, Großbritannien, Portugal, Polen und Ungarn als Anregung, als Chance und als Herausforderung begreifen, sie gerne nutzen und bestehen wollen.

Schon heute leben rund anderthalb Millionen europäische Bürger aus den EU-Staaten in Deutschland. Die mentalen und sprachlichen Barrieren, die heute noch die Niederlassungsfreiheit eher behindern, werden immer weiter abgebaut. Der Schüler-, Studenten- und Wissenschaftleraustausch wird intensiver werden. Hunderttausende von Deutschen werden mehrere Jahre im west- und osteuropäischen Ausland verbringen. Nicht nur zwischen Studenten, sondern auch zwischen Arbeitnehmern wird es zu unzähligen menschlichen Begegnungen kommen.

Umberto Eco hat einmal eine konkrete Vision für einen Teilbereich der europäischen Einigung entworfen. Er schrieb über das europäische Bildungsprogramm Erasmus: Dieses Projekt wird bewirken, dass jeder Student der Europäischen Gemeinschaft ein Jahr im Ausland verbringt. Bei dieser Wanderung von Tausenden von Studenten wird es zu Zehntausenden von Mischehen kommen. Innerhalb von dreißig Jahren wäre die europäische Elite europäisch im echten Sinne des Wortes. Ein Europa der praktizierten Freizügigkeit kann dazu führen, dass man in der Bundesrepublik Deutschland geboren wird und aufwächst, in Großbritannien studiert, später in Deutschland wird der Nachbar Belgier, der Arbeitskollege Türke, die Schwiegertochter Dänin und der Vereinskamerad Spanier oder Ungar sein.

Schon heute vollzieht sich eine Europäisierung, ja sogar Internationalisierung unseres Lebens. Was wir schon seit Jahrhunderten haben: die europäische Vielfalt, der Produkte, des Essens und des Trinkens, der Literatur, der Musik und der Malerei, der Wissenschaft und der Forschung, der Mode, des Designs wird - und das ist neu - ein Massenerlebnis unseres Alltags.

Es sind die Merkmale einer bereits existierenden und wachsamen multikulturellen Gesellschaft, wie sie dem Erbe der Aufklärung, den Zielen der beiden europäischen Revolution und der Idee der Republik entspricht

Autor: Dr. Heiner Geißler

4.2
Contra

4.2.1 Wasserversorgung

Diesen wunderbaren Kommentar, den wir in der Costa-Blanca-Zeitung gefunden haben, möchten wir Ihnen nicht vorenthalten. Seit Jahren wird uns hier an der Küste eine "wasserdichte" Trinkwasserversorgung zugesichert. Mit diesen Vertröstungen retten wir uns immer wieder über den jeweiligen Sommer - oder über andere Jahreszeiten, in denen uns durch die Presse mitgeteilt wird, dass das Wasser wieder einmal ungenießbar und nicht trinkbar ist, hinweg.

Zu diesem Thema, schrieb Alfred Pocher in der CBZ No 21/02 folgenden Kommentar:
"Wasser ist zumindest in naturbelassenen Kulturen etwas Heiliges. Auf das Versiegen einer Quelle reagiert man dort oft mit Geisterbeschwörungen. Wenn die nicht helfen, wird die Dorfbevölkerung manchmal aufsässig. Europäische und andere Zivilisationen indes kennen solche Geister nicht mehr; wahrscheinlich sind sie dort im Leitungsnetz für immer eingesperrt worden.

Wasserhähne, aus denen nichts oder nur Drecksbrühe rauskommt, lassen zivilisierte Dorfälteste und ihre Schamanen kalt, und die Dorfbewohner zucken die Achseln, denn im Supermarkt gibt es billiges Trinkwasser in Plastikkrügen. Also fehlt es an durchgreifendem Unmut, und die Häuptlinge können in Ruhe warten, bis gute Geister - etwa die aus Brüssel - die Geldbörse öffnen, um zu helfen. Inzwischen darf weiter gebaut werden - und zwar ohne lästige Kostenbeiträge für ein zivilisiertes Trinkwassernetz.

Ein für allemal, soll jetzt alles gut werden mit den zigtausend Brünnlein in unseren Hütten und Hochhäusern - und das in einem phantastisch kurzem Zeitraum von acht Monaten.

Detailfragen - etwa solche, wo denn genau die Wasserzaubertürme stehen werden und ob mit der Entsalzung von Trinkwasser auch der Dreck weg geht - bleiben noch etwas im Dunkeln. Warum? Sollen Eingeborene und Gäste nicht zu viel erwarten? Will der Wasserbeauftragte unserer Provinz Don Juan Roselló, keine Geister rufen, die er vielleicht nicht mehr los wird?

Disculpen las molestias - entschuldigen Sie die Unannehmlichkeiten, schreiben hier Händler an ihre Ladentüren, wenn sie einmal für ein paar Minuten weg müssen. Und meist schreiben sie auch noch, wann sie wiederkommen, damit die Kunden nicht inzwischen zur Konkurrenz rennen. Bei der heiligen Ware Trinkwasser ist das anderes.

Die schenken uns Monopolbetriebe aus, und zwar nach der Devise: Sauf und/oder stirb! Hier genügt es dann, wenn die Dorfältesten Papier an die Wände kleben, falls das Wasser wieder mal auf den Magen schlagen könnte.

Hinweise in den Dekreten, wann und wie die Quellen einmal für immer sauber sein werden oder gar Entschuldigungen sieht die Stammesordnung nicht vor. Man würde damit auch nur die Leute verwöhnen - und die werden dann am Ende noch aufsässig ....

Wir sind noch etwas misstrauisch, liebe Häuptlinge - disculpen las molestias!"

Wir bedanken uns bei der CBZ-Redaktion
für die Genehmigung zur Veröffentlichung.

4.2.2 Lebensunterhalt

Viele Besucher meiner Domain wollen wissen, ob und wie sie sich ihren Lebensunterhalt für sich und ihre Familie hier verdienen können. "Gute Frage - nächste Frage", wäre die einfachste Antwort. Dennoch will ich versuchen, auch zu diesem Punkt Stellung zu nehmen. Es gibt wohl nirgends auf der Welt (das ist mein Eindruck) so viele über- und hochqualifizierte "Hilfsarbeiter" wie hier in Spanien. Vieles nimmt man in Kauf, um eine andere Form von Lebensqualität haben zu können, u.a. auch das Jobben in Bereichen, an die man in Deutschland in keiner Sekunde einen Gedanken verschwenden würde.

Wenn Sie gezwungen oder gewillt sind, Ihren Lebensunterhalt verdienen zu wollen oder zu müssen, (einfacher ist es natürlich, wenn Sie Rente, Pension oder Vorruhegeld beziehen), sie das Leben unter südlicher Sonne dem Leben im kalten, wenn auch sozialgestütztem Deutschland vorziehen, dann krempeln Sie gedanklich schon mal die Ärmel hoch. Keiner wartet hier auf Sie, Sie sind hier "Gastarbeiter" und "Ausländer", vergessen Sie das nicht, bei aller Euphorie, die sich bei dem Gedanken an südliche Gefilde auch einschleichen mag.

Obwohl hier viele Geschäftszweige in deutscher Hand sind, glauben Sie nicht, dass Sie hier zu deutschen Bedingungen arbeiten können. Die meisten Jobs laufen sowieso auf Provisionsbasis. Gut lebt man von den Versprechungen firmenseits, die selbstverständlich so gut wie nie eingehalten werden. Prozessieren, Arbeitsgericht, Ihr vermeintliches Recht einklagen? Vergessen Sie es. Mit dem Geld, was Sie hierfür zu investieren gedenken, machen Sie sich ein paar schöne Wochen und suchen Sie weiter.

Wenn Sie die deutschsprachigen Wochenzeitschriften lesen, stellen Sie fest, dass der Dienstleistungssektor sich in unglaublicher Vielfalt präsentiert. So viele Pool- und Gartenpfleger, Putzfrauen (z.B. viersprachige), Fahrer, Be- und Entlader von allem möglichen, Näherinnen usw. wie hier, sucht man in Deutschland vergebens.

In den zweieinhalb Jahren meines Hierseins, habe ich viele kommen und gehen sehen. Wenn Sie kein Überbrückungsgeld, langen Atem und den Wunsch zum Durchhalten im Gepäck haben, wird Ihr Traum vom sorgenfreien Leben bald zum Alptraum. Auch hier fliegen einem die gebratenen Tauben nicht in den Mund. Auch hier bestätigen Ausnahmen, wie immer die Regel. Wenn Sie sich als Arzt, Anwalt, Steuerberater (mit jeweils spanischer Zulassung) hier niederlassen wollen, bestehen sicher noch Aussichten, obwohl auch in diesen Bereichen schon eine gewisse Marktsättigung erreicht ist.

Ich will Sie weder abhalten noch desillusionieren, aber fairerweise will ich Ihnen auch die Schattenseiten nicht vorenthalten. Für mich überwiegen nach wie vor und trotz allem die Sonnenseiten. Sonst wäre ich zwischenzeitlich sicherlich weiter gezogen oder wieder zurückgegangen.

4.2.3 Dauervermietung

1998 wurde Spanien von ca. 70 Millionen Ausländern besucht . Vor allen die Deutschen und die Briten sorgten dafür, dass Spanien weltweit als Touristenziel Nummer 3 zu Buche steht (hinter den USA und Frankreich). Der Spanier bleibt dagegen am liebsten im eigenen Land. Nur ca. 1,5 Mio. Spanier reisten ins Ausland, bevorzugt wurden Frankreich und Portugal.

Diese immense Tourismusaufkommen hat zur Folge, dass Millionen von Ferienwohnungen und -häusern (allein an der Costa Blanca spricht man von ca. 3 Mill.!) angeboten werden, dagegen stehen nur ca. 150.000 Hotelbetten, und so gut wie keine Objekte für Dauermieter. Will man also hier ansässig werden und sich nicht gleich an einen Ort binden möchte, sei es, um das Land, sein Umfeld, das Ambiente erst mal erschnuppern zu wollen- oder weil man, aus welchen individuellen Gründen auch immer, kein Haus kaufen möchte, so hat man hier verdammt schlechte Karten. Obwohl die besagten Objekte 10 Monate des Jahres leer stehen, ist so gut wie niemand gewillt, sich die Hochsaisonpreise (Juli/Aug) entgehen zu lassen. Diese beiden Monate bringen oft mehr Miete, als eine reguläre Jahresvermietung auf das Konto des Vermieters.

Sind Sie auf Mietobjekte angewiesen, verkaufen Sie Ihr Hab und Gut oder lagern Sie es ein. Sie werden Ihre Zeit in Spanien in erster Linie mit Umzügen verbringen, weil Sie keinen Dauermietvertrag, wie aus Deutschland gewohnt, erhalten werden. Für diesen Umstand spricht auch das spanische Recht. Der Mieter hat hier zweifelsfrei mehr Rechte als dem Vermieter lieb ist. Wenn einem nun das Glück und der Vermieter holt ist, erhält man einen Vertrag über 11 Monate. Was aber trotz des "langen" Zeitraumes wiederum bedeutet, kaum eingezogen, beginnt schon wieder die Suche nach einem anderen Objekt. Eine oder zwei Agenturen (Sie lesen richtig!) konzentrieren sich auf das Thema "Dauervermietung" im Bereich der gesamten Costa Blanca. Glauben Sie mir, mein vierter Umzug steht bevor, ich muss "nur" noch ein Objekt finden; ich weiß von was ich rede/schreibe.

4.2.4 Urbanisationen

Aussiedlersiedlungen im Außenbereich

Wie vieles im Leben, ist auch das Leben in einer Urbanisation Geschmacksache und birgt Vor- und Nachteile.

Wenn Sie sich zum Kauf eines Hauses in einer Urbanisation entschließen, können Sie weitgehend davon ausgehen, dass Telefonanschlüsse, asphaltierte Wege, Kanalisation, Elektro- und Wasseranschlüsse vorhanden sind. Nachdem oft großer Landbesitz klein parzelliert wird, wohnen Sie oft, so dass es die Bebauungspläne der Region zulassen, sehr nah an Ihren Nachbarn und weit weg von Einkaufsmöglichkeiten, Restaurants oder einer gewachsenen Infrastruktur.

Als ich mich, in Unkenntnis der Sachlage, zu einem Haus in einer Urbanisation entschloss, hatte ich keine Ahnung was auf mich zukommen sollte. Woher auch? Blauäugig begann ich mein Dasein in diesem Alptraum zu fristen. Selbst wenn man mich gewarnt hätte, die Realität hätte mein Vorstellungsvermögen gesprengt.

Es gab einen Siedlungspräsidenten, eine Vizepräsidentin, einen Siedlungsvorstand, einen Kassenwart. Das Bellen der Hunde, Miauen der Katzen, Spielen der Kinder und das Schwimmen im Gemeinschaftspool bis hin zum Wachsen des Grases, alles war akribisch nach Uhrzeiten geregelt. In einer deutschen Schrebergartenkolonie herrscht sicherlich ein zivilisierterer Umgangston und ein liberaleres Ambiente als in einer deutschen Kolonie in Spanien. Außer mit meinem Spanischlehrer konnte ich mit niemanden ein spanisches Wort wechseln, denn in einer Urbanisation lebt man ja "unter sich". Von kosmopolitischem Leben im Gastland spüren Sie in diesem Umfeld natürlich nichts. Wenn Sie nicht ab und an in die Stadt fahren um einzukaufen und zumindest im Supermarkt rein akustisch eine fremde Sprache wahrnehmen, entfällt es Ihnen irgendwann, dass sie ja ausgewandert sind und jetzt in Spanien wohnen. Nicht einer meiner Nachbarn dachte auch nur im entferntesten daran, die Sprache des Gastlandes zu lernen. Viele dieser Residenten leben schon seit Jahren hier und sprechen die Sprache nicht mal im Ansatz. Natürlich bestätigen auch hier Ausnahmen die Regel.

Es ist also nicht verwunderlich, dass Tausende von Second-Hand-Objekten in Urbanisationen zum Kauf angeboten werden. Viele meiner Landsleute empfinden dieses reglementierte Dasein als unerträglich und wollen raus aufs Land, ans Meer oder in die Freiheit.

Mein Gastspiel jedenfalls währte sieben lange Monate, dann hatte ich endlich ein anderes Objekt gefunden, meinen Vorstellungen entsprach. Plötzlich war ich von Freundlichkeit, Hilfsbereitschaft, Zuvorkommenheit und Harmonie umgeben. Mein erträumtes Leben in diesem wunderschönen Land konnte beginnen. Mag sein, dass meine Erlebnisse nicht repräsentativ sind. Lassen wir es dahingestellt sein. Aber sicherlich bin ich kein Einzelfall mit den oben beschriebenen Erfahrungswerten.

4.2.5 Stromausfall – ein ständiges Ärgernis

Wer hat es hier noch nicht erlebt - der Fischtopf brutzelt im Ofen, die Nachrichten laufen und... Plötzlich kein brutzeln, keine Informationen mehr über die neuesten Krisenherde, es wird dunkel und ruhig - der Strom ist wieder mal ausgefallen. Sei es, dass in der Hochsaison die Leitungen heillos überlastet sind oder das es gerade mal heftig regnet oder ein Gewitter hernieder geht. Oftmals gibt es aber auch keine äußeren Zeichen für diesen misslichen Umstand.

Wenn es sich um die kurzen Ausfälle handelt, die im Sekundentakt auftauchen, können Sie Glück haben und alles funktioniert weiter, als wäre nichts geschehen. Eventuell haben aber gerade diese kurzen Ausfälle fatale Folgen für Ihre Elektrogeräte. Sie verkraften die Überspannung nicht und geben den Geist auf. Wenn es um den Schadenersatz geht geben sich die Verantwortlichen meistens sehr zugeknöpft. Am liebsten will niemand dafür aufkommen. In zwei Fällen hat bei mir die Hausratversicherung den Schaden reguliert. Die Stromversorger halten sich, was Schadenregulierung anbelangt eher bedeckt.

Strom ist hier im Lande teuer und leider nicht sehr zuverlässig. Auch in den Wintermonaten halten die veraltenden Leitungen den Widrigkeiten nicht Stand. Stromausfälle sind an der Tagesordnung. Beim letzten größeren Unwetter mussten wir hier im Raum Dénia (wie man später in den Nachrichten hören konnte, war ein Großteil der Region Alicante betroffen) zwölf Stunden ohne Strom leben. Die Nacht voller Blitz, Donner und wolkenbruchartigen Regenfällen im Kerzenlicht war nicht bar einer gewissen Romantik. Wenn Sie von Überschwemmungen verschont blieben, sonst hielt sich die

Romantik etwas in Grenzen. Die Kühltruhe hat es jedenfalls noch ohne nennenswerten Schaden zu nehmen verkraftet - besser gesagt: deren Inhalt.

Wenn Sie längere Zeit hier leben, werden auch Sie sicher schon über ein größeres Kerzen-Depot verfügen. Sollten Sie mit diesen Gegebenheiten noch nicht frequentiert worden sein, legen Sie sich sicherheitshalber ein gewisses Kontingent zu. Bei mir stehen Kerzen in jedem Zimmer. Auch im Bad, man weiß ja nie...

Viele meiner Nachbarn sind auch zwischenzeitlich dazu übergegangen, Ihre schönen Ceran-Felder zu entsorgen und sich wieder klassische Gasherde zuzulegen. Wohl dem, der über eine Gasheizung verfügt!

Aber mit diesem Umstand lernt man zu leben. So lange man nicht existentiell abhängig vom 100%igen Funktionieren des Stromes ist, kann man damit umgehen. Schlimm wird es natürlich für Gewerbetreibende, zum Beispiel Restaurantbetreiber, deren Klimaanlagen, Kühlanlagen, Dunstabzugshauben und Lüftungen nicht mehr funktionieren. Und das oft über Stunden hinweg.

Auf jeden Fall macht das ständige Ausfallen des Stromes auf eine touristisch orientierte Region, wie es das Land Valencia nun mal ganz ohne Zweifel ist, keinen sehr guten Eindruck. Vor allen Dingen in den Hochburgen, wie Dénia, Benidorm und Torrevieja gibt es immer wieder stundenlange Stromausfälle.

Das ist leider keine Ausnahme. Es wiederholt sich Jahr für Jahr für Jahr. Der Bauboom verbessert dieses Manko leider auch nicht.

Aber eines Tages wird auch dieses Problem sicher zu unserer aller Zufriedenheit gelöst sein. Warten wir also auf morgen!

4.2.6 Probleme beim Telefonanschluss

Viele Residenten in Spanien kennen das Problem. Kaum ist man in das neue spanische Domizil eingezogen, beauftragt man eine Firma oder die spanische Telefónica einen Telefonanschluss zu legen. Doch so problemlos wie man dachte geht es in den seltensten Fällen vonstatten.

Auf Nachfragen bei der spanischen Telefongesellschaft Telefónica erhält man mitunter unterschiedliche Auskünfte. Einmal wird einem mitgeteilt, dass in zehn Tagen oder in sechs Wochen der gewünschte Anschluss gelegt wird. Passiert dann immer noch nichts, wird ein andermal seitens der Telefónica die Auskunft erteilt, dass ein Anschluss überhaupt nicht möglich sei.

Auch vereinzelte Besuche von Service-Technikern des Telefonunternehmens sind keine Garantie auf einen sicheren Anschluss. Ohne den benötigten Telefonanschluss zu finden, rücken sie in den meisten Fällen wieder ab. So unterbreitet die Telefongesellschaft den auf einen Telefonanschluss Wartenden durchaus interessante und kreative Ideen. Sie sollten einfach die Kabel aus der Nachbarschaft zu ihrem Haus führen. Ein heilloses oberirdisches Kabelwirrwarr war die übliche Folge.

Eine weitere Lösung der Telefónica besteht darin, die Betroffenen mit einem TRAC "Teléfono Rural de Acceso Celular" auszurüsten.

Jedoch bietet dieser Funkanschluss auch keine Ideallösung. Nach kurzer Funktionszeit kann es passieren, dass der Funkanschluss frühzeitig seinen Geist aufgibt.

So ist bei einem in der Nähe fehlenden Telefonmast und ohne Verteilerkasten ausgesprochene Geduld und Hartnäckigkeit gefordert. Denn sonst ist man drei Jahre später immer noch anschlusslos.

4.2.7 Sommervermietung an der Küste

Sie haben richtig heftig gespart - und viele Euros im Gepäck ? Dann sind sie hier an Spaniens Küsten richtig!

Zwischen 1.181 und 4.561 Euro im Monat werden Sie für Ihre Wohnung in der Hochsaison ausgeben müssen. Das entspricht einem Quadratmeterpreis von 11,81 bis ca. 52,36 Euro. Das Angebot richtet sich je nach Lage und Ausstattung. Dieser Preis ist ein Privatpreis, das heißt, Sie müssten die Möglichkeit haben, direkt vom Eigentümer zu mieten. Wenn Sie (gezwungenermaßen, wegen mangelnden Kontakten) eine Agentur bemühen müssen, zahlen Sie zwischen 60 und 100% mehr..

Für diesen Kurs erwarten Sie sicher eine Luxusbehausung mit allem Komfort, den Sie vielleicht zu Hause nicht zu Ihren Standards zählen - das sollten Sie tunlichst nicht tun. Wenn Sie Glück haben ist es ein Domizil, welches durchaus über ausreichendes Mobiliar und evtl. sogar über einen Pool verfügt. Aber bitte, vergleichen Sie niemals ein spanisches Haus mit einem

Ferienhaus auf Hawaii oder in Florida. Sie werden, meistens zumindest, spanischen "Lifestyle" antreffen - und der ist äußerst minimalistisch.

Dass die Flugpreise in der Hochsaison steigen werden versteht sich von selbst. Auch die Autovermieter werden nicht auf den Saisonzuschlag verzichten. Dann wollen Sie am Strand sicher eine Liege und ein Sonnenschirmchen mieten. Sollten Sie diesem Angebot nicht widerstehen können, zahlen Sie zwischen 5 und 12 Euro pro Person und pro Tag. Und schon haben Sie wirklich ein Luxusplätzchen an der weißen Küste, welches Sie für die Sonnenstunden eines Tages Ihr Eigen nennen können.

Essen und Trinken wollen Sie sicherlich auch ab und an. Kein Problem. Das Angebot ist groß und vielfältig. Selbst in einem Campingplatz-Restaurant, wohlgemerkt, am Meer gelegen, zahlen Sie für eine Portion Spaghetti die Kleinigkeit von 7,95 Euro. Ein köstlich gegrillter Fisch, schlägt zwischen 15 und 24 Euro zu Buche. Eine Tasse Kaffee liegt bei 1,25 Euro. Spanien war doch immer ein Billigland, werden Sie denken. Dann kaufen Sie einfach im Supermarkt Ihre Lebensmittel und schon sparen Sie doch viele Ihrer mitgebrachten Euros!

Mitnichten! Die Lebenshaltungskosten sind mittlerweile auf dem Niveau von Luxemburg und Deutschland. Sie werden nur noch bei sehr wenigen Produkten einen wirklichen Preisunterschied feststellen können. Sollten Sie auch noch deutsche Produkte bevorzugen, die Sie hier selbstverständlich in großer Vielfalt erhalten können, berappen Sie einfach noch ein bisschen mehr, und schon haben Sie alles, was Sie auch in Deutschland einkaufen würden. Nur eben teurer.

Denken Sie bitte nicht, ich will Sie vom Urlaub an unserer schönen Küste abhalten, keineswegs!. Viele Gewerbetreibende "leben" von den zwei Monaten Saison den Rest des Jahres. Denn die Restaurants, die in Meeresnähe liegen, schließen ab Mitte September wieder und öffnen zögerlich ab Mitte/Ende Juni des nächsten Jahres wieder.

Ein Tipp: Kommen Sie in der Neben-Saison. Sie werden ein Bruchteil dessen ausgeben, was Sie in der Hochsaison gezwungenermaßen ausgeben müssen. Sie haben menschenleere, saubere Strände, freundliche, professionelle Bedienungen in den Restaurants (und keine genervten Saisonarbeiter). Und, last not but least, Sie müssen sich nicht durch überfüllte Städte quälen und sardinenmassig am Strand die Sonne genießen.

Wenn Sie nun doch dringend im Juli oder August anreisen wollen - dann lassen Sie sich nicht abhalten von diesem Artikel. Machen Sie die Augen zu, die Geldbörse auf und "Viva la vida" ("Genieße das Leben").

4.2.8 Tiere als Gegenstände

Hier liegt so vieles im Argen, dass es das Volumen dieser Seite sprengen würde, würde ich darüber ausführlich berichten.

Nur soviel: In Spanien gelten Tiere als Gegenstände und nicht als Freunde- und Hausgefährten. Nachdem ich eine große Tierfreundin bin, Hunde und Katzen zu meiner Familie zählen, ersparen Sie mir, auf dieses Thema näher eingehen zu müssen. Die Misere fängt bei A, wie Artgerechte Haltung an und hört bei Z, wie Zuchtbedingungen auf. Natürlich bestätigen auch hier Ausnahmen die Regel.

4.2.9 Alkoholismus unter Residenten

Ein weit verbreitetes Problem an der Costa Blanca ist der Alkoholismus. Doch niemand spricht davon. Keiner möchte sich eingestehen, dass er ein Problem mit dem Alkohol hat. Vor allem alte Menschen verfallen dem flüssigen Suchtmittel, weil sie zu viel freie Zeit und zu wenig Freizeitbeschäftigung haben. Mangelnde Sprachkenntnisse hindern sie daran, im Land neue Kontakte zu knüpfen. Viele vereinsamen und fangen schon morgens mit dem Trinken an. Die Trennung von Freunden und Familie macht vor allem Frauen zu schaffen. Diese flüchten sich in den Alkohol. Und dieser lauert an jeder Ecke. Überall wird zu günstigen Preisen Wein, Sangria und Bier angeboten.

Schon seit den 70er Jahren gibt es aber Abhilfe. In verschiedenen Städten an der Costa Blanca haben sich Selbsthilfegruppen gegründet:

Anonyme Alkoholiker Calpe	676 460 234 oder 966 806 654
Anonyme Alkoholiker Torrevieja	616 861 797
"Alkoholfrei Leben" Denia	966 420 808
Anonymous Alcoholics Alicante	965 164 073
APAEX Torreviefa	966 704 036

4.2.10 Blitz-Entführungen

In Spanien mehren sich die so genannten Express-Entführungen. Besonders an der Costa Blanca und in der Region Valencia florieren die Überfälle, bei denen die Opfer entführt und ausgeraubt werden. Der Ablauf ist stets der gleiche: Die Täter bringen die von ihnen ausgespähte Person in ihre Gewalt und halten sie einige Stunden oder wenige Tage fest. In dieser Zeit zwingen sie das Opfer entweder, ihnen die Geheimnummern der Bankkarten zu verraten, um die Konten leer zu räumen oder erpressen von den Familienangehörigen Lösegeld. Die Summe des Lösegeldes wird absichtlich in Grenzen gehalten, damit die Zahlung schnell erfolgen kann. Meist werden Beträge bis 50.000 Euro gefordert.

Sieben Fälle sind Ende des Jahres 2004 an der Costa Blanca und in der Gegend um Valencia publik geworden. Die Zeitung "El Mundo" schrieb, dass es lediglich die Spitze des Eisbergs sei. Dass sich die Express-Entführungen gerade an der Costa Blanca und in der Region Valencia häufen sei kein Zufall, so die Polizei. Tausende nicht selten wohlhabende Rentner haben sich die Gegend in den vergangenen Jahren ausgesucht, um ihren wohlverdienten Ruhestand unter der Mittelmeer-Sonne zu genießen. Unter ihnen sind sowohl Briten oder Deutsche als auch viele Spanier. Dies lockte auch die organisierte Kriminalität an wie zum Beispiel Mafiabanden aus Osteuropa.

4.2.11 Klimaänderung bis 2080

Gewaltige Überschwemmungen und jetzt sogar die ersten Wirbelstürme - in Deutschland macht sich der Treibhauseffekt bereits deutlich bemerkbar. Doch auch Spanien wird in Zukunft zu spüren bekommen, was eine Klimaveränderung bewirken kann. Der heiße Sommer 2003 war nicht der letzte seiner Art, sondern wird in einigen Jahren der Normalzustand. So jedenfalls sagt es die EU Umweltagentur (EUA) voraus.

In ihrer aktuellen Studie zeigt die EUA konkret auf, womit wir in Zukunft rechnen müssen. Grob betrachtet wird es in Nordeuropa feuchter, in Südeuropa dagegen nimmt die Feuchtigkeit ab. Dürreperioden werden keine Seltenheit mehr sein. Die Temperaturen in Spanien werden bis 2080 um durchschnittlich vier Grad Celsius ansteigen. Das übertrifft selbst den erwarteten Temperaturanstieg der afrikanischen Länder.

Die Klimaveränderung wird weitreichende Auswirkungen auf Mensch und Natur haben. Der Wasserstand der Flüsse wird sinken, Stürme und Überschwemmungen werden zunehmen. Der Meeresspiegel wird stark ansteigen und nicht nur Sandstrände überspülen.

Die EUA ruft zu einem weiteren Abbau des Abgasausstoßes auf, denn Abgase fördern die Erderwärmung. Was viele nicht wissen: Die verläuft in Europa schneller als im weltweiten Durchschnitt.

Natürlich kann man Optimist spielen und die guten Seiten suchen. In den letzten 15 Jahren ist die Wassertemperatur des Mittelmeeres um ein halbes Grad angestiegen. Die Bauern haben im Jahr zehn Tage mehr Zeit für Anbau und Ernte. Und die Winter sind insgesamt milder geworden. Doch auch die Landwirte müssen sich den Veränderungen anpassen, damit sie der Wasserknappheit trotzen können. Bis 2080 werden kalte Winter fast völlig verschwinden.

Und was ist ein Winter eigentlich ohne Schnee und Eis?

Die Autorin

Rita Mayers ist Geschäftsführerin der »IMP Agentur Rita Mayers S.L.« in Denia/Alicante. Ihre persönlichen Auswanderungserfahrungen nach Spanien, die Informationen, die sie sich mühevoll zusammensuchen, erfragen und erforschen musste, stellt sie mit dieser Publikation exklusiv über Gentlemen's Digest zur Verfügung.

IMP-Agentur Rita Mayers S.L.
www.imp-agentur.com

Auswandern nach Spanien – Band 2

Band 2 bündelt Informationen zu den Themen:

- Immobilien
  (Kauf, Bau, Vermietung)
- Spanisches
  Steuer- und Immobilienrecht
- erklärende Medienbeiträge von Rechtsanwälten aus Spanien.

In einer kompakten und überschaubaren Form stellt »Auswandern nach Spanien« ein konkurrenzloses Angebot für alle Personen dar, die in Spanien leben und vielleicht auch arbeiten möchten. Mit zusätzlichen Medienbeiträgen zu unterschiedlichen Themen bietet das Buch einen breiten und sehr soliden Überblick über alle Aspekte, die beim Auswandern nach Spanien bedacht werden wollen.

Titel:	**Auswandern nach Spanien – Band 2**
Autorin:	**Rita Mayers**
Umfang:	**319 Seiten**
Erscheinungsdatum:	**August 2005 (2. akt. und erw. Auflage)**
ISBN	**3-9810477-5-3**
Verlag:	**Gentlemen's Digest**

Preis eBook:	19,95 Euro
Preis gedruckte Ausgabe:	28,95 Euro

Bestellung per Telefon:	01803- 278 255 476 (0,09 € / Min.)
Bestellung im Internet:	www.gdigest.com

The Gentlemen's Digest
Business und Lifestyle